儒 学 评 论

第十二辑

中国人民大学孔子研究院　编

罗安宪　主编

社会科学文献出版社

SOCIAL SCIENCES ACADEMIC PRESS (CHINA)

编辑委员会

目　录

儒学评论

家 国 观 念

王霸之道与和合天下

张立文

摘　要：当今是全球化、信息革命的时代，全球化和信息革命扩展了利益集团、金融集团、权力集团称霸世界的空间。三大集团在世界上推行霸道主义，使世界陷入战争、恐怖人道主义灾难之中，离王道越来越远。然而，全球化、信息革命并非造就、扩展霸道主义霸权的力量，同时也可以唤醒一批新兴国家的政治、经济、文化的自觉与自信，使他们更多地参与全球化、信息革命的进程。这就为建造全球秩序的和合天下奠定了基础。如何才能扬弃霸道，继承又超越王道，实现和合天下？第一，建构和合共生机制，寻求和合天下正义。第二，建构和衷共济机制，寻求和合道体。第三，建构"民胞物与"的全球伙伴机制，寻求生存、价值、可能的和合世界。第四，建构创新包容、公平共享机制，寻求生活安全、和谐、幸福、自由。第五，建构知行合一的德礼机制，实现和合天下的人心和善。

关键词：全球化　霸道　王道　和合天下
作　者：中国人民大学一级教授、博士生导师。

笔者为《理想国》和《大同书》所震撼，作者立足于21世纪，思考人类未来之命运，乘着他们飞翔的翅膀，梦想遨游于中华大地。仰观俯视，浩浩太空，天造地造，天地无心，人造其心，"为天地立心，为生民立命"。为天地、为生民的融突和合，才能立心、立命。立命的前提是立道。所以《张载集·近思录拾遗》载："为天地立心，为生民立道，为去圣继绝学，为万世开太平。"① 近千年已逝，然此"四句教"，仍有其时代价值，以圆和合天下的开太平之梦。

---

① 《张载集》，中华书局，1978，第376页。

霸道主义的霸权横行

如何立心、立命、立道，是当今世人的忧患。世人以"大旱之望云霓"的心情，期盼"天下有道"①，孔子有言："朝闻道，夕死可矣"，其急切之情溢于言表。"天下有道"的世界秩序重建，中华历史上曾出现三维的价值取向：即王道取向、霸道取向及霸王道杂之的取向。

当今是全球化、信息革命的时代，也是太空的时代和追求天下有道的时代，其目标是为世界开太平。为什么把已翻过去了两千多年争论不休的王霸之辩重新翻出来，是因为有其相似之处，古事知今，其命维新。

全球化和信息革命扩展了利益集团、金融集团、权力集团称霸世界的空间，加速了与非利益、非金融、非权力集团人民大众的紧张。利益集团利用已拥有的无限制的能量，渗透、控制社会政治、经济、文化、军事、企业各领域以及各所有制的生产、分配、消费、流通各流程，在工业、农业、交通、能源、金融、新兴产业（包括文化产业）等方面形成利益垄断霸道格局。21世纪是金融全球化发展到垄断的世纪，是金融全球化的时代，它无孔不入、无所不占。金融集团制约政治，左右政府，操纵选举，支配意识形态。在资源占有和财富分配上，贫富差距不断，财富逐渐集中到小部分富人手中。特别是主权财富资金不断膨胀，并掌控政治、经济，形成了对财富的寡头垄断，造就了金融霸道。无论是利益集团，还是金融集团，都需要权力集团的支撑和处处开绿灯，否则利益集团的利益最大化就无法实现，金融集团的资本就无法横行。三者相互勾结，狼狈为奸，② 打造其霸道世界，推行霸道主义，使世界陷入战争、恐怖人道主义灾难之中，离王道越来越远。

全球化、信息革命像一个幽灵，它不受任何限制、无孔不入地游荡在政治、经济、文化、制度之中和各国家、民族、宗教地域之间，以及不分男女老少的日常生活活动之内。其支撑、制约、统摄着世界的方方面面，谁掌握了这个幽灵的高地，谁就成为这个高地的霸主。近代工业化萌发了全球化运动，为使资本利益得到最大化，殖民主义开始了全球以武力征服、掠夺、奴

---

① 孔子说："天下有道，则礼乐征伐自天子出；天下无道，则礼乐征伐自诸侯出。"《季氏》，《论语译注》，中华书局，1980，第174页。

② 张立文：《正义与和合：当代危机的化解之道》，《人民论坛·学术前沿》2015年7月下。

役世界殖民地的运动。殖民主义瓜分世界势力范围，从事可耻的鸦片毒品贸易，贩卖黑奴，其掀起的腥风血雨的全球化是与血汗相伴的，中国这个文明古国也成为列强资本吞噬殖民的对象。尽管20世纪末期以来的全球化、信息革命与以前的全球化有巨大的差别，然从全球化作为资本最大化这方面来看，有其相同之处。谁在全球化的政治、经济、文化、军事位于强势，谁就可以称霸世界，实行霸道之治，制造谎言，公然侵略主权国家，屠杀其国人民与领导，或支持反对派甚至包括恐怖组织，搞垮、搞乱过去被他们殖民的主权国家，使这些弱势国家的人民大众遭受严峻的灾难，人财两空，他们只能以难民身份到处流浪。霸道强势统治世界，实行霸道之治，而讲正义、文明、公正、和合的王道之治处于弱势，难以张扬。如何转弱为强，转霸为王，以往已付出血的代价，今后也要付出惨重的代价，才能有所改观。灾难使人痛心，痛心使人觉悟，觉悟使人摒弃霸道，而期望王道浴火再生。

全球化、信息革命是全球的运动，信息革命更促进全球化进程。它不断跨越时间的、地域的、国家的，以至太空星球之间的物理时空的界限，把个别的、部分的、集体的统统海纳百川似的吸引到全球整体中来，世界成为你中有我、我中有你的"太极图"式的阴中有阳、阳中有阴的共同体结构，仅依赖单边主义、霸权主义的范式已不能应对、担负自然的、社会的、宗教的错综复杂的挑战和冲突，更难以化解其挑战和冲突，唯有合作之道，才能共富、共赢、共荣、共乐。"得道者多助，失道者寡助。"得道就是得人心，得人心是王道的根本内涵。霸道的霸权主义不得人心，处处碰壁。之所以如此，是由于缺失道德价值的支撑，霸道从思维意识到行为活动都是"缺德"的，他们在血腥屠杀、制造人间地狱的同时，无耻地宣扬什么"王道乐土"，这种挂羊头卖狗肉的把戏，是霸道主义者惯用的伎俩，是侵略者遮蔽其滔天罪行的遮羞布。当前霸道主义者在世界各地干尽种种"缺德"之事，说了形形色色"缺德"之话，即无理之事，无理之言，却把自己打扮成站在道德制高点的人，来评判世界视听言动的是非曲直。世界秩序都被他们打翻了颠倒过来，为他们的私欲服务，为他们的霸权主义大行其道服务。正义的、公正的、文明的、和合的王道被他们歪曲、篡改、糟蹋，而改头换面，为其侵略的罪恶野心开道。

在全球化、信息革命的助力下，其霸道主义的霸权之手伸得更长，出现了政治霸权、经济霸权、文化霸权、军事霸权、海洋霸权、话语霸权等。政、经、文、军、海霸权虽在近代资本列强的殖民运动中充分表现，当下又以强烈的新形式出现。过去受殖民、被压迫的人民有所警惕，但受压迫、被殖民的国家和民族现阶段基本上属于不发达或发展中国家和民族，在各个方面都处于弱势。在话语霸权方面，尤其如此。他们利用高科技与遍布世界各个角落的媒体，控制、引导、掌握世界舆论，并潮水般涌入不发达以及发展中国家，以其强势话语霸权迫使其接受。一方面西方列强在各个领域制定体现其价值利益的各项标准，不发达和发展中国家不得不接受和遵照其标准，而丧失了自己的话语权；另一方面由于不发达和发展中国家主体意志的软弱，文化自觉和话语自觉缺失，而只能服从西方列强话语，形成西方列强"话语霸权"，以至于在国际舞台上难以听到表达不发达和发展中国家意识和意志的诉求，难以看到符合其利益的标准和原则。因此，必须首先培养和提高不发达以及发展中国家和民族的文化自觉、自信和话语自觉、自信，尽管殖民者在殖民化的过程中，摒弃以至消灭殖民地国家和民族传统的文字、话语，以殖民者的文字、话语代替之。以前的殖民地国家和民族，今天的不发达、发展中国家、民族，应重建自己国家、民族的主体意识和主体意志及文化自觉，并吸收西方列强话语文字中优秀因子，智能创新自己国家、民族的话语体系，打破其话语霸权。

在全球化、信息革命进程中，霸道主义者加紧宣传、推行、实施其价值观霸权，他们利用各种各样的会议、会谈和出访机会，大谈其价值观，霸权主义者身上挂着"民主价值观"的牌子，嘴上喊着"积极和平主义"，心里却是反民主的冷战思维和独霸世界的军国主义意识，真民主、真和平对于霸道主义国家经济支柱的军事工业来说，是无利可图的，挑起国家间、地区间的紧张与冲突，以收渔人之利才是他们真正的目的。

尽管人们对全球化和信息革命进行"秋后算账"，莫衷一是，但全球化和信息革命的浪潮汹涌向前，不可阻挡。"互联网＋"改变了人类活动的方式，革新了人类政治、经济、文化、军事的行为方法。人类活动的这些方式和方法，不断地、强力地冲击着原有民族国家体系的堤坝，虽然受到来自现存民族国家体系的阻拦，但已打开的缺口，是阻遏不住的。人民不得不思考全球化、信息革命时代人类未来的生存世界、意义世界和可能世界。人类要生存下去，期盼建构一个天和、地和、人和，天乐、地乐、人乐的天地人共和乐的和合天下。仰观俯察天下，以类天下万物之情，与天地人之宜，亟须实行王道，以通向和合天下。

转霸道为王道的智慧

基于全球化、信息革命上述五方面的考量，追求和合天下，有理由回到王道与霸道之争的源头，反思古人化解霸道的智慧，梳理王霸之争的历史脉络，体认王道与霸道的本质及其图谋，为当下转霸道为王道，转传统为现代，提供参考系和互鉴系。这里的"转"有度越、转生的意思。因为全球化、信息革命并非造就、扩展霸道主义霸权的力量，亦可使不发达国家、发展中国家在全球资本、技术、市场的流动、扩散中受益，实现其前所未有的发展，有益于人民大众，与此相向而行的是，唤醒了一批新兴国家的政治、经济、文化的自觉与自信，使他们更多地参与全球化、信息革命的进程。这就为度越和转生营造了条件，为建造全球秩序的和合天下奠基，也为王道开出新生面、新路径。

中华民族①传统文化思想宝库的王道与霸道之论，是世界文化中极其珍贵的财富。拙著《中国哲学范畴发展史·人道篇》中有《王霸论》② 一章，对各个历史时期王霸之道的内涵、性质、特点、意义、影响做了系统阐述，本文探究王道与霸道的缘起，以及以王道化解霸道何以可能的智慧。

王道与霸道之论的起因，是由于社会矛盾冲突尖锐化，周王朝与诸侯国之间，诸侯国与诸侯国之间，诸侯国内部君、臣、人民之间的关系危机化，伦理道德脆弱化，礼仪规范边缘化，动乱战争经常化，仁义廉耻缺失化，人民无以安居，天下无有太平。正如刘向在《战国策·叙录》中所总结的："道德大废，上下失序，至秦孝公（公元前361~前338年），捐礼让而贵战争，弃仁义而用诈谲，苟以取强而已矣。夫篡盗之人，列为侯王；诈谲之国，兴立为强。是以转相仿效，后生师之，遂相吞灭，并大兼小，暴师经岁，流血满野。父子不相亲，兄弟不相安，夫妇离散，莫保其命，潜然道德绝矣。晚世益甚，万乘之国七，千乘之国五，敌侔争权，尽为战

---

① 中华民族的"民族"，不是指单一的汉族，而是包括56个民族。中华民族犹如炎黄子孙，是一个广义的名字符号，不是狭义的民族主义意义上的民族。
② 《王霸论》，《中国哲学范畴发展史》（人道篇），中国人民大学出版社，1995，第677~708页。

国。贪饕无耻，竞进无厌，国异政教，各自制断，上无天子，下无方伯，力功争强，胜者为右，兵革不休，诈伪并起。"道贯古今，纵横而观，相似而契：（1）谲诈之国，以强势称霸世界，攫取以往殖民地财富，为富不仁，致使世界贫富差距拉大；（2）篡盗之人，成为总统、总理，以强凌弱，挑起动乱、发动战争，暴师经岁，到处驻军，使被侵略的国家和民族流血满野，四处逃难；（3）霸道主义者的种种"缺德"行为，使被侵略、陷入动乱的国家人民莫保其命，父子不相亲，兄弟不相安，夫妻离散，可谓道德绝矣；（4）霸道主义的霸权者贪食无耻，竞进无厌，上无视国际公约，下不顾人民意愿，力功争强，把本国和被侵略国家的人民推向万劫不复的境地，不能自拔；（5）为了推行其价值观，兵革不休，诈伪并起，或制造假情报，或恶人先告状，所谓"欲加之罪，何患无辞"，而制造无数人道主义灾难、罪行累累，罄竹难书。

不忘历史，有益察今。王道何以化解霸道的智慧：其一，敬德保民，以人为本。这是王道的核心价值之一。霸道反之，缺德害民，不顾人民死活。周公从夏商之所以灭亡的历史经验教训中体认到，夏商末年的夏桀和商纣霸道无德，丧失天所授之命。商汤、周武推翻夏商是替天行道，符合天的意志和王道价值。"皇天无亲，惟德是辅。民心无常，惟惠之怀。"[1] 天超越亲疏，只辅佐有德之人；民心并不永久拥护、支持谁，只关怀、拥护有恩惠于人民的人。在天命无常的情境下，人唯有依赖自己主体道德修养，"肆惟王其疾敬德，王其德之用，祈天永命"[2]。王应该以身作则，恭敬德行，尊重人民，天才能长久地授予王治理天下的大命；无德，不以人为本根，天就要收回王治理天下的大命。民之所欲，天必从之。民心就是天心，天命顺从民心，得民心者得天下，失民心者失天下。民心向背决定能否"受天永命"。以"水能载舟，亦能覆舟"的智慧来制约、化解霸道，而行王道。

其二，克明俊德，修身养性。这是王道之治者必须具备的条件，是克制霸道之治的无上智慧。尧舜禹汤文武周公都"聿修厥德"。周文王、武王所以能推倒商纣的霸道统治，就在于他们终日乾乾，修养德性，怀保小民，惠鲜鳏寡，使万民安居乐业，自己不敢游猎取乐。周公要成王继承文王功业，"无

① 《蔡仲之命》，《尚书正义》卷17，《十三经注疏》，中华书局，1980，第227页。
② 《召诰》，《尚书正义》卷15，《十三经注疏》，第213页。

淫于观、于逸、于游、于田，以万民惟正之供"①。不要把人民的赋税用于悠游、享乐、田猎上面。周公要成王以道德自律，不能"有所淫佚"。如果以为霸权到手，先享乐再说，不思人民疾苦，整天恣情纵乐，像商纣那样，肉林酒池，迷乱亡国，这便是殷鉴，是霸道之治的后果。今之实行霸道主义的、掌握霸权的统治者应该幡然悔悟，修身明德，改过从善，转霸道为王道，这是王德之本，本立而德行，德行而国治，国治而全球咸宁。

其三，为政以德，公平正直。这是王道的核心内涵。德政即仁政。仁者爱人，泛爱众，而亲仁。要亲爱天下的百姓。如何泛爱众，要老吾老以及人之老，幼吾幼以及人之幼，仁民爱物，天地乾坤是我们的父母，爱天地万物都应像爱自己的同胞兄弟伙伴一样。仁为两个人，对待他与他者应该"己所不欲，勿施于人"，"己欲立而立人，己欲达而达人"。霸道主义者反之，"己所不欲，要施于人"，己欲立而使人不立，己欲达而遏制、制裁人发达。霸道主义者总是以小人之心度君子之腹，唯怕人立、人达有碍其霸道，有捐其霸权。其实全球唯有共立、共达、共富、共荣、共赢，才能共和、共乐、共宁、共安、共享。若霸道主义霸权盛行，恐怖活动频发不止，恶性事件屡发不断，人民大众无宁日，世界无宁日。若以德治仁政治理天下，以公平正直处理世事，才符合王道原则。"无偏无陂，遵王之义；无有作好，遵王之道；无有作恶，遵王之路。"② 不要有偏颇，不要有私好，不要为非作歹，要遵循王道的规范、道义、正道治国理政。如此才能"无偏无党，王道荡荡；无党无偏，王道平平；无反无侧，王道正直。会其有极，归其有极"③。无偏私、无朋党、无反道、无偏侧，这是王道正直的内涵和原则。如果任命能遵照王道原则办事的人为官吏，那么天下臣民就都会归向王道的最高原则。春秋时，王道被作为当时人们的政治价值理想和治世理政的最高原则。《左传》记载：中军尉祁奚请求告老退休，晋候问他接替的人选，他推荐自己的仇人解狐，将立而卒；又问他，他推荐自己的儿子祁午，祁午做了中军尉。"称其仇，不为谄；立其子，不为比；举其偏，不为党。《商书》曰：'无偏无党，王道荡荡'，其祁奚之谓矣。"④ 以王道喻祁奚的无偏私、不朋比、不结党的大公无私的美

---

① 《无逸》，《尚书正义》卷17，《十三经注疏》，第222页。
② 《洪范》，《尚书正义》卷12，《十三经注疏》，第190页。
③ 《洪范》，《尚书正义》卷12，《十三经注疏》，第190页。
④ 《襄公三年》，《春秋左传注》，中华书局，1981，第927页。

德，可见王道并非狭义的先王之道或帝王治国治民的善道，而是广义的遵照王道最高原则治国理政的人，这是王道的道德价值标准。只有如此智慧，才有可能化解、消除霸道的不公平的偏颇、私人的爱好、结党营私、违犯法度的霸权。他们提拔、任命亲信和臭气相同的佞人，干尽天下坏事，必遭人民的唾弃。

其四，王霸之道，仁力以分。孟子深恶痛绝诸侯争霸战争流血成河、白骨遍野的残酷情境，斥责霸道。他说："以力假仁者霸，霸必有大国；以德行仁者王，王不待大。"① 假借仁义，实以强力征伐他国而称霸，即以战争杀人而取得霸权，人心是不服的，依靠道德实行仁义可使天下归服，"以德服人者，中心悦而诚服也"②。以力假仁与以德行仁，是王道与霸道的本质内涵和特征，亦是其分野。此前墨子从他兼相爱、交相利的核心价值观出发，曾说："我以为人之于就兼相爱、交相利也，譬之犹火之就上，水之就下也，不可防止于天下。故兼者，圣王之道也，王公大人之所以安也，万民衣食之所以足也。"③ 他认为"兼即仁矣，义矣"。兼相爱，交相利的王道是实施于天下的普适价值，是王公大人的安定、万民衣食的充足之所以然的根据。孟子也认为王道的价值是"春省耕而补不足，秋省敛而助不给"④。辟土治田，养老敬贤，衣食补助充足。现代霸道主义的霸权者也往往"假仁"，打着仁义的旗号而行战争、动乱之实，其邪恶的用心，路人皆知。王道之本是仁，"窃惟王道之本，仁也"⑤。霸道之本是力，"合强以攻弱，以图霸"⑥，"谋得兵胜者霸"⑦。以强力攻打弱小，取得战争胜利而称霸天下。"兵胜者霸"是建立在成千上万人的尸骨和痛苦之上的，是血流成河汇聚而成的。王道之本在仁，不仅"通德者王"，而且要切实实施"王者之法，等赋、政事、财万物，所以养万民也"⑧。如何养万民、衣食足？孟子设计的方案是"五亩之宅，树之以桑，五十者可以衣帛矣。鸡豚狗彘之畜，无失其时，七十者可以食肉矣。百

---

① 《公孙丑上》，《孟子集注》，《朱子全书》第 6 册，上海古籍出版社、安徽教育出版社，2002，第 286 页。
② 《公孙丑上》，《孟子集注》，《朱子全书》第 6 册，2002，第 286 页。
③ 《兼爱下》，《墨子校注》卷 4，中华书局，1993，第 180 页。
④ 《告子下》，《孟子集注》，《朱子全书》第 6 册，第 417 页。
⑤ 《上仁宗皇帝书》，《河南程氏文集》卷 5，《二程集》，中华书局，1981，第 513 页。
⑥ 《霸言》，《管子校注》卷 9，中华书局，2004，第 472 页。
⑦ 《兵法》，《管子校注》卷 6，第 317 页。
⑧ 《王制》，《荀子新注》，中华书局，1979，第 124 页。

亩之田，勿夺其时，八口之家可以无饥矣。谨庠序之教，申之以孝悌之义，颁白者不负戴于道路矣。老者衣帛食肉，黎民不饥不寒，然而不王者，未之有也"①。这便是王道之治的社会蓝图和"理想国"。天下万民心悦诚服王道，自然深恶痛绝霸道，这是以王道的价值理想社会克服霸道的动乱、战争、死亡的有效方法，是从经济基础上转霸道为王道的智慧。

其五，隆礼尊王，重法而霸。春秋战国之时，各学派对王道与霸道各持己见，各是其是。商鞅入秦，与秦孝公讲王道，"吾说公以帝道，其志不开悟矣"，于是商鞅说霸道，"吾说公以霸道，其意欲用之矣"②。对王道与霸道的不同态度，归根到底受立场和价值观的左右，其表现形式为礼与法的差分。《商君书·更法》说："三代不同礼而王，五霸不同法而霸。"他以三代为王道，五霸为霸道。王道以礼治，五霸以法治。荀子说："君人者，隆礼尊贤而王，重法爱民而霸，好利多诈而危，权谋倾覆幽险而尽亡矣。"③以隆礼与重法为王道、霸道的分殊。所谓礼，"礼者，政之挽也。为政不以礼，政不行矣"④。礼是治理政事的指导原则，具有法度、标准的意义；"礼者，节之准也。程以立教，礼以定伦"⑤。礼是度量天下万物以及人际等级伦理关系寸、尺、寻、丈的准绳。故此"国无礼则不正，礼之所以正国也，譬之犹衡之于轻重也，犹绳墨之于曲直也，犹规矩之于方圆也，既错之而人莫之能诬也"⑥。治国理政的礼的标准已制定，那么任何人都不能欺诈了，而只能依礼而行。礼作为国家政治制度，礼节仪式，道德规范，是人生、事成、国宁的原则和根据，"故人无礼不生，事无礼不成，国家无礼不宁。君臣不得不尊，父子不得不亲，兄弟不得不顺，夫妇不得不欢。少者以长，老者以养"⑦。礼是君臣、父子、兄弟、夫妇不得不尊、不亲、不顺、不欢的原则和必须遵守的道德规范，以维护社会秩序和伦理关系，这是国家命脉所在，"人之命在天，国之命在礼"⑧。礼是为人的最根本原则，"礼者，人道之极也"⑨。治国理政，礼法

---

① 《梁惠王上》，《孟子集注》，《朱子全书》第 6 册，第 258～259 页。
② 《商君列传》，《史记》卷 68，《国学基本丛书》，中华书局，2014，第 2708 页。
③ 《天论》，《荀子新注》，中华书局，1979，第 277 页。
④ 《大略》，《荀子新注》，第 445 页。
⑤ 《致士》，《荀子新注》，第 226 页。
⑥ 《王霸》，《荀子新注》，第 169 页。
⑦ 《大略》，《荀子新注》，第 449 页。
⑧ 《强国》，《荀子新注》，第 253 页。
⑨ 《礼论》，《荀子新注》，第 314 页。

并用，王道霸道杂之。礼作为根本原则具有法的价值，并以礼代法的部分效能，以礼制法，以王道制约霸道。所谓"王霸道杂之"，基本上是王主霸辅、礼主法辅的形式。

其六，天理人欲，王霸义利。唐宋之际，"道统"遂成热门话题。道统论辩的核心内涵与天理人欲、王霸义利相关联。韩愈认为，自尧舜禹汤文武周公孔孟以后，道统便断而不得其传。从尧舜至孔孟的先王之教，即王道或曰道统的内涵，便是"博爱之谓仁，行而宜之之谓义，由是而之焉之谓道，足乎己无待于外之谓德……"① 它的效能价值是"以之为己，则顺而祥；以之为人，则爱而公；以之为心，则和而平；以之为天下国家，无所处而不当。是故生则得其情，死则尽其常，郊焉而天神假，庙焉而神鬼飨"② 。这是韩愈所说的王道，而非佛老的道。历经唐末藩镇割据和五代的战争动乱，王道的道统、社会价值理想和伦理道德遭到极其严重的破坏和废弃，人欲横流，私利膨胀，为争权夺利，子弑父、弟杀兄层出不穷，霸道嚣张。宋明理学家，继承道统，弘扬王道，重树价值理想，重构伦理道统。程颐为其兄程颢所作的《墓表》中讲："周公没，圣人之道不行；孟轲死，圣人之学不传。道不行，百世无善治；学不传，千载无真儒……先生出，倡圣学以示人，辨异端，辟邪说，开历古之沉迷，圣人之道得先生而后明，为功大矣。"③ 誉程颢为道统继承人，为往圣继绝学、为王道的复明者。程颐之所以这样讲，也有其合理性，因为程颢自家体贴出"天理"二字，把隋唐以来儒释道三教兼容并蓄的文化整合的方法落实到"天理"上，而开启了理学的新时代、新思维、新体系、新学风，也衍出了王道与霸道的新话题、新内涵、新生面。理学家在融突和合儒释道三教理论思维中建构了理学形而上学理论思维体系。程颢将其"天理"打开，呈现在政治价值理想层面，便表述在王道之道这个古老话题上，可谓旧瓶装新酒。程颢在《论王霸札子》中说："得天理之正，及人伦之至者，尧舜之道也；用其私心，依仁义之偏者，霸者之事也。王道如砥，本乎人情，出乎礼义，若履大路而行，无复回曲。霸者崎岖反侧于曲径之中，而卒不可与入尧舜之道。"④ 一是天理之正，一为用其私心，

---

① 《原道》，《韩昌黎集》卷11，商务印书馆，1958。
② 《原道》，《韩昌黎集》卷11。
③ 《明道先生墓表》，《河南程氏文集》卷11，《二程集》，中华书局，1981，第640页。
④ 《论王霸札子》，《河南程氏文集》卷1，《二程集》，第450页。

"二者其道不同"，不可混淆。回应了司马光王霸道同而成功有大小和王安石王霸道同而心异论。"仁义礼信，天下之达道，而王霸之所同也。夫王之与霸，其所以用者则同，而其所以名者异。何也？盖其心异而已矣。"① 道同心异。程颢则认为道不同心亦异："苟以霸者之心而求王道之成，是炫石以为玉也。"② 以霸道的心求王道，无异于把石头夸耀为宝玉，这是骗人的勾当。二程认为："王道与儒道同，皆通贯天地，学纯则纯王纯儒也。"③ 促使王道的内在化向内圣的伦理化靠近，儒道向王道的外王驱动而政治化，王道与儒道通贯圆融。

程颢承韩愈的道统说，韩愈仅论孟子以后，道统就断了，程颢便接续讲汉唐："汉唐之君，有可称者，论其人则非先王之学，考其时则皆驳杂之政。"④ 这个论题，成为朱熹与陈亮王霸论辩的中心。朱熹给王道与霸道以界说：王道为"天理流行"，霸道为"人欲横行"。前者为夏、商、周三代王道之治，后者为三代以下霸道之治。究其原因，三代都遵照尧、舜、禹传下的"人心惟危，道心惟微，惟精惟一，允执厥中"十六字密旨。他说："夫尧、舜、禹之所以相传者既如此矣，至于汤武则闻而知之，而又反之至于此者也。夫子之所以传之颜渊、曾参者此也，曾子之所以传之子思、孟轲者亦此者也……然自孟子既没，而世不复知有此学，一时英雄豪杰之士或以资质之美，计虑之精，一言一行偶合于道者，盖亦有之，而其所以为之田地本者，则固未免乎利欲之私也。"⑤ 尧舜禹到孟子心法密旨传授不断，以后这心法密旨就丧失不传了，于是汉唐以来利欲之私流行，即使一些英雄豪杰有一言一行与此偶合，但从根本上说未免乎利欲之私。"尧舜禹汤文武以来转相授受之心不明于天下，故汉唐之君虽或不能无暗合之时，而其全体只在利欲上。"⑥ 所以三代自三代，汉唐自汉唐，两者不可混同。汉高祖、唐太宗都是"假仁借义，以行其私"，虽得以成功，但仍是如唐太宗那样，无一念不出于人欲之心，是一个人欲横流的社会。

陈亮与朱熹道德价值观有差分，对三代与汉唐道德价值评价亦异，于是

---

① 《王霸》，《王临川集》卷67，国学整理社，1935，第425页。

② 《论王霸札子》，《河南程氏文集》卷1，《二程集》，第451页。

③ 《河南程氏文集》卷11，《二程集》，第411页。

④ 《论王霸札子》，《河南程氏文集》卷1，《二程集》，第451页。

⑤ 《答陈同甫》，《晦庵先生朱文公文集》卷36，北京图书馆出版社，2006，第33页。

⑥ 《答陈同甫》，《晦庵先生朱文公文集》卷36，第36页。

陈亮以堂堂正正的智勇，与朱熹展开论辩，陈亮说："本朝伊洛诸公辩析天理人欲而王霸义利之说于是大明。然谓三代以道治天下，汉唐以智力把持天下，其说固已不能使人心服；而近世诸儒遂谓三代专以天理行，汉唐专以人欲行，其间有与天理暗合者，是以亦能久长。信斯言也，千五百之间，天地亦是架漏过时，而人心亦是牵补度日，万物何以卓蕃而道何以常存乎！故亮以为汉唐之君本领非不洪大开廓，故能以其国与天地并立，而人物赖以生息。"① 陈亮批驳了朱熹的观点，以事实说明汉唐亦是王道的体现，而不能割断历史。朱熹认为这是陈亮"推尊汉唐，以为与三代不异，贬抑三代，以为与汉唐不殊"②。混同王道与霸道，有害人们对其本质的认识，而天理与人欲不分，因而提出"存天理，灭人欲"的主张，认为人不能有一毫人欲之私，以天理制约、消除人欲，以王道化解霸道，转霸道为王道。明代，尽管王守仁的心体学与程朱的理体学有差分，但对王道与霸道的体认上大体一致。他说："三代之衰，王道熄而霸道猖，孔孟既没，圣学晦而邪说横。"③ 王霸义利，天理人欲之辨说之所以成为热门话题，是重建伦理道德的需要，也给人们提供一个价值的理想境界。

鉴古知今，转古化今。现代霸道主义的霸权者，与历史上的霸道主义何其相似乃尔。虽然称霸一时，但终究不会长久，秦始皇统一六国而独霸，也只不过15年左右。在2500余年王道与霸道论争中，中华民族以其卓越智慧、理念、方法制约、管控、化解、转生霸道，而使中华民族逐步迈向王道之治，创造了中华文明。政治上，率先实行文官制度，公平、公正、不分贵贱地通过科举选拔官员；经济上，最先实行商品贸易，发行纸币；文化上，甲骨金文、诗词歌赋、琴棋书画、光辉灿烂；科技上，有对世界产生巨大影响的四大发明。政、经、文、科技都在世界上独占鳌头，无可比拟。然而，霸道仍有其生存的空间，特别是近代以来，西方利用中国发明的火药、指南针，为其海外殖民服务，利用中国发明的纸为其传播宗教价值观效劳，实行其政、经、文、价值观的侵略，军国主义者则假"王道乐土"，为其侵略中国和东南亚罪恶暴行遮羞，这就是孟子所说的"以力假仁者霸"，以实现其独霸天下的野心，以推行其霸道主义价值观于天下。

---

① 《又甲辰秋书》，《陈亮集》卷20，中华书局，1974，第281页。
② 《答陈同甫》，《晦庵先生朱文公文集》卷36，第41页。
③ 《答顾东桥书》，《王文成公全书》卷2，明隆庆六年刊本。

和合天下的圆梦园

在全球化、信息革命时代,如何构建"天下有道"①的全球秩序,有鉴于当代霸道主义者在全球极力实现其霸权,拉拢、勾结其所谓盟国,以便独霸世界的历史,再鉴于中华民族源远流长的王道化解霸道、转霸道为王道的智慧,为唯变所适地适应全球化、信息革命时代的需要,必须智能创新。既继承又超越王道,扬弃霸道。这是因为王道与霸道的逻辑前提是主权国家统治者或掌权者主体意识或意识形态的张扬,以控制凌驾于万物之上的"一"或"独"为目标,以号令天下,而无视人民大众的存在,摧残人民大众的主体性、意志性、创造性,没有使王道成为人民大众自悟的意志和自觉的行为,也没有使人民大众体认霸道的真面目和觉悟其危害后果。所以必须度越王道与霸道,其命维新为"和合之道",简称"和合道"。这是实现"和合天下""天下有道"的方式和必由之路。

自全球化、信息革命以来,地球成为一个村,人民已经有放眼世界的国际视野,在中华文化走向世界的情况下,"天下"成为人文社会科学领域研究的热门话题,基本上是从历史学、民族学、文化学、文字学、政治学等层面进行阐发。②然而,任何学说唯有在人类与自然、社会、人际、心灵、文明冲突危机中,铸炼出化解之道和解决之方,提炼出既能体现时代精神,又能回应时代核心话题的理论思维和理念,才能引领时代思潮,如儒家求大同的社会价值理想。柏拉图《理想国》认为,治理城邦是为了实现正义,探讨城邦的本质是揭示和解释正义,"哲人成为这些城邦的君主,或今日被称为君主和

---

① "天下"曾见于《尚书·召诰》:"其惟王勿以小民淫用非彝,亦敢殄戮用义民,若有功,其惟王位在德元,小民乃惟刑用于天下,越王显。"孟子说:"天下有道,以道殉身;天下无道,以身殉道。"(《尽心章句上》卷13,《孟子译注》,中华书局,1960,第321页。)之前孔子说:"天下有道,则礼乐征伐自天子出。"(《季氏》,《论语译注》,中华书局,1980,第174页。)

② 杨联升的《从历史看中国的世界秩序》,是从历史学视角来讲天下;王柯的《民族与国家》是从民族学角度探讨天下观;汪晖的《现代中国的兴起》和葛兆光的《中国思想史》从文化思想视域来讲天下与国家的相关话题;于省吾的《释中国》考证中国名称的起源、由来和形音义;赵汀阳的《天下体系——世界制度哲学导论》、邢义田的《从古代天下观看秦汉长城的象征意义》、宋树彬的《从传统天下观到近代国家观》,是从政治秩序来讲天下;洪盛的《为万世开太平》是从经济学角度来讲天下。

权贵的人们真诚地、恰当地热爱智慧"①。"哲人王"热爱智慧是全体的智慧，而城邦体制本质是其灵魂的投影。他们的"天下"价值理想世界，是一种虚拟的境界。即使是现代学者对"天下"的论述，也主要着眼于政治、制度层面的内涵和价值，未能充分诠释天下所蕴含的价值本质、化成依据、德性根基、人本之源、制度基石，没有发现天下价值的共同体特征及天下和合的本质。② 天下观是中华民族对生存世界的境理时空的真实改造，意义世界是人生价值活动的性命之善和修身养性实践，以及可能世界"道、和"的和合天下价值理想的整体观。

当下人类共同面临着人与自然的冲突而产生生态危机；人与社会冲突，如贫富不均，战争、恐怖事件等造成社会、人文危机；人与人的冲突出现道德危机；人的心灵冲突形成精神、信仰危机；文明之间冲突构成价值危机，它凸显在政、经、文、军、制度、宗教、生态、人伦、道德之中。如此，这个世界是充满严峻冲突危机的世界，是不太平的天下。这样不能不激起世人的共同思考，共谋出路：未来人类向何处去？人类的命运如何？天下观如何开展？以及如何构建和合天下？

中华古人有浓厚的天下情怀和为天下开太平的强烈意愿，构建了"大道之行，天下为公"的大同世界的价值理想。在大同世界的价值结构中，其合理度应是"故圣人耐以天下为一家，以中国为一人者，非意之也，必知其情，辟于其义，明于其利，达于其患，然后能为之"③。要实现天下为一家，中国为一人，必须知民情；以义理教化民众，明白有利的事，使其安心；晓达祸患而防护，以避免争夺相杀。孔颖达疏："此孔子说，圣人所能，以天下和合，共为一家，能以中国，共为一人者，问其所能致之意。"④ 这不是一种意测度谋，而是能致的大同世界境界。"天下和合"转换为"和合天下"，"天下和合，共为一家"在农业社会平台上建构了《礼运》大同世界的远景蓝图，"和合天下"是建构在全球化、信息革命、太空时代所描述的人类未来的蓝图。世移事异，唯变所适，其命维新。

"四海之内若一家，故近者不隐其能，远者不疾其劳，无幽闲隐僻之国，

---

① 柏拉图：《理想国》，王扬译注，华夏出版社，2012，第201页。
② 翁俊山：《和合天下——先秦儒家和合天下论》，中国人民大学博士学位论文，2010。
③ 《礼运》，《礼记正义》卷22，《十三经注疏》，第1422页。
④ 《礼运》，《礼记正义》卷22，《十三经注疏》，第1422页。

莫不趋使而安乐之……是王者之法也"①。以往中国人以"家国天下"为责任载体,当今应以"和合天下"为责任载体。"天下之本在国,国之本在家","齐家"才能治国、平天下,这是建构在小农经济基础上的"家国天下"价值观、天下观。和合天下以和生、和处、和立、和达、和爱的和合学五大原理为价值观、天下观。在中国人的精神世界里,原来存在着一个度越具体政权、体制,如城邦、邦国、王朝、封建、郡县等,以及体现着时代精神、价值理想、全球秩序的价值和合道体,从这个意义上说,"天下"本质上是一个价值和合道体。

现代人类为从五大冲突和危机的痛苦煎熬中解脱出来,共同向往和追求和合天下,这是和合天下何以可能的扎实基地。在此基地上可以建构金碧辉煌的大厦,可以登陆太空中的任何星球,在某个星球上开启新起点,描绘新蓝图,建立新世界。新世界造就新人类、新理论、新思维、新方法,而有新体制、新伦理、新道德、新精神。什么是和合天下,和合天下如何可能?

第一,建构和合共生机制,寻求和合天下正义。和合共生是中华文化的精华和历史基因。和合天下是正义的天下。中西哲人都把"正义"作为其价值理想追求的目标。荀子说:"正利而谓之事,正义而谓之行。"② 为正当利益去做,称为事业;为正义而做,叫作德行。杨倞注:"苟非正义,则谓之奸邪。"奸邪为非正义的行为。"不学问,无正义,以富利为隆,是俗人者也。"③ 以为富利为人生最高的目标,那是没有正义的俗人,认为人应该以正义为价值目标。柏拉图的《理想国》,贯穿其书的思想主题是论正义。从《对话纲要》中可以明白:第一部分是"初探正义";第二部分是"寻找和确认正义";第三部分是"正义的城邦有可能被建立的条件";第四部分是"论非正义";第五部分是"灵魂的道路和正义的报酬"④。正义不可避免地与各利益主体产生紧张冲突,因为无正义(非正义)以富利为隆,或"对金钱的极度贪婪"⑤。富利已全面吞噬了正义,金钱贪婪完全毁灭了正义,也毁灭了和

① 《王制》,《荀子新注》,第 124 页。
② 《正名》,《荀子新注》,第 367 页。
③ 《儒效》,《荀子新注》,第 105 页。
④ 柏拉图:《理想国》,华夏出版社,2012,第 396~408、405 页。
⑤ 柏拉图:《理想国》,第 396~408、405 页。

合共生及各利益主体自己。

利益这个恶性毒瘤已全面扩散，自然、社会、人际、心灵、文明无一不被侵染，政治、经济、文化、科技、军事无处不被充塞，思想、哲学、艺术、宗教、文学、历史处处都被占据，国家、民族、集团、党派以至太空领土都成为其"殖民地"。它无孔不入，无处不占，并极力增强其毒性，扩大其扩散面，变异其新品种，积聚其侵占力，严重威胁和合共生。因此利益这个毒瘤不能任其肆行，毒瘤不管控，世无宁日，毒瘤不去除，人类无宁日。时至今日，利益这个"魔鬼利刃"，仍然在慢慢地宰割着人类和合共生肢体，麻木不仁者，受其一刀一刀地分尸，从痛苦中觉醒者将起而反抗，人类将以自己的热血凝聚成万丈能量，融化此"魔鬼利刃"。

人类要建构体现、代表全人类和合共生利益的新主体，这个新主体度越了自然、社会、人际、心灵、文明各自寻求利益的主体的差分和冲突，圆融无碍地携手共建和合共生的、生生不息的和合天下。利益在历史发展阶段中，是与价值观相联系的，换言之，是与正义非正义价值相匹配的。当前人与自然、社会、人际、心灵、文明间的关系原则，都没有为人类提供一种唯变所适的价值准则，即使是和生、和处、和立、和达、和爱的五大原则，也还未被全球所全盘认同为和合共生的共同价值原则，这五大原则作为全球共同的价值原则，在一定意义上，是与正义价值原则相匹配的。

当和合共生的和合天下逐渐实现，体现全人类利益的新主体出现，人类命运共同体利益越来越显著、强烈，人类利益新主体的内涵越来越丰富充实，便冲击着、改变着原有各利益主体，原有各利益主体能量被削弱，以致被边缘化。譬如认同民族国家体系的利益主体，就为度越代表全人类利益的新主体所替代。这是建构和合天下的核心价值。

第二，建构和衷共济机制，寻求和合道体。和衷共济是中华文明和东方文明的精髓，在和合天下架构下，代表全人类共同利益的新主体以和衷共济、和平合作为思考问题的出发点和立足点。自从民族国家体系逐渐成为世界体系的政治形态以来，民族国家便以主权国家的姿态参与世界事务，以自身利益为衡量、判断、评价的唯一标准和原则。让我们这一辈人记忆犹新的是，当我国处在勒紧裤腰带过日子的最困难的时候，我们出钱、出粮、出武器、牺牲将士帮助那个所谓"同志加兄弟"的国家解放，现在这个国家却与昔日敌人联手，使其侵占的中华民族祖宗留下的领土合法化，撕毁体现"主权在我，搁置争议，共同开发"的和衷共济、和平合作的协议，而搞摩擦、冲突，以至对抗，这种忘恩负义的缺德行为，证实了在民族国家体系内"没有永恒的朋友，也没有永恒的敌人，只有永恒的利益"这句话。也使我们领悟到，没有什么真正的"同志＋兄弟"，而只有"利益＋利益"，这是民族国家体系间的本质。

在民族国家体系内，往往会导致如伯特兰·罗素所说："每个大国都声称不仅对国内事务而且对国外事务都拥有至高无上的主权。这种对至高无上的主权的要求更导致一个大国与其他大国之间发生纷争。事实上，这种对绝对主权的要求就等于是一切外部事务都依靠武力来解决。"① 民族国家体系内各主权利益间，往往产生冲突和对抗，破坏和平合作。康德在《永久和平论》中从主权国家视阈来权衡国际事务，探讨人类实现永久和平的途径，但只规定权力而没有明确相应义务，只有相互间防范而没相互理解和信任，就不可能实现永久和衷共济、和平合作。当某个大国声称对国内外事务具有至高无上的利益时，它就会把全球统摄、划归在其主权范围内，这就是导致 20 世纪两次世界大战和美、苏冷战的原因。攻伐阿富汗，编造谎言，侵略伊拉克，绞杀主权国家领袖萨达姆，侵略利比亚，枪杀其领袖卡扎菲，搞乱叙利亚，培育了"伊斯兰国"恐怖组织，使其恐怖活动散布全球，人民遭殃，结果也害人害己。又如原本是和平之海、友好之海、合作之海的南海，由于其"亚太再平衡"战略，以实现其海上霸权，使南海变成不平之海、冲突之海，这是对国际正义的亵渎，其结果将是"竹篮打水一场空"。

鉴于这种全球的形势，不是如西达·斯考克波所说的"找回国家"，而是度越民族国家体系，找回人类追求天下一家、大同世界被遮蔽的意愿。承传和度越中华民族传统的"王道"，拒斥当代民族国家体系中的"霸道"，建设和衷共济、和平合作的和合天下"和合道体"。和合道体在思维模式上以多元融突和合论取代一元论、单边论；在政治模式上以和合道取代霸道主义在全球实施其霸权；经济模式上以人为本取代金融、利益、权力集团的三结合统治全球；社会模式上以和合学的五大原理取代社会达尔文主义；文化精神模式上以和合天下的价值理想境界化解、弥补信仰缺失、道德滑坡、心灵无住、精神迷惘的困境。

---

① 〔英〕伯特兰·罗素：《自由之路》，文化艺术出版社，1998，第 435 页。

和合道体是度越民族国家的体系，"以人为本"、和衷共济、和平合作为其宗旨。它向新主体敞开无限可能空间，在天、地、人三界中发挥人的智能创造，天地因人的创造而获得存在的价值和意义，新主体也在智能创造的实践活动中获得新生命、新活力。和合道体是人与天地和的华美乐章，是仁爱和乐的温馨家园。

第三，建构"民胞物与"的全球伙伴机制，寻求生存、价值、可能的和合世界。民胞物与是中华文明的精华和发展动力，以此建立新的全球伙伴体系，建构一种体现人类共同愿望的普适价值观，是维护全球秩序的最基础的课题。在全球化、信息革命、太空世界体系中，人类的共同点、关节点、互通点、意愿点越来越多；联系越来越多，可谓心有灵犀一点通；人们认同的普适价值观越来越多；称赞和合天下价值观的也越来越多。这四个越来越多，为和合天下价值共同体夯实基础。尽管当下仍然有狭隘民族主义、经济保护主义、宗教激进主义、自我孤立主义、民粹主义等，动摇着和合天下价值共同体的基础，然而，时代驱动着价值共同体的建设，势不可挡。

人类还只能生存在这个地球上，天地自然赐给人类衣食住用行的资源，若无此，人就不能生存，生民就会毁灭。然而人类却不以天地自然为自己的同胞伙伴，不以德报恩，却以暴力战天斗地，恩将仇报，致使生态危机、环境破坏、空气污染、雾霾遮天、河水发臭、山岭光秃、大地沙化、水旱灾害。归根到底，这都是人的无智所为。中国人都知道因果报应的道理，人类若对我们这个地球恩将仇报，天地自然也会报复人类，仇仇相报，何时了？人类应遵循"万物并育而不相害"的箴言古训，爱护地球就像爱护自己眼睛，敬畏天地自然就像敬畏自己的祖宗，尊重天地自然就像尊重自己的命运之神。天地自然是人的保护神，是生养人的父母。人类目前只能生存在这个唯一宜居的地球之中，人类与地球通过一系列时空序化的中介，融突和合为生存情境、生存条件或生态环境、生态条件，又通过人类价值理性的实践，遵循有序的生存法则、原理或生态原则、规律，智能创造优秀的、舒适的、美丽的、幸福的政治、经济、文化、道德、制度、管理的生态环境，以及"学有所教、业有所就、劳有所得、病有所医、老有所养、幼有所育、住有所居"的生存环境。建构和合天下天蓝、水绿、山青、气净的生存世界。

在建构和合天下生存世界（在天、地、人三界，此为地界）的过程中，知生存环境的理（规律），才能实行理，以变易生存环境，给予生存世界以意义和价值，人类自身也获得意义和价值，于是知道人为什么生存，怎样生存，即人活着为什么、怎样活才有价值与意义，便进入意义世界（人界）。人将自身的智能赋予、投入对象，是行理易境对象化、物化的过程，亦是对象价值化、意义化的过程。一切有关意义、价值的事物、状态、规范、原理、原则、规律的总和，构成人类所特有的意义世界。人作为天地的精华、万物的精英，是追求价值和意义的灵长。人生的价值和意义，就在于创新；人的智能创新是人之所以有价值和意义的灵魂。《左传·襄公二十四年》记载，叔孙豹讲："太上有立德，其次有立功，其次有立言，虽久不废，此之谓不朽。"此"三不朽"都属智能创新的驱动，都是对人民大众事业的贡献，以实现人生的价值与意义。这使人的有限的肉体生命转变为无限的价值生命，虽死犹生，永远活在人的心里。若为钱而活，为色而活，为权而活，为钱、色、权所迷，则虽生犹死，最终被人民所唾弃。和合天下的意义世界需要建构"三不朽"的世界。

人是会自我创造的和合存在，不仅追求人生价值和意义，而且追求灵魂的安顿、精神的家园、终极价值理想的信仰世界，这便是和合的可能世界（天界）。莱布尼茨在《单子论》中说："这个世界是一切可能的世界中最好的世界。"可能世界的概念是他在《论形而上学》中提出的。在中国哲学中也有类似说法，如老子的"非常道"世界、程朱的天理世界、《红楼梦》的"太虚幻境"世界等。在中华民族文化中，往往把终极的价值理想的可能世界与境界论联系起来，儒释道三教追求精神世界的解脱与自由是相同的，道、释求一己的解脱和度越，以求可能的神仙世界与西方所谓的极乐世界，即精神自由境界，儒家重道德修养，由己及人及物，以达修齐治平的大同世界。这些可能世界是通过思维逻辑构造而创生的可能结构机制，体现和合精神的优美性原理。思维逻辑活动是精神高级活动，是反映事物一般特性、内部联系和运动规律以及运用智能进行推理、创造的合乎逻辑的理论体系。和合天下的和合可能世界，是建构一个人和、地和、天和，人乐、地乐、天乐，人美、地美、天美的天地人共和乐共和美的世界。

第四，建构创新包容、公平共享机制，寻求生活安全、和谐、幸福、自由。没有创新就没有发展，也无所谓公平；没有包容就没有繁荣，也无所谓共享。中华文化强调民为邦本，本固邦宁，和合天下突出民惟世本，本固世宁。如此必须彻底改变弱肉强食的丛林规则，彻底去除民族国家体系内的

"战国"规矩，彻底废弃国强必霸的逻辑，终止霸道主义的霸权行为，建构得民心的维护全球秩序的全体人民大众的自卫机制。目前的安保体系，都是为保卫主权国家权力集团、金融集团、利益集团的最大利益而建立的，罔顾人民大众、少数族裔的生命财产安全。要建立人民大众自愿的、尽义务的自卫机制。民事由民议、民管、民办、民决，由人民的保安员协调。建构整体性、协同性、系统性公共安全体系，维护和合天下人民的安全、安定、安宁、安乐、安闲、安康。没有以强凌弱、以大欺小、以权压人；没有干扰破坏宁静的生活，没有谎言造成心理的紧张，没有恐吓使人惧怕；没有战争、恐怖袭击的威胁；没有贫富不均，贵贱差分；没有国界的限隔，没有你抢我夺。天下一家，民胞物与。王守仁说："大人者，以天地万物为一体者也，其视天下犹一家。"[1] 度越了国家、民族、种族、宗教等之间的"形骸而分尔我"的界限。天下人犹一家人，天下犹如一家人的温馨，享受一家人的和睦、快乐和幸福。

世界是一个很大、很大的家，如何管理这个家？需要有卓越智慧的管理者，不需要打着民选民主旗号而行独裁统治的骗术。美国记者法里德·扎卡里亚 1997 年在《外交》双月刊撰文说："民选的政权，往往通过全民公决而再次当选或权力得到加强，它们无视自己权力构成的局限性并让公民丧失了基本权力和自由。"[2] 以民为本，建构人民大众自我管理体系，把人民大众的意愿作为目标，人民大众的意愿是全球安全、和谐、民主、自由、公平、公正、幸福、诚信、和爱，自我管理体系要为实现人民大众的意愿而努力，人人对全球都能自觉地实行自我管理的自我责任和义务，使全球成为人民大众自我的全球。人民大众自我管理中的每个人，都是自我管理的主人，没有管理者与被管理者之分，人人都是管理者与被管理者，互鉴、互助、互谦、互励，而能持久地使人民大众的意愿得以实现。

中华民族自古以来就有"天地与我并生，而万物与我为一"[3]，"天地之塞，吾其体；天地之帅，吾其性。民吾同胞，物吾与也"[4]，以及"天地万物

---

[1] 《大学问》，《王文成公全书》卷26，明隆庆六年刊本。

[2] 〔法〕布莱兹·戈克兰、阿兰·萨勒让 - 巴蒂斯特·沙唐：《欧尔班·维克托，欧洲非自由民主国家的设计师》，法国《世界报》2016 年 5 月 8 日，《参考消息》，转载自《非自由民主在中欧国家扩展》2016 年 5 月 13 日。

[3] 《齐物论》，《庄子集释》，中华书局，1961，第 79 页。

[4] 《正蒙·乾称篇》，《张载集》，中华书局，1978，第 62 页。

本吾一体"① 的思想，简言之，是一种命运共同体的思想。它简单说明这样一个道理：天地万物都是和生（共生）、和处（共处）、和立（共立）、和达（共达）的，无孤生、孤处、孤立、孤达的。和合天下是一个和实生物、和平共处、己欲立而立人、己欲达而达人的命运共同体的关系。在这个共同体关系中，人人的命运都休戚与共。在此基础上建构民议机制，商议种种与命运共同体休戚相关的事，也是与每个人命运相关的事，因此民议机制每事决定都能相对公平、公正、平等、合理。

人民大众自我管理体系的自卫机制、意愿目标、民议机制，构成自我管理体系的运行程序。

第五，建构知行合一的德礼机制，实现和合天下的人心和善。柏拉图在《理想国》中反复论述"自我节制"② 精神。"因为一个懂得自我节制的人心目中必定拥有某种生活准则，无论何时何地，他说话办事都按这一'尺度'。只有真正认识和掌握了这一'尺度'，一个人，如果他是一个平民，才有可能安排好自己的生活和家务，如果他是一个统治者，才有可能治理好由各种不同阶层组成、体现着不同社会利益的城邦。"③ 在和合天下体系中，这个尺度就是德与礼。中华民族对德与礼的敬畏，就是对"自我节制"精神高度理性的表现。"自我节制"精神用中华话语来说，就蕴涵着"吾日三省吾身"和改过迁善以及克己复礼为仁，非礼勿视、勿听、勿言、勿动。德为道德的"尺度"，礼为行为规范的"尺度"。

在和合天下的范围内，人人有卓越的智慧、高尚的道德。德在中国文字中做"悳"，《说文解字》释为"外得于人，内得于己也，从直从心"。是指行为规范、处理得当，内外、人己和谐，都能有得获益，这就是人与自然、社会、人际、心灵、文明之间都按照德与礼的尺度而行。"直心"对于自然、社会、人际、心灵、文明有一种普遍的爱心、责任意识，即仁民爱物的胸襟。④ "直心"即是和善之心、正直之心、公平之心、公正之心、敬爱之心，以度越贪、嗔、痴、慢、疑。正直、公平、公正、敬爱的心，可统摄于善心。

---

① 《中庸章句》，《朱子全书》第 6 册，第 33 页。
② 柏拉图：《理想国》，第 162 页。
③ 《理想国》译者前言，第 2 页。
④ 张立文：《和合学概论——21 世纪文化战略的构想》，首都师范大学出版社，1996，第 144 页。

中国古人早就主张"彰善瘅恶"，扬善除恶。认为之所以产生善恶的心，"夫民劳则思，思则善心生；逸则淫，淫则忘善，忘善则恶心生"①。韦昭注："民劳于事，则思俭约，故善心生也。"把善恶心的产生与人的劳、逸活动联系起来，度越了人性本善、本恶的观念，把善恶之心的产生还原给人，给主体人的实践活动留下空间，主体可自己主宰、支配自己的善恶实践活动。"君子以遏恶扬善"②，小人却积恶遏善。"夫行者善则谓之贤人矣，行者恶则谓之不肖矣。"③ 君子/小人、贤人/不肖，从对待二分中突显善与恶，并以善恶的后果劝诫世人。善使人贵、寿、贤、福、吉，恶使人贱、夭、愚、祸、凶，这就给主体人的选择以价值导向，因为"无善心者，白黑不分，善恶同伦，政治错乱，法度失平。故心善，无不善也。心不善，无能善"④。心善是一切善行、善事、善情、善智、善思、善知、善言、善听等实践活动的前提和出发点，这就是"心善、无不善"，心不善，一切反之。因此，中华民族主张时时刻刻注重修身养性，不管是别人看不见、听不到，还是很隐蔽、很细微，没有表现、显露出来的情况下，都要十分谨慎，怕有违做人的道德，都要不放松修身养性的培育，提升道德情操、品德，这是构建和合天下最基础、最根本的关键，失去这一关键点，就失去了一切。

德是和合天下的精神支柱和行为的指南，是人民大众凝聚力和向心力的活水，亦是和合天下之所以建立的根据及其维护的重要依据。因此，人人皆要敬德、修德、养德、行德，建构以德为主导的自然、社会、人际、心灵、文明的融突和合机制，营造和合天下的道德共同体。

德既是和合天下新主体内在的道德心性修养，如诚意、正心的"内圣"功夫，亦是实施仁义礼智和修齐治平的"外王"功夫。礼作为行为规范，是把德作为其内涵的指导原则和标准尺度。中华民族自古以来被称为礼仪之邦，是天下文明之地、人道之区、人文之域。礼的重要功能是"分"，人人各位其位，各尽所能，各负其责，各美其美，天下和合，"礼之用，和为贵"。礼是人人必须遵守的，犹如马路上的红绿灯，红灯停车、绿灯通车，否则就会发生生命的危险。和合天下的智能车也要遵守交通规则，有此规则，才有交通

---

① 《鲁语下》，《国语集解》卷5，中华书局，2002，第194页。
② 《大有·象传》，《周易象上传》，《朱子全书》第1册，第109页。
③ 《修政语下》，《新书》卷9，《百子全书》，浙江人民出版社，1984。
④ 《定贤》，《论衡校注》卷27，商务印书馆，1938，第1115页。

秩序，这种秩序就是礼的一种具体体现。人也一样，"不学礼、无以立"。礼是人的立身处世之本，无礼，人就无立足之地。中国古代以立身处世应"父慈、子孝、兄爱、弟敬、夫和、妻柔、姑慈、妇听、礼也"①。可见礼与德是圆融的，无德的礼是虚礼。礼是人在人际关系中如何立足，若人人依礼而行，就会达到和谐、和睦、和平、和善、和合。

中华民族的礼乐文化，礼是刚性的，乐是柔性的。在和合天下中礼具有法的价值与意义。自古以来礼法并用，礼律并称，礼与律相互表里。"礼刑其初一物，出礼入刑之论，固将以制民为义，而非以罔民为厉也。"② 礼刑其初为一体，出礼入刑，为古代中国普遍的现象，礼和刑共同起着制约、规范、指导人行为的作用，违礼就要受刑法的制裁。礼法惩罚的性质和方式有差分，礼借助德，运用教化、舆论力量来维护，刑法依条例来执行；效果也不同，导之以德、齐之以礼，人就自觉遵纪守法，而不犯罪，若导之以政、齐之以刑，人可以一时不违礼，但没有羞耻之心，还会违礼犯法。因而要敬礼、畏礼，亦即敬法畏法。孔子认为"为礼不敬，临丧不衰，吾何以观之哉"③。行礼不严肃恭敬，行丧礼不悲哀，我是看不下去的，因为这体现了人的道德品质。崇德尚礼，修身律己，人心和善，人间和顺，天下和合。

此五方面是对于人类未来命运的梦想。人类从诞生以来，从未放弃过梦想，在这个地球上的各国、各民族、各宗教都有过自己的梦想，梦想是人类对未来美好的价值理想，憧憬光辉灿烂的温馨家园。无论是柏拉图的《理想国》，还是摩尔的"乌托邦"、奥古斯丁的"上帝之域"、莱布尼兹的单子世界、黑格尔的"绝对精神"世界，哪个不是虚拟化的梦想世界？中华民族是善梦的境地，有《庄子》的逍遥之游，《礼记·礼运》的"天下为一家"的大同世界，朱熹的"净洁空阔世界"，王守仁的"太虚之境"，曹雪芹的"红楼之梦"，康有为的《大同书》，孙中山的"天下为公"，哪个不属诗意化的梦想之境；各宗教的凡天堂、凡天国、凡神仙世界、凡西方极乐世界，哪个不是信仰化的梦想的境域？无论是虚拟化的梦想之世，还是诗意化的梦想之境，以及信仰化的梦想之域，都是人类几千年来梦寐以求的价值梦想世界。

---

① 《昭公二十六年》，《春秋左传注》，中华书局，1981，第1480页。
② 《唐律疏议序》，《唐律疏议》，《万有文库》本，甘肃人民出版社，2017，第1页。
③ 《重刻故唐律疏议序》，《唐律疏议·附录》，中华书局，1983，第667页。

当今已是全球化、信息革命的时代，亦可称为"太空时代"，科学把天空作为人类的太空，人类参赞宇宙，谱写最美乐章，梦想与嫦娥拥抱，已经实现；与火星、土星会面，以至到这些星球上生活的梦想，也不是不可能的，未来人类可以在另一个星球上建立新天地，它将是一个天和、地和、人和，天乐、地乐、人乐，天美、地美、人美的天地人和乐和美的和合天下的梦想天地，人类未来是能够圆梦的，我们暂称此为"圆梦园"。"圆梦园"度越了"伊甸园"，它没有绝对主宰者，而只有人民大众的和合共生、和衷共济、公平共享、民胞物与、互助友爱、崇德尚礼、幸福快乐。它是人类肉体安乐的温馨家园，更是人类灵魂安顿的温馨家园，它是无限美好、璀璨的和合天下、天下和合之园，它将在时光河流的冲刷下，更显露其夺目光辉。

（本文参考了中国人民大学翁俊山博士的博士论文《和合天下——先秦儒家和合天下论》、干春松的论著《重回王道——儒家与世界秩序》、赵汀阳发表于《江海学刊》2015年第5期的论文《中国作为一个政治神学概念》，并承蒙著名经济学家杜厚文教授的帮助，在此深表感谢。）

重新认识《礼运》的"大同"思想

杨朝明

摘 要：尽管人们多认为《礼运》是儒学乃至中国思想文化史的一篇重要文献，但由于在其成篇时代的认识上存在问题，实际已经降低了对其价值的理解。事实上，《礼运》是孔子极其重要的思想文献，汉人编辑《礼记》和孔安国撰集《孔子家语》，都不可避免地进行适当加工，但二者编撰的情况有极大不同。《礼运》本属于孔子与弟子论礼之言，我们不能因《礼记》等进行过某种程度的加工而否定其主要思想属于孔子。在这些问题上产生疑虑，实际是由于对《孔子家语》成书时代不明造成的。看到了《孔子家语》成书的真相，就可以消除对《礼运》成书问题的疑虑。只有认识这一点，才能把握孔子"大同"思想的实质，理解该篇的现代价值。

关键词：《礼运》 儒学 孔子 子游 《孔子家语》

作 者：中国孔子研究院院长。

孔子生前长期从事教学与社会活动，留下了大量的珍贵言论，综观相关材料特别是孔子遗说，谁都不会怀疑孔子对夏、商、周三代礼制的稔熟，也不会怀疑孔子对三代"明王"的崇敬。保存在《孔子家语》和《礼记》中的《礼运》篇正是孔子社会理想的集中体现，系统地展示了孔子的礼学思想，因此《礼运》才是儒学乃至中国思想文化史的一篇重要文献。长期以来，学术界对《礼运》及其"大同"思想学说进行了很多研究，只是由于《孔子家语》"伪书"说的影响，人们还很少注意到《孔子家语》中的《礼运》篇，很少注意到该篇与《礼记·礼运》的差别及其文献学意义。但是，尽管人们主要以《礼记》中的《礼运》为研究文本，依然有学者看到了《礼运》与孔子的密切关系，认识到该篇思想的先秦时代特征，认为《礼记》虽然成书时代较晚，而其中关于"大同"之道的思想却是先秦的。①

一 《礼运》中的"大同"思想属于孔子

长期以来，由于疑古思潮的深刻影响，人们怀疑《孔子家语》，对《礼记》成书问题异说纷呈，由此严重影响了对《礼运》价值的认识。时至今日，依然有学者怀疑《礼运》的真实性，对该篇的认识与理解存在一些偏差。例如，金春峰先生虽然认为《礼运》是儒学和中国文化思想史的一篇重要文献，但以为《礼运》为汉儒所采辑、编撰，其中的一些内容为汉人撰写，反映汉人天人同类的大礼乐观。② 这个问题到底怎样，很有必要认真研究，不然就真的会出现"思想史的错置和混乱"。

如果在文献成书问题上出现偏差，如果像金先生所说把汉代的思想当作孔子与弟子论礼之言，就会"把孔子思想汉人化、董仲舒化"。反过来，如果其中的思想本属于孔子及其弟子，今人却以之属于汉人，则这样错乱就会把孔子思想人为地拉到了汉代。不难看出，把《礼运》之中明确记载"孔子曰"的文献说成是"汉人撰写"，这等于说"汉代学者假冒孔子之名"，这与疑古思潮盛行时期"汉人伪造说"的观念完全相同。但是，这里的错误与混乱还是不难看清的。

十几年前，笔者曾经关注《礼运》，对该篇的成篇与学派属性等问题进行思考，发现人们对于该篇的有关问题存在很大的混乱，很有认真研究的必要。连许多基本的问题如《礼运》成于何时，其中的思想是否属于儒家，或者其学派性质如何，都存在严重分歧，这关涉到对早期思想史面貌的描述，③ 不能不辨。通过研究它的成书问题，研究《孔子家语》与《礼记》中《礼运》篇的异同，我们看到，汉代编辑《礼记》，其中不少篇章确实经过了重新连缀和编辑，但汉儒不是像今人所认为的那样对孔子缺乏敬畏，他们很可能没有动辄就假借"孔子"来表述自己的主张。通过对《礼运》相关关键问题的分

---

① 周继旨：《"大同"之道与"大学"之道——论先秦儒家对人生的"终极关怀"与"具体设定"》，《孔子研究》1992年第2期。
② 金春峰：《〈礼运〉成篇的时代及思想特点分析》，《衡水学院学报》2015年第6期。
③ 杨朝明：《〈礼运〉成篇与学派属性等问题》，《中国文化研究》2005年第1期；韩国成均馆大学校、东亚学术院儒教文化研究所：《儒教文化研究》第五辑，2005。

析，可以说我们应该能解开《礼运》成篇的谜团，可以消除人们的疑虑。

《礼运》最大的问题是该篇的作者。这个问题与许多问题相连，比如《孔子家语》和《礼记》都有《礼运》篇，但如果以传统的观点，舍弃《孔子家语》而用《礼记》的文本，得出的结论可能会有偏差。实际上，比较两个文本，发现《礼记》文本不如《孔子家语》。我们综合审视《孔子家语》与《礼记》的差异，会比较强烈地感觉到《礼记》的不少改编的特征。此前，我们在文章中已经谈到了这一点。①

例如，《礼运》的篇首部分，《家语》的《礼运》篇作："孔子为鲁司寇，与于蜡。既宾事毕，乃出游于观之上，喟然而叹。言偃侍，曰：'夫子何叹也？'孔子曰：'昔大道之行，与三代之英，吾未之逮也，而有记焉。'"《礼记》中的该篇则作："昔者仲尼与于蜡宾，事毕，出游于观之上，喟然而叹。仲尼之叹，盖叹鲁也。言偃在侧，曰：'君子何叹？'孔子曰：'大道之行也，与三代之英，丘未之逮也，而有志焉。'"不难看出，与《礼记》相比，《孔子家语》更像时人所记，给人以明显的现场感。《孔子家语》中的"夫子何叹"，《礼记》中作"君子何叹"。很显然，《孔子家语》所记是对的，因为孔子的弟子乃至当时的公卿大夫大多习惯上称孔子为"夫子"。我们综合以往的比较研究，很容易能够判断出，相比于《孔子家语》，《礼记》对材料的变动很大，而《孔子家语》更注重维持简书原貌。

孔子回答言偃进行这番论说的具体时间，《孔子家语》的记载比较明确，就是在孔子为鲁国司寇，参与蜡祭之后。蜡祭是每年十二月举行的祭祀礼仪活动，孔子忧国忧时，他由此进行了很多的思考。言偃记录下孔子的论说，遂有这一儒学名篇。据记载，孔子为司寇时间不长，因此，我们可以判定孔子的这次谈论，时间应在鲁定公十年到十二年三年之内的某年十二月，当时孔子五十三岁左右。从孔子的谈论中，可以看出孔子当时的心情比较沉重。也就在此后不久的鲁定公十三年，孔子离开了鲁国，开始了漫长的"周游列国"的生涯。

相比之下，《礼记》仅仅用了一个"昔"字表示时间，令人对孔子论说的时代背景不好把握。戴圣编订《礼记》，着眼于西汉时的历史实际，他没有

---

① 如杨朝明：《〈孔子家语·弟子行〉研究》，《孔子学刊》第四辑，上海古籍出版社，2013；杨朝明、张磊：《〈孔子家语·致思〉篇研究》，《东岳论丛》2009年第2期；杨朝明、魏玮：《〈孔子家语〉"层累"形成说考辨》，《古籍整理研究学刊》2009年第1期。

明确的保存"夫子本旨"的意图，因而其中的改编便不像《家语》那样忠实于原文。他必须立足于汉朝，更不应有违犯时忌的言语。例如，《孔子家语》的《礼运》中所记言偃的问话中有"今之在位，莫知由礼"，《礼记》的《礼运》篇中便找不到。孔子"喟然而叹"，《礼记》还画蛇添足般地加上一句解释性质的话，说"仲尼之叹，盖叹鲁也"，因为在戴圣他们看来，汉家王朝大一统的"清明"政治，哪里能有令人叹息的"莫知由礼"。对照《礼记》与《孔子家语》的其他不少相同的篇章，类似的例子很容易找到。例如，《礼记·中庸》对《孔子家语·哀公问政》的改编、《大戴礼记·主言》对《孔子家语·王言》篇的字词改动，其实都与西汉中央集权政治的加强有关。

将《孔子家语》和《礼记》的《礼运》篇比较，我们发现《家语》缺少了自"我欲观夏道"至"此礼之大成也"一节，而这一节却在今本《家语》的卷一《问礼》篇中。细致观察前后文的联系，可看出《礼记》以之在《礼运》篇是正确的。今本《家语》类似的错乱还有不少。例如，将《礼记》的《仲尼燕居》和《孔子闲居》分别与《孔子家语》的《论礼》《问玉》进行比较，也可以发现这一点。孔安国在《后序》中说，他得到这些简册后，"乃以事类相次，撰集为四十四篇"，可见，《家语》的这些篇章都由他编次而成。可以想见，他在遇有简册散乱时，只能依据内容进行新的编排。《问礼》篇可能就是如此，该篇除了言偃问礼的内容，还有鲁哀公问礼的一部分，可能当时他觉得这两部分归属不明，遂以"问礼"名篇，将这两部分归入。这一点反而证明《家语》的古朴可靠，证明孔安国《后序》所言不虚。①

这样，《礼运》的成篇年代已经十分明确了。虽然《礼记》编成在汉代，《家语》也由汉代的孔安国写定，但《礼运》的成篇时间却很早。既然《家语》如孔安国在《后序》所说那样"由七十二子各共叙述首尾"，那么，《礼运》也应该成于孔子弟子之手。

任铭善《礼记目录后按》说："按《论语》文例，凡弟子门人所记者称子，曾子、有子是也；弟子互记或门人记他弟子之语者称字，子贡、子夏、原思、宰我是也；弟子自记者称名，宪、宰予、冉求是也；其称孔子，或曰夫子，或曰仲尼，子贡曰：'仲尼，不可毁也。'是也。于长者乃称名：'子路

① 可参看杨朝明《读〈孔子家语〉札记》，《文史哲》2006年第4期。杨朝明：《〈孔子家语〉的成书与可靠性研究》，台湾故宫博物院：《故宫学术季刊》第二十六卷第一期，2008年秋季；又见杨朝明《〈孔子家语〉通说》，见杨朝明注说《孔子家语》，河南大学出版社，2008。

对长沮曰：为孔丘。'是也。此篇称仲尼而名言偃，疑子游所自记也。"[1] 言偃字子游，若是其弟子门人所记，其中不应直称其名。我们认为，《礼运》篇记言偃与孔子的问对，称孔子为"仲尼"，应该出于言偃自记。

人们怀疑该篇出于子游，还有一个很大的障碍，那就是子游的年龄问题。作为儒学名篇，《礼运》应当是孔子与其弟子子游对话的记录。但是，如果按《史记》所言子游"少孔子四十五岁"，则当时子游不到十岁，由此，人们不能不质疑该篇记载的可靠性，对该篇的种种说解也进而随之产生。其实，《孔子家语》明确记述子游"少孔子三十五岁"，只是由于人们对《孔子家语》的价值认识不清，而且《孔子家语》本身版本不一，致使这一问题长期没有得到解决。事实上，当时的子游应当早已年过十五而学于孔子，符合孔门教学的历史实际。关于这一点，我们已经专文讨论[2]，此不赘述。

确定了本篇材料的来源，该篇的真实性问题也就清除了最大的障碍。那么，《礼运》中的"大同"思想属于孔子也就没有了大的问题。

二 "大同"思想的实质是"道承三王"

孔子一生追求"道"，孔子的一生就是求道的一生，因此，实现他心目中理想社会状态的"大同"之世，可以说是他的毕生追求。孔子心目中的"有道"之世，是他十分尊崇的"三王"时期。所谓"三王"即"三代之明王"，即"夏商周三代之明王"，具体说来即尧舜禹、商汤、文武周公。也就是《礼运》篇中所说的"三代之英"。

金春峰先生认为，《礼运》赞扬"天下为公"，当以五帝为背景。金先生的观点很有代表性，学界很多人认为《礼运》的成篇时间有问题，大多是在这里出现了问题，而这个问题十分关键。

《礼运》"昔大道之行，与三代之英"中的"与"字何解，的确还有一些争议。《礼运》有"昔大道之行，与三代之英"，其中的"与"字十分关键。其实，这里的"与"不是连词，应该当动词讲，意思是"谓""说的是"的意思。该字之训，清人王引之《经传释词》有说。前人也已经指出《礼运》

---

[1] 任铭善：《礼记目录后案》，齐鲁书社，1982，第23页。
[2] 杨朝明、卢梅：《子游生年与〈礼运〉的可信性问题》，《史学月刊》2010年第7期。

此字应该从释为"谓"。① 这句话应当译为："大道实行的时代，说的是三代之英"。只有理解了这一点，才不至于在《礼运》成篇的时间问题上出现迷乱。

在孔子心目中，"三代之英"即三代时期的英杰人物，当然是指禹、汤、文、武、成王、周公等人。孔子推崇三代圣王（即文献所说的"三王"），后世所谓的"孔子之道"，实际就是孔子推崇的三代圣王之道，所以，孔子作《春秋》的意义就在于《史记·太史公自序》所说"夫《春秋》，上明三王之道。"孔子虽然也崇尚"五帝"，但正如司马迁在《五帝本纪》中所言："学者多称五帝，尚矣。"关于黄帝等上古帝王的事迹，"荐绅先生难言之"，孔子也曾经回答弟子宰我问五帝之德，但"儒者或不传"。相比之下，孔子更加推崇三代圣王。这样的材料很多，如《礼记·表记》：子言之："昔三代明王，皆事天地之神明。"《礼记·哀公问》：孔子遂言曰："昔三代明王之政，必敬其妻子也，有道。"上博竹书《从政》篇有孔子曰："昔三代之明王之有天下者，莫之余（予）也，而□（终）取之，民皆以为义。……其乱王，余（予）人邦家土地，而民或弗义。"② 孔子时代，三代圣王之治为社会普遍认可。因为推崇三王者不止儒家，如《墨子·鲁问》云："昔者三代之圣王禹汤文武，百里之诸侯也，说忠行义，取天下。三代之暴王桀、纣、幽、厉，仇怨行暴，失天下。"

实际上，由孔子创立的儒家学派有一个重要的共同特征，那就是他们都崇尚先王之道，尤其称颂尧舜及西周以来的传统文化，正如战国时期的儒学大师荀况所说："儒者法先王。"（《荀子·儒效》）先王指的就是尧、舜、禹、汤、周文王及武王，尧、舜是传说中的古代帝王，禹、汤、文王和武王分别是夏、商、周三代的开国之君。

儒家的称颂尧舜、宗法文武，始自孔子，《中庸》说："仲尼祖述尧舜，宪章文武。"尧舜文武是孔子心目中的圣王明君。据《论语·泰伯》，子曰："大哉尧之为君也！巍巍乎！唯天为大，唯尧则之。""巍巍乎！舜、禹之有天下也，而不与焉！"这是说，尧的伟大在于他能够像天养育万物那样去治理天

---

① 据说，四川师范大学教授徐仁甫先生早年发表文章指出这一点。见永良《〈礼记、礼运〉首段错简应当纠正》，载《西南民族学院学报》1996 年"汉语言文学专辑"。

② 杨朝明：《上博竹书〈从政〉篇与〈子思子〉》，《孔子研究》2005 年第 2 期。人大报刊复印数据《中国哲学》2005 年第 5 期。

下，而舜、禹贵为天子富有四海能为百姓忧劳却一点不为自己。古代圣王治理天下达到了很高的境界，如舜能够选贤任能以至无为而治。此即《论语》所谓"舜有天下，选于众""舜有臣五人而天下治"。"子曰：无为而治者，其舜也与？夫何为哉，恭己正南面而已矣。"这是孔子心目中理想的治国之道，"无为而治"在孔子那里也就是"德治"，子曰："为政以德，譬如北辰，居其所而众星共之。"孔子对古圣先王的礼乐文明制度倍加赞赏。如赞尧"巍巍乎！其有成功也。焕乎！其有文章！"南宋大儒朱熹注曰："成功，事业也。焕，光明之貌。文章，礼乐法度也。"

金春峰先生还说："《礼运》第二部分的核心内容是表述天地阴阳、天人同类之大礼乐观。这不可能是孔子思想。"这里涉及的问题就更复杂了，比如如何认识中国古代文明的发展水平？怎样理解孔子思想的高度与宽度？孔子礼乐思想体系怎样把握？孔子遗说是怎样形成的？关于这一点，问题复杂，我们也已经进行过一些论述①，此处不再论说。

其实，金春峰先生可能没有认真研究《孔子家语》的《礼运》篇。比如，他提到"《礼运》第三部分抄自先秦文献"，金先生所说的三段如下：1. 自"夫礼之初，始诸饮食"至"生者南乡，皆从其初"；2. 自"昔者先王未有宫室"至"以事鬼神上帝，皆从其朔"；3. 自"故玄酒在室，醴醆在户"至"此礼之大成也"。他还说："这三段话《孔子家语》既收入其《礼运》中，又收入其《问礼》，这种重复收录，可见其编辑成书的粗忽。"实际上，这不是《孔子家语》编者的疏忽，而是金先生自己疏忽了，《孔子家语》的《礼运》篇根本就没有这三段，《孔子家语》并没有重复收录。实际上，当初编辑《孔子家语》时，很可能是将既有材料进行编辑，没能将孔子与言偃论礼的材料集合到一起，《礼记·礼运》将二者编在同一篇中可能符合实际。显然，这不是《孔子家语》编者的疏忽，却更显示了《孔子家语》材料的古朴。金先生可能并没有认真看一遍《孔子家语·礼运》篇的原文，对《孔子家语》的成书问题也没有认真思考。

周礼经由对夏商二代之礼的损益以至礼文大备，孔子对周代的礼乐制度推崇备至。据孔门弟子子贡所言，孔子学修"文武之道"，形成了他完备的礼

---

① 详细请参看杨朝明《新出简帛与早期儒学的重新认识》，杨朝明著《儒家文献与早期儒学研究》，齐鲁书社，2002。

乐思想体系。以孔子之言证之，子贡所说不虚，如子曰："周监于二代，郁郁乎文哉！吾从周。"孔子另有言："文王既没，文不在兹乎？天之将丧斯文也，后死者不得与于斯文也；天之未丧斯文也，匡人其如予何？"朱熹注曰："道之显者谓之文，盖礼乐制度之谓。"这是孔子被匡人围困时说的话，孔子是以文王之道的担当者自期，自认是文王之道的传人。孔子曾称述："舜其大知也与！""舜其大孝也与！""武王、周公，其达孝矣乎！""文武之政，布在方策。""吾学周礼，今用之，吾从周。"孔子祖述尧舜，宪章文武，以能继文王、武王、周公之业为职志，追求"博施于民而能济众"的圣人理想境界。中国古代文明有一个漫长的发展过程，有很高的发展水平，孔子继承他以前的中华文化传统，以先王之道作为自己的旗帜和理想，"述而不作"，凝练提升，希望能救治"礼坏乐崩"的乱局，重整社会秩序。孔子以后，"祖述尧舜，宪章文武"成了儒家思想的特征。

三　"大同"思想的价值在"天下为公"

孔子说："大道之行，天下为公。"这里的"公"内涵丰富，可以是国家、社会、大众，也可以是公理、公式、公制；有正直无私、为大家利益着想之意，也有公正、公心、大公无私之意。但首要的就是强调人们要有公共意识，遵守社会规范与社会公德。

人如何立身处世，怎样处理人与人、人与集体、人与社会、人与国家、人与自然的关系，是历代中国思想家、政治家最为关心的问题，也是孔子儒家思想学说的核心问题。包括孔子在内的早期儒家、历代学人都思考过"人心"与"道心"、"人情"与"人义"、"人欲"与"天理"的关系，论证过人的自然性与社会性的关系。儒家认为，"人之所以为人"，应当遵守社会的规范，自觉遵守社会的公德，这是一个人的素养所在。正如孔子所说："人而不仁，如礼何？人而不仁，如乐何？"（《论语·八佾》）所以，在孔子"天下为公"的表述中，以自觉的修养处理好各种关系，自觉遵守社会规则与社会规范，有较高的公共意识，才是孔子所说的"公"的主要内涵。

在社会与家庭生活中，每个人的角色都是复合的，工作中都有下级与上级，具有"君"和"臣"的不同身份；在家庭又有"父"与"子"等的不同身份……每个人都处在君臣、父子、夫妻、兄弟、朋友的各种关系中，于是，要处理好这些基本关系。孔子说:"君臣也,父子也,夫妇也,昆弟也,朋友也,五者,天下之达道。"又说:"父慈、子孝,兄良、弟悌,夫义、妇听,长惠、幼顺,君仁、臣忠,十者谓之人义。"社会关系以"五达道"为主并延伸开来,处理好这些关系离不开"人义"的十个方面。所谓"天下为公",就是社会的大同与和顺,就是处理好这些关系。

孔子所说"君君、臣臣,父父、子子"见于《论语》的《颜渊》篇,该篇及随后的《子路》篇都围绕克己、修身以"正名"而逐步展开。正名,要求每个人都能"修己""克己""省身",作为一个社会人,就要成为合格的"人",具有一定的素养与内涵,孔子说:"克己复礼为仁。一日克己复礼,天下归仁焉。"他强调"为仁由己",希望人们遵守礼法,"非礼勿视,非礼勿听,非礼勿言,非礼勿动",也许只有这样,为人之"义"的问题才能解决。

"天下为公"又与"正名"思想直接关联,或者说其中就自然包含着"正名"的思想。对社会国家的治理而言,"仁德"的实现关键在为政者,所以孔子的正名思想,首先强调"君君",希望为政者率先垂范,做好自己,做出表率。当季康子问政时,孔子说:"政者,正也。子帅以正,孰敢不正?"又说:"其身正,不令而行;其身不正,虽令不从。"还说:"君子之德风,小人之德草,草上之风,必偃。"君子行为端正,则其德如风,君为善则民善。

孔子的"正名"的主张是一贯的,如《论语·八佾》记载定公问孔子:"君使臣,臣事君,如之何?"孔子对曰:"君使臣以礼,臣事君以忠。"各种人伦关系都是双向的,作为人伦关系中的十分重要的一种,君臣双方也应各尽其职。为政之要在于"正名",孔子的表述非常清楚。子路问孔子为政以何为先,孔子明确回答:"必也正名乎!"他论述说:"名不正则言不顺,言不顺则事不成,事不成则礼乐不兴,礼乐不兴则刑罚不中,刑罚不中,则民无所措手足。"(《论语·子路》)可见正名极其重要,它是为政的前提和基础,只有正其名,知其分,才能说话顺当合理,风清气正,取得较好的社会管理效果。对于为政者来说,要正名,必正己,这恰恰是对于"君"的正名的要求。

按照"正名"的要求,人"在其位"必"谋其政",应该勇于担当,按自己的角色定位尽力做好自己。孔子说:"惟器与名,不可以假人,君之所司也。"(《左传·成公二年》)自己的职责,自己的分内事,不可推卸责任,不能借与他人。孔子进一步解释道:"名以出信,信以守器,器以藏礼,礼以行义，义以生利，利以平民，政之大节也。"（《左传·成公二年》）所谓"名"，关涉极大，当事人应该心无旁骛，不能玩忽职守。既有其名，必负其责，这样才能人存政举，遵循礼义，取得成效。春秋末期晋大夫史墨也说："是以为君，慎器与名，不可以假人。"（《史记·鲁周公世家》）

既然"天下为公"，大家共同工作、生活在一起，那么"正名"思想就自然包含一层意思，即不可逾越本分，胡乱作为。如果不集中心力，跨越领域与边界，就易造成混乱。孔子说"不在其位，不谋其政"，曾子说"君子思不出其位"，意思正是如此。有人从消极的角度理解，认为这是推卸责任，是不思进取，恐怕背离了本来的精神。从礼的功能讲，它本来就是为了"定分止争"，合理的做法自然就是"安分守己"。做大事者要尽职尽责，心无旁骛，不可左顾右盼，患得患失；还要遵守礼法制度，不逾越职权，胡乱作为。历史上违权乱政的人不都是超越本分、邪念丛生的人吗？

作为社会的人，人当然不能只考虑个人，不能脑子里总是想一己之私利，应当考虑自己属于一个民族、一个国家、一个集体。有"公"的意识，才能做一个更好的"社会人"。从这样的意义上，"公"是一个内涵极丰富的概念，是一个极重要的概念。

在"天下为公"之后，孔子接着说"选贤与能""讲信修睦"，这是"天下为公"题中应有之义，也是值得特别申说的内容。"选贤与能"与当今时代的所谓"民主趋势"正相吻合。"天下为公"之"公"的"公平""公正""公理"等意涵，与传统中国"礼"的观念相呼应。传统的"礼"，从本质上讲，就是孔子所说的"礼也者，理也"（《礼记·仲尼燕居》）；"礼也者，理之不可易者也"（《礼记·乐记》）；"礼也者，合于天时，设于地财，顺于鬼神，合于人心，理万物者也"（《礼记·礼器》）。

孔子在对"大同"理想的描述中，还说："货恶其弃于地，不必藏于己；力恶其不出于身，不必为人。"这些，也可包括在"公"之中。人有"公"心，才能不浪费，不私藏，货财尽其用，人人尽其力。

孔子说："人不独亲其亲，不独子其子，老有所终，壮有所用，矜寡孤疾，皆有所养。"这些属于"仁"的范畴。最为紧要的，孔子所说"人不独亲其亲"有一个基本前提，就是"亲亲"，没有"亲亲之爱"，哪里会有"不独亲其亲"？

社会上最不可或缺的是"爱"与"敬"，孔子还把"爱与敬"看成"政之本"(《孔子家语·大婚解》),很明显,儒家重视孝悌,认为孝悌是"为人之本",也是因为社会生活不能没有"爱"与"敬"。那么,爱心如何培养?自然就是由"亲亲"到"不独亲其亲"的逻辑推演,就是将对父母的爱心放大开来。

孔子说:"立爱自亲始","立敬自长始"(《孔子家语·哀公问政》),孔子此言十分重要。孔子说:"仁者,人也。亲亲为大。"(《礼记·中庸》)一个人具有仁德,最基本的表现就是"亲亲",就是孝敬父母亲。有"亲亲"这个前提,才能"不独亲其亲,不独子其子",才能"老吾老以及人之老,幼吾幼以及人之幼"(《孟子·梁惠王上》),进而"泛爱众"(《论语·学而》)。儒家的"仁"作为一种道德范畴,指人与人之间的相互友爱、互助与同情等,具备了"仁"的品质,才能仁爱正义,才能通情达理,为他人着想。"仁"是一个开始于"修己"的过程,是一个由"孝亲"而"仁民"进而"爱物"的逻辑推演过程。人修己的基本表现是"亲亲",从最基本的"亲亲"之爱出发,然后推演爱心,完善人格,影响民众,改善人心,最终使社会"止于至善"(《礼记·大学》)。

孔子说:"奸谋闭而不兴,盗窃乱贼不作,故外户而不闭。"阴谋诡计被遏制而不能施展,劫掠偷盗、叛逆犯上的事也不会发生,所以外出也不用关门闭户。看起来这并不是很高的要求,但却是千百年来人们的共同追求,这就是"和",就是社会和谐、人心和顺。其实这也是孔子社会理想的落脚点。中国人向来都以"和"为贵,几千年来,中华民族"更和睦更和平地"相处与生活,与"和"的价值追求密不可分。

孟子天下观与战国儒学的思想转换

陈学凯

摘　要：孟子天下观产生在特定的历史背景中。首先，它体现了春秋与战国两个时代的历史分野；其次，它反映了周王室的衰微和群雄割据的政治现实。孟子天下观也是儒家因应战国时代各种思想挑战的方略之一。它不仅开启了原始儒学的思想转换，不再像孔子那样去倡言"礼乐"，在人性已彻底沉沦的时代里，以"性命"之学构建思孟学派的"性善"说，而且以"仁者无敌"的论断来唤醒统治者，要用仁爱之心去一统天下。孟子天下观是儒者之思，仁者之想往，也是那个大时代里唯一的和最为高尚宏远的政治理想。

关键词：孟子　天下观　儒学

作　者：西安交通大学马克思主义学院近现代历史研究所所长，教授，博士生导师，主要从事中国哲学、中国历史与儒学研究。

一　孟子天下观体现了两个时代的分野

孟子所处的战国时代和孔子所处的春秋时代是大不相同的。

春秋时代周天子作为天下共主的权威虽已被削弱，但地位尚存。春秋在起于周平王元年（公元前770年），终于周敬王四十四年（公元前476年）的294年间，诸侯专政，五霸迭兴，他们皆利用周室的名义，打着"尊王攘夷"的旗号，挟天子以令诸侯，各取所需，称霸天下。然而，孔子对于春秋霸主的评价并不都是消极的，而是有所肯定的，如孔子对于管仲辅佐齐桓公称霸诸侯的作为，就持肯定态度。《论语·宪问篇》中说："管仲相桓公，霸诸侯，一匡天下，民到于今受其赐。微管仲，吾其被发左衽矣。岂若匹夫匹妇之为谅也，自经于沟渎而莫之知也！"① 孔子的肯定说明了以下几个问题：其一，尊王攘夷是切合那个时代政治现实的一种举动，虽不完全符合周礼的尊尊之道，但却维护了王室的尊严，安定了天下，造福苍生而泽被后世。其二，它捍卫了华夏文明的正统，阻止了"以夷变夏"的文明倒退，挽救了华夏民族所面临的生存危机，同时也避免了落后民族的入侵。因而，这一成就已经远远超越了政治和伦理层面及其传统要求的标准和高度。其三，孔子认为不能以普通人的政治伦理标准来要求像管仲这样的大人物，对于政治家的衡量标准，主要是看他在大是大非面前的所作所为，尤其是要看他能否舒缓与化解天下之困厄，带领国民进入一个全新而光明境地的能力与贡献。而孔子对管仲的品评标准即是如此。

在春秋时代不断变乱的政治动荡中，孔子的这种品评标准具有一种划时代的思想高度，他有一种尊重政治现状为前提的思想意识体现于其中。原因在于从西周后期以至春秋时代，"国人"和平民阶层的崛起，西周传统的宗法政治日渐衰退与没落，随之而来的是周天子地位的不断式微和弱化。正因为有这样一个不断演变的社会历史趋势的推动，才证明孔子的政治思想是与时俱进的，而不是保守与呆板的，或者说他不局限于一成不变的某种固定思维程式，而是力求切合于时代转换后的客观需要，经得起春秋时代政治实践的严酷检验，以最终造福于最广大的人民为目的。

孔子经常说："述而不作，信而好古"②，其实这只是他的学术态度，并不能代表他的政治立场。事实证明孔子在政治思想上绝不是保守的，童书业先生在其《春秋左传研究》中就指出，孔子是春秋时代"贵族改良派"的代表人物③，孔子为鲁司寇兼摄相事时的所作所为也充分说明了这一点。如他以维护传统的姿态大胆改革，"堕三都"以还政于君，斥季氏"八佾舞于庭"而正礼乐之宜，虽为"复礼"之举，然而追求政治秩序之井然有序，以国民福祉为奋斗目的的本意，则无可置疑。仅从孔子的目的追求的角度来看，他的选择并不是一味地去迎合现实，而是力求达到一种理想政治的落实，因为要实现理想预设的目的，是需要有永不停歇的改革动力来支撑的。诚如孔子

---

① 杨伯峻：《论语译注》，中华书局，1980，第 151～152 页。
② 杨伯峻：《论语译注》，第 66 页。
③ 童书业：《春秋左传研究》，上海人民出版社，1980，第 218 页。

自己所言："克己复礼为仁，一日克己复礼，天下归仁焉。"① 这种"克己""尽己"的不懈追求精神，勇于道义担当，当仁不让的奋斗实践，在孔子那里，实为儒家"士不可不弘毅，任重而道远。仁以为己任，不亦重乎？死而后已，不亦远乎？"② 的崇高理想信念的体现。

孟子所处的战国时代则不同，这是一个失去了天下共主的乱世，周天子实质上已名存实亡。在这个时代里，战国七雄各自称王，"王"号本质上已大大地贬值了。如果说春秋时期的"王"即周天子还有和平一统、天下安宁的象征意义的话，那么战国诸"王"则是动乱与争霸的象征，是将人们带到了一个"争地以战，杀人盈野；争城以战，杀人盈城"③ 的无比黑暗岁月的罪魁祸首。因此，孟子的生存环境显然已不如孔子的生存环境，孟子面对的社会现实已经和孔子面对的春秋时代迥然相异。在这样一个烽火连天，民生窘困，朝不保夕，生灵涂炭的悲惨世界里，已无须"尊王攘夷"的呐喊，更无须"克己复礼"的匡正。同时，一切以安天下为目的，以孔子原始儒学所提倡的理想道德为归依的政治伦理，以及由此而确立的等级规范、王道礼制和政治秩序都已荡然无存了。诚如汉代儒家重要代表人物赵岐在他的《孟子题辞》中所描述的那样，孟子所处的战国时代，适逢"周衰之末，战国纵横，用兵争强，以相侵夺。当世取士，务先权谋，以为上贤，先王大道陵迟隳废。异端并起，若杨朱、墨翟放荡之言，以干时惑众者非一。孟子闵悼尧舜、舜、汤、文、周、孔之业将遂湮微，正涂壅底，仁义荒怠，佞伪驰骋，红紫乱朱。于是则慕仲尼周流忧世，遂以儒道游于诸侯，思济斯民。"④ 正因为孟子所处的战国时代和春秋时期已全然不同，孔子在春秋时代所提倡的诸多儒家思想主张，鲜有能在战国时代推行的可能性。所以，孟子面临的问题和孔子面临的问题已大不相同，如果照搬孔子的思想和经验，不仅难以契合现实政治的需要，更不能解决任何实际问题。于是，孟子以一种"舍我其谁"的使命担当，"游于诸侯"，奔走呼号，勇于干政而不计其成败得失。孟子的所有斗争和付出，正是对孔子"知其不可而为之"这一伟大儒家精神的继承与弘扬。

时代与现实的变异，使孟子不再指责"礼崩乐坏"的现状，亦不再强调

---

① 杨伯峻：《论语译注》，第 123 页。
② 杨伯峻：《论语译注》，第 80 页。
③ 杨伯峻：《孟子译注》，中华书局，1984，第 175 页。
④ （清）焦循：《孟子正义》，中华书局，1987，第 9～10 页。

"克己复礼"的重要，更不提"必也正名"的关键，而是在一个没有天下共主的时代，一个失去了传统政治规范的时代，去寻找一种缓解诸多矛盾的治世良方。孟子已深刻地认识到，要想取得医治乱世的良方，就必须打破战国诸王各自控驭的所谓国家利益的藩篱，其视野必须超乎其上，不以其一国一家的利益为目的，而是要以天下万民之安乐为目的。于是，孟子放眼人寰，超越战国诸雄的国家局限，纵论古往今来，以天下苍生为系念，进而使他政治上的天下视野，或者说"天下观"呼之欲出。

《孟子·梁惠王上》中的一段话，就代表了孟子的这一思想。孟子见梁襄王，出，语人曰："望之不似人君，就之而不见所畏焉。卒然问曰：'天下恶乎定？'吾对曰：'定于一。''孰能一之？'对曰：'不嗜杀人者能一之。''孰能与之？'对曰：'天下莫不与也。王知夫苗乎？七八月之间旱，则苗槁矣。天油然作云，沛然下雨，则苗浡然兴之矣。其如是，孰能御之？今夫天下之人牧，未有不嗜杀人者也。如有不嗜杀人者，则天下之民皆引领而望之矣。诚如是也，民归之，由水之就下，沛然谁能御之？'"① 孟子这段话体现了一个重要的思想认识，即战国诸王以嗜杀好战为能事，以攻城略地为目标，不顾人民生计之困顿，缺失对大众生命的关爱与珍惜，出于一己之私而荼毒天下。并指出，这是战国时代一切政治问题和社会灾难的总根源。

然而，即使像梁襄王这样"望之不似人君"的战国君主，也希望消弭纷争，一统天下。不过，在此只能看到，善只是他们最终的目的和愿望，却不是他们想要达到这一目的和愿望而必须采用的手段。以战争征服来达到一统天下的目的，在他们看来是顺理成章的事情。相反，孟子却不以为然，也不赞成这种认识和观点，指出战国君主们想一统天下的方法是错误的。孟子认为以杀戮的手段来一统天下，只能成就恶的循环，因为它背弃了人民的意愿，在战国君主们的无上威严之下，不可能建立起人民的真正幸福，只有推行仁政，怀柔天下，才能赢得天下人民的"心悦诚服"。这就是孟子为战国君主开出的治世良方，这是孟子最具朴素逻辑的政治思想，也是孟子天下观步入我们视野的最原初的形态。

在孟子这个最为原初的天下观中，超越群雄割据是第一要义，主张要赢得天下民心是第二要义，目的之善和手段之善须高度统一是第三要义。关键

---

① 杨伯峻：《孟子译注》，第 12～13 页。

是孟子不认为实现善的目的必须通过恶的手段来达到，善的目的只有通过善的手段，才能产生真正的善的结果，形成一种稳定恒久的良性循环。

总之，孟子天下观的确立，体现了春秋与战国两个时代的历史分野。这个时间历史的分野，既是一个政治史与思想史的分野，也是春秋儒学和战国儒学的分野，更体现了孔子思想和孟子思想在理念上的差异。认识孔孟思想的历史分野和本质差异，对于我们更深入认识孟子天下观的精神内涵，显得尤为紧要。

二　孟子天下观开启了战国儒学的思想转换

孟子天下观出现于战国时代，并不是一个历史的偶然，而是儒学思想到了战国时代，为因应社会历史突变的必然选择。正因为如此，我们认为孟子是开启战国儒学思想大转换的先导者之一，因为在其后还有战国末期荀子的又一次儒学思想转换。

首先，孟子在战国时代推动的儒学思想转换，起自三个最为决定性的客观因素。第一，历史发展到战国时代，天下一统的政治局面已不复存在，在春秋时代，由孔子所倡导的以"周礼"为仪轨的"尊尊之道"已无所依托，拥戴战国时期任何一个国家的君王，也都不符合儒家传统"天下"观的标准和要求。第二，来自不同思想领域的较量和竞争日益激化，正如《孟子·滕文公》篇中所说："杨朱、墨翟之言盈天下，天下之言，不归于杨，即归墨。"① 百家争鸣的激烈震荡，使儒家要获得生存与发展，就必须起而奋争，如其不然，则必然沉沦。第三，天下崩解，生民涂炭，儒家必须有所担当。在解民倒悬、力挽社会沉沦的危机中儒家也必须有所作为。正如《公孙丑下》中孟子本人所表白的那样，"如欲平治天下，当今之世，舍我其谁也？"② 这就是孟子的境界和孟子的担当，也是孟子天下观的另一种表达方式。

其次，孟子天下观相对于春秋时期孔子的思想，体现的是战国儒家思想的彻底转变，同时也使我们意识到，孔子和孟子的思想都有着深深的时代烙印，即孟子之儒学和孔子之儒学的不同追求和鲜明的时代意向。纵然如此，

---

① 杨伯峻：《孟子译注》，第 155 页。
② 杨伯峻：《孟子译注》，第 109 页。

他们却有着在最高政治理想上的高度一致性，在思想原则上的高度契合性，以及在共同精神旨归上的高度统一性。

孔子的时代，是一个"普天之下，莫非王土，率土之滨，莫非王臣"①的时代，也就是说孔子的时代是一个有着天下共主的时代，是一个尚有周代礼制勉强维系社会秩序正常运转的时代，同时也是一个有着回归三代盛世希望与可能的时代。所以，孔子的理想是"尊王攘夷""克己复礼"，以为"一日克己复礼"，则"天下归仁焉。"

孟子的时代则不同，这是一个"周室卑微，五霸既灭，令不行于天下。是以诸侯力政，强凌弱，众暴寡，兵革不休，士民罢弊"②的时代。在这个时代里，天下共主周天子已经完全失去了影响力，战国诸王各自为政，相互攻伐，无有已时，动荡和战乱是这个时代的显著特征。于是，孟子的时代没有了"尊王攘夷"的忧患，亦不像孔子那样对"礼崩乐坏"耿耿于怀，而是每每以"天下"来说事。在孟子看来，虽然没有了周天子的一统天下，但是"天下"总还是存在的。以"天下"来替代"天子"，以抽象来替代具体，是孟子主导的战国儒学思想转换迈出的最为重要的一步，这一步即是孟子儒学和孔子儒学的分水岭。

其三，孟子天下观的确立虽然源于其时代的政治现实，但不可否认的事实是，孟子主动地回归于对时代现实的认知，敏锐而适时地抓住了这一问题的关键环节。孟子天下观是孟子思想中的核心理念，也是孟子思想的精华所在，更是被后世儒家政治家与思想家们奉为最高政治理想的一个代名词，也是中国历代政治家和思想家所倡导的，"先天下之忧而忧，后天下之乐而乐"③，以及"保天下者，匹夫之贱，与有责焉耳矣"④ 这一政治担当精神与最高理想人格的思想源头。

我以为孟子天下观的产生，是中华文明和儒家思想一次重大而影响深远的历史进步，理由有五。

第一，孟子天下观是在群雄崛起、周室式微之后，由列国分裂的政治背景中产生的。然而，追求统一，祈求天下安定，向往和平是华夏民族最为根

---

① 袁梅：《诗经译注》，齐鲁书社，1982，第202页。
② （西汉）贾谊：《贾谊集》，上海人民出版社，1976，第5页。
③ （清）范能濬：《范仲淹集》，凤凰出版社，2004，第169页。
④ （清）顾炎武著、（清）黄汝成集释《日知录集释》，上海古籍出版社，1985，第1015页。

本的民族性，这也是我煌煌五千年华夏文明延续不辍，虽历经磨难，仍能历久弥新的文化基因之所在。第二，在失去天下共主的战国时代，虽处于列国纷争的乱世，政治家和思想家们都没有放弃或放慢追求国家统一的思考和步伐，尽管它们所采取的手段各有不同，而追求国家统一的目标却是一致的。孟子天下观就是战国儒家所贡献的国家统一的方略之一。第三，在战国时代，华夏民族虽然失去了天下一统的安宁生活，但是华夏民族并没有被异族所征服，天下仍在华夏民族手中。所以孟子此刻以"天下"理念，来取代孔子时代以"天子"为天下一统象征的理念，有着划时代的政治历史意义。第四，天下理念是抽象的，如果不赋予和指出其实质的指谓和真正的代表者，孟子天下观也就没有了真正的意义和伟大的号召力。而《孟子》一书已经给出了答案。这个答案就是人民的地位是至高无上的，也就是说人民是"天下"指谓的代名词，人民才是"天下"的真正代表者。何以为证？孟子说："民为贵，社稷次之，君为轻"，这就是答案。第五，孟子提出的"民为贵，社稷次之，君为轻"[①]，是其天下观的核心理念，也是孟子思想的精华所在。相对于战国时期其他学派的思想认识水平，孟子这一思想的认识高度，已超越了陈腐而久远的历史纪年，即使在我们今天看来，他的崇高精神依然鲜亮而光彩，具有一种难以跨越的思想高度。

把孟子天下观所蕴含的政治思想，和西周初期周公的"敬天保民"和"保民而王"，以及春秋时期孔子政治思想中的"爱人为仁"和"克己复礼"来对比，我们会发现，孟子这一全新的政治理念和他之前所有思想家的思想主张，都已经不在同一个高度之上了。因为在孟子那里，人民作为主体的社会政治力量，已经登上了历史舞台的中心位置。孟子天下观的这一政治主张，不比人类社会历史中任何一个民族的民本主义思想晚出。由此可见，孟子是人类历史上出现最早、也是最为远古的真正的人民思想家。

毫无疑问，孟子天下观代表了人民地位的空前提升，表明了儒家思想更加倾向于为最底层的人民发声，这也是儒家学说尤其是孟子思想，始终能够赢得人民爱戴和尊重的根本原因。同时我们也发现，苦难与沉沦固然会使一个民族饱受摧残，但它也能够使一个民族在精神上重新奋起。战国时代是中华民族苦难最为深重的时代之一，但正是战国时代造就了中华民族最为灿烂

---

① 杨伯峻：《孟子译注》，第 328 页。

辉煌的思想文化，孟子思想就是其中最具有代表性和最具影响力的思想之一。

孟子天下观不仅具有以上的积极意义，而且在更为深入的思想层面上，还拥有富于批评和自我反思的重要功能。事实上，任何一种思想体系的发育与成长，都是从对现实的反思和批判中逐渐壮大起来的。以孟子为代表的战国儒家及其思想的转换，更离不开其积极入世、敢于批判、善于批判、深入反思的高贵品质。孟子对现实的批判和反思，不是针对善良无助的人民的，而是针对高高在上的统治阶级的。孟子勇于批判现实政治，尤其是对当权的最高统治者的批判，在古代政治思想流派中可谓首屈一指。

孟子对统治阶级的批判，不是为了炫耀自己的学识，或自认为自己立场是正确的，而是出于是非曲直的价值判断。正如《孟子·梁惠王上》篇中记载的那样，孟子一开始就指出梁惠王的认识错误，并以是非曲直为标准，通过充分的说理来加以证明，这在孟子理论思想的构架中始终是最为重要的、带本质性的思想特点。孟子天下观中，把战国诸王和统治者作为反面对象来批判，甚至以嘲弄的口吻来讽刺那些愚昧的当权者，并从对其的批判与讽喻中，提炼出自己的认识观点，这和庄子对现实的讽喻评价方式几乎是相同的。

可以说孟子天下观的最大特点，就是对战国统治者的集体否定。在这一点上孟子和孔子看上去有很多的不同之处，但是其用意的本质仍然是一致的。孔子否定的是"犯上作乱"的诸侯和卿大夫，因为他们是"礼崩乐坏"的始作俑者，是乱天下的罪魁祸首，而孔子的目的是在维护周天子作为天下共主的地位，表达的是他"克己复礼"的政治初衷，以为"一日克己复礼"，则"天下归仁焉"。

而孟子否定的是战国诸王，认为他们是"率兽食人"的强盗，是使天下不得安宁的独夫民贼。甚至认为，"贼仁者谓之贼，贼义者谓之残。残贼之人谓之一夫。闻诛一夫纣矣，未闻弑君也"①，并将人民的地位提升到了前所未有的高度，其"天下"情怀是以"民为贵"为结论的。可见孟子的天下观，最为显著的思想动机是以系念天下苍生为目的的。孟子面对战国乱世的严酷现实，天下纷争的政治现状，将战国诸王及其各自的统治集团，与全天下的人民进行了剥离，进而将天下归之于人民，把当权者划入了另类。这种剥离

---

① 杨伯峻：《孟子译注》，第42页。

体现了孟子以另一种方式，又回到孔子原始儒学的最初道路之上，那就是孔子作春秋的目的和手法，"贬天子，退诸侯，讨大夫，以达王事而已。"① 而孟子所谓的王事，就是他的"仁者无敌"的"仁政"与"王道"理想。

三　孟子天下观的内涵：仁政与王道

孟子天下观不仅仅是主观口号和抽象精神理念的集合，而是有着深刻的思想内涵、具体的实施手段的。

从思想内涵的角度来看，有以下几点值得我们关注。

首先，孟子认为仁政即是王道，同时仁政也是王道的手段和具体体现。更为重要的是仁政与王道不是一种预设的理想，而是经过历史与先王们的亲自实践验证了的。《孟子·离娄上》中说："三代之得天下也以仁，其失天下也以不仁。国之所以废兴存亡者亦然。天子不仁，不保四海；诸侯不仁，不保社稷；卿大夫不仁，不保宗庙；士庶不仁，不保四体。恶死亡而乐不仁，是犹恶醉而强酒。"② 事实胜于雄辩，经过历史验证的客观事实是不能被否认的，仁政的实践也一再证明，这个结果是无可置疑的。在此，孟子不是把先王的成功经验作为一个基本的标准，乃是将先王德政看成是赢得天下的必然规律。

其次，仁政与王道是统治者最终能够赢得天下的前提条件。也就是推行仁政王道者得天下，抛弃仁政王道者失天下，要想赢得天下，就必须真诚地付出，认真地去推动仁政王道的实施与践行。由于天下是用仁政王道换取的，因之，所谓天下就是仁政王道者的天下。诚如《孟子·离娄上》中说："不仁者可与言哉？安其危而利其菑，乐其所以亡者。不仁而可与言，则何亡国败家之有？有孺子歌曰：'沧浪之水清兮，可以濯我缨；沧浪之水浊兮，可以濯我足。'孔子曰：'小子听之！清斯濯缨，浊斯濯足矣，自取之也。'夫人必自侮，然后人侮之；家必自毁，而后人毁之；国必自伐，而后人伐之。太甲曰：'天作孽，犹可违；自作孽，不可活。'此之谓也。"③ 这也就是说推行仁政王道在于自身，而不在于外在的条件如何，更不可以拿外在的条件作为不行仁

---

① （西汉）司马迁：《史记》，中华书局，1982，第 3297 页。
② 杨伯峻：《孟子译注》，第 166 页。
③ 杨伯峻：《孟子译注》，第 170 页。

政王道的借口，因为仁政王道只能够积极争取，主动地追求，除此之外，别无他法。

其三，"仁政王道即是天下"具有深刻的思想意蕴。由于天下之得，在于仁政王道，天下之失，源于仁政王道的毁坠，故而从孟子的思想逻辑来看，作为统治的政治意义上的"天下"理念，与仁政王道是一种对等平衡的关系。对等平衡不是一种主观的设想，更不是人为的因素可以左右的，而是由客观历史的现实结果来作为依据的。所以孟子说："桀纣之失天下也，失其民也；失其民者，失其心也。得天下有道：得其民，斯得天下矣；得其民有道：得其心，斯得民矣；得其心有道：所欲与之聚之，所恶勿施尔也。"① 还说："民之归仁也，犹水之就下、兽之走圹也。故为渊驱鱼者，獭也；为丛驱爵者，鹯也；为汤武驱民者，桀与纣也。今天下之君有好仁者，则诸侯皆为之驱矣。虽欲无王，不可得已。"② 可见，天下的得与失，本于一种对等平衡的现实逻辑，即善者得善，恶者得恶，它是一种不以人的主观意志为转移的客观规律。

其四，仁政王道中除了对等平衡的政治规律之外，还有一种人为的因素也至关重要，这就是统治者通过主观努力能够实现的政治目标，即对待和迎合民心的政治技巧。《孟子》中说："为民上而不与民同乐者，亦非也。乐民之乐者，民亦乐其乐；忧民之忧者，民亦忧其忧。乐以天下，忧以天下，然而不王者，未之有也。"③ 在这里孟子把认识民心、了解民心、顺从民心、引导民心，以人民之最大利益为天下国家之根本，看成是仁政王道的最高境界。

孟子的仁政王道说如果只有思想和精神意义的内容，而无实质性的功用和实践意义上的举措的话，这样的仁政王道也是无法使人信服的。事实上，在孟子的仁政王道理想中，有着丰富的具体实施手段。它主要体现在以下几个方面。

其一，孟子非常重视仁政王道中以人民为中心的首要原则，即把对人民的关怀作为重点来对待，并把它看成是推行仁政王道最根本性的政治举措。所谓："今有仁心仁闻而民不被其泽，不可法于后世者，不行先王之道也。"④

---

① 杨伯峻：《孟子译注》，第 171 页。
② 杨伯峻：《孟子译注》，第 171 页。
③ 杨伯峻：《孟子译注》，第 33 页。
④ 杨伯峻：《孟子译注》，第 162 页。

先王之道正是从关怀民生的基础做起的，《孟子》中说："老而无妻曰鳏。老而无夫曰寡。老而无子曰独。幼而无父曰孤。此四者，天下之穷民而无告者。文王发政施仁，必先斯四者。诗云：'哿矣富人，哀此茕独。'"① 鳏寡孤独，所谓"天下之穷民而无告者"，应是仁政王道首先要扶助的对象。也就是说仁政王道的关爱实施，首先要从对最羸弱的社会阶层的扶助做起。

其二，孟子的仁政王道思想，非常注重人民最基本的物质生活需要，并提出要保障人民基本物质生活需要的满足，且以先王的事例作为范式来予以论证。"昔者文王之治岐也，耕者九一，仕者世禄，关市讥而不征，泽梁无禁，罪人不孥。"② 这里包括了对人民基本生产资料需要的规定，对管理阶层的合理待遇的规定，对商业活动的宽松控制，人民使用国家自然资源时不设禁区，在刑律上废除亲属连坐的恶法，如此等等。这些都是仁政王道必然包含的内容，他几乎涵盖了那个时代国家治理的所有方面。

其三，孟子仁政王道的核心思想是反对列国争战。因为战争是仁政王道的最大对立面，更是霸道的代名词。所以，孟子的仁政王道说力主以德服人，强烈反对政治霸权和不义之战。孟子说："以力假仁者霸，霸必有大国，以德行仁者王，王不待大。汤以七十里，文王以百里。以力服人者，非心服也，力不赡也；以德服人者，中心悦而诚服也，如七十子之服孔子也。诗云：'自西自东，自南自北，无思不服。'此之谓也。"③ 以德服人应是孟子仁政王道思想最重要的理念之一。

其四，孟子认为仁政王道不能开空头支票，要有实质性的措施，并且指出这是仁政王道能够持续永久的根本保证。于是，孟子提出了"制民之产"的主张，认为"民有恒产，始有恒心"，这是孟子仁政王道思想中最值得肯定的地方。孟子说："无恒产而有恒心者，惟士为能。若民，则无恒产，因无恒心。苟无恒心，放辟，邪侈，无不为已。及陷于罪，然后从而刑之，是罔民也。焉有仁人在位，罔民而可为也？是故明君制民之产，必使仰足以事父母，俯足以畜妻子，乐岁终身饱，凶年免于死亡。然后驱而之善，故民之从之也轻。今也制民之产，仰不足以事父母，俯不足以畜妻子，乐岁终身苦，凶年不免于死亡。此惟救死而恐不赡，奚暇治礼义哉？王欲行之，则盍反其本矣。

---

① 杨伯峻：《孟子译注》，第 36 页。
② 杨伯峻：《孟子译注》，第 36 页。
③ 杨伯峻：《孟子译注》，第 74 页。

五亩之宅，树之以桑，五十者可以衣帛矣；鸡豚狗彘之畜，无失其时，七十者可以食肉矣；百亩之田，勿夺其时，八口之家可以无饥矣；谨庠序之教，申之以孝悌之义，颁白者不负戴于道路矣。老者衣帛食肉，黎民不饥不寒，然而不王者，未之有也。"①

孟子天下观的核心内涵仁政王道思想，虽然是从历史经验和先王施政范例中归结出来的政治智慧，是被历史和政治实践已经验证了的正确的政治主张，但是，孟子并不认为这个能够说服一般人的思想主张，也能够轻易说服列国的统治者和战国时代的善辩之士们。要想得到天下的认可，孟子必须从哲学思辨的高度、理论思维的深度去为他的仁政王道说正名，为此，孟子提出了"尽心知性"之说，以及人性善的性善论思想。

四　性善论：孟子天下观的哲学基础

孟子天下观有先王历史经验的传承，现实社会中可以实施的具体措施，还有对仁政王道思想的深入论证，更有从人性的高度对其做的精微仔细的哲学解读。在这里需要说明的是：孟子的"尽心知性"之说，性善论的哲学思辨之争，都是为他仁政王道的天下观服务的。

春秋时代孔子所创立的原始儒学，目的在于挽救"礼崩乐坏"的周代政治制度，而到了战国时代，周代礼制已经完全崩塌毁坏而无以复起。因此，孟子更进一步认识到制度的崩塌只是问题的表象，最根本的问题还是战国乱世所导致的人的灵魂的沉沦及其良知的泯灭，这才是问题的要害和世道凌夷的根本原因。于是，孟子指出："不仁哉，梁惠王也！仁者以其所爱及其所不爱，不仁者以其所不爱及其所爱。"公孙丑曰："何谓也？""梁惠王以土地之故，糜烂其民而战之，大败，将复之，恐不能胜，故驱其所爱子弟以殉之，是之谓以其所不爱及其所爱也。"②梁惠王的做法，印证了战国时代统治者们灵魂的丑陋和良知的缺失。问题的关键是制度出了问题可以调整与校正，灵魂出了问题则必然导致良知泯灭，其可怕的后果是，将不断制造出更多毁灭性的社会灾难。

---

① 杨伯峻：《孟子译注》，第17页。
② 杨伯峻：《孟子译注》，第324页。

正因为如此，处在战国乱世的孟子，不再关注"礼乐"等制度问题，而是将目光聚焦于人的心灵与心性之上，开始对人的内在精神世界进行探索和研究，并且打破了孔子"罕言天道"与"性命"的思想认识传统。这是孟子思想和孔子思想的一个重要区别，也是儒学的一次重要的思想转换。

孟子认为要深入了解人和人类社会，就必须从认识人性开始，认识人性是打开人类社会一切奥秘的一把钥匙。所以孟子提出了"尽心知性"的哲学命题，认为"尽其心者，知其性也。知其性，则知天矣。存其心，养其性，所以事天也。殀寿不贰，修身以俟之，所以立命也。"① 孟子所谓的人心是指人的良善之心，"所以谓人皆有不忍人之心者，今人乍见孺子将入于井，皆有怵惕恻隐之心。非所以内交于孺子之父母也，非所以要誉于乡党朋友也，非恶其声而然也。"② 人之良善是自然赋予人的天性，是人的群体所共同具有的根本属性。孟子的性善说，不是指具体的个人而言，而是指人作为一个同类和群体所共有的根本属性。在这里性善论是相对人的群体的抽象结论，而不是指某个个体的具体人性特质，作为个体的人性特质是千差万别的。然而，不能因为每个个体的人性差异及其存在的特殊性，而掩盖了作为群体的人类所共同具有的良善本质，因为这是人类之所以成为人类的先决条件。

赋予人性以善良的规定性是孟子学说的思想基础，也是构造儒家政治思想和其最高理想的认识依据，同时也是孟子天下观中仁政王道思想的哲学基础。正如孟子所言："无恻隐之心，非人也；无羞恶之心，非人也；无辞让之心，非人也；无是非之心，非人也。恻隐之心，仁之端也；羞恶之心，义之端也；辞让之心，礼之端也；是非之心，智之端也。人之有是四端也，犹其有四体也。有是四端而自谓不能者，自贼者也；谓其君不能者，贼其君者也。"③ 人而仁善是人类文明存在的前提，没有人性善这个大前提就不会有人类社会的文明和繁荣。因此，孟子性善论具有其合理的哲学逻辑根据和社会历史实践的验证，是无可置疑的客观事实，不是主观唯心的道德说教。

---

① 杨伯峻：《孟子译注》，第 301 页。
② 杨伯峻：《孟子译注》，第 79～80 页。
③ 杨伯峻：《孟子译注》，第 80 页。

必须指出的是，孟子性善论也赋予了先王圣哲更多的规定性，以及更高的标准与要求。在孟子和儒家思想家们那里，规定了作为统治者的王侯将相应该具有比普通人更高的仁善品行，这是他们作为统治者的前提条件和最为根本的要求。也就是说先王圣哲就是仁善人格的具体化身，是代表天下仁善力量的主体部分，也是天下正义仁善的根本依靠。这一论述构成了儒家伦理道德思想、修齐治平思想，以及"道不远人"的弘道思想的基本内容。所以孟子说："人皆有不忍人之心。先王有不忍人之心，斯有不忍人之政矣。以不忍人之心，行不忍人之政，治天下可运之掌上。"① 在这里，"不忍之心"是仁政实施者王侯将相们主观思想中必备的精神因素，对于国家天下而言，"不忍之心"则是成就仁政王道盛世降临的客观基础。

于是，孟子有关如何营造天下盛世的政治理想，在认识逻辑上已成熟圆满了。这个逻辑是这样的：首先是从人性善的基点出发才可能寻找到君子群体的存在，有了君子群体的存在，才能有天下仁政王道的载体；其次是有了这个载体的存在，才能有通过格物、致知、诚意、正心的道德历练造就出真正的圣人贤者；其三是有了圣贤们修身、齐家的精进与练达，才可以实现国治而天下平的政治理想。因此，人性善是最重要的起点，有了这个起点，才能使仁政王道的有效治理遍及于天下。

人性善的思想理论，关乎孟子天下观的成败利钝，而孟子的哲学解读不局限于"法先王"的历史经验之中，乃是集合了他的哲学与思辨的优势，在人性和理性的有力支撑下圆满地描述了战国时代，儒家所期待与追慕的美好政治理想。这是仁者之思，更是智者之虑，虽不能付之于当世的社会实践，却为中华民族的政治理想插上了一双有力的飞翼而翱翔至今，且影响了孟子之后的整个中国古代社会。尤其是宋明理学的芬芳苑囿中，依然响彻着孟子天下观这个超越古今的高山流水之音。

总之，孟子天下观的卓越之处，就在于他有一种超越历史与现状的精神伟力。在中国古代社会里，他敢于突破家天下的思想藩篱，并在王权专制横行无阻的政治较量中，率先举起"民为贵，社稷次之，君为轻"的大旗，超越了一家一姓的政治价值理念，把天下生民的利益放在了首位。这是一种政治价值观的自我超越，更是一种仰望星空的伟大抱负！正因为如此，儒家学

① 杨伯峻：《孟子译注》，第79页。

说才能够在封建王朝频繁更迭的中国古代社会里屹立不倒，始终如一。这充分证明了一个道理，那就是一种思想或意识形态，如果没有敢于超越自我的精神追求，终有一天会轰然倒下。为什么？因为超越自我是一种自我救赎的伟大力量。应该庆幸的是，中国传统儒学在孟子的时代里，就完成了这种伟大的超越，获得了一种可以持续自我救赎的伟大力量。

王道与大同

——以《论语》"齐一变，至于鲁；鲁一变，至于道"章为中心的讨论

韩　星

摘　要： 时论有言孔子儒家的政治理想是王道政治，是当今中国政治的发展方向。本文以《论语·雍也》篇"齐一变，至于鲁；鲁一变，至于道"一章为中心，首先比较齐鲁两国的历史文化渊源以及由此导致的王道政治和霸道政治的不同发展道路。其次通过历代对这一章注释的疏解，说明齐一变至于鲁是指由霸道王道，鲁一变至于道是指由小康变为大同。最后梳理儒家经典常把"五帝三王"分言，表明五帝是大同时代，三王是小康时代。前者是最高理想，后者是一般理想。今天，我们继承中国古代的大同小康的基本思想和理念，同时结合当代人类文明的丰富成果，立足传统，延续命脉，面向世界，建设小康，走向大同。

关键词： 儒家政治理想　《论语》　王道　大同　小康

作　者： 中国人民大学国学院教授、博士生导师。

时论多言孔子儒家的政治理想是王道政治，说王道政治可以解决中国当代的政治问题，王道政治是"人类最好政治"，儒家应该以"王道政治"为自己的追求目标。[①] 果真是这样吗？王道政治固然是儒家的政治理想，但不是最高政治理想，儒家最高的政治理想是大道之行，天下为公的大同。

一　齐鲁两国的历史文化传统

《论语·雍也》载子曰："齐一变，至于鲁；鲁一变，至于道。"对此章

---

① 蒋庆：《王道政治优胜于民主政治》，儒家网，http://www.rujiazg.com/article/id/5088/。

如何理解？先得从齐鲁两国的历史文化渊源说起。

西周初年周公封于鲁，建立了鲁国，太公封于齐，建立了齐国。两国建立之后，由于采取了不同的治国方略与具体政策，便逐渐形成齐鲁两国的历史文化传统。历史上，齐鲁比邻，而文化则有显著差异。

齐地在商以前是单纯的东夷文化，商兴起以后，与商接近的西部、西南部区域受到了商文化的很大影响，给齐地文化增加了新内容。西周初年，姜太公封于齐，起初势力仅限于营丘一带，东夷地方势力还相当强大，即便是营丘，莱侯还要来争。面对强大的东夷地方势力，采取了"因其俗，简其礼"，即《史记·鲁世家》"简其君臣之礼，从其俗也"的方针，在顺应当地风俗民情的基础上，有选择地施行周礼，为政简约易行，缓和了姜齐政权与东夷民族的矛盾，为齐国奠定了稳固的基础。在经济上，改变周王朝单一的农业政策，因地制宜，提出了"通工商之业，便渔盐之利"（《史记·齐太公世家》）、"通末利之道，极女工之巧"（《盐铁论·轻重篇》）等经济措施，使齐国经济获得迅速发展。在运用人才方面，太公"举贤而尚功"，任人唯贤，组成混合统治势力。太公的这些方针、政策影响到齐国的文化上，就形成了与鲁国迥然不同的风格。直到春秋时期，管仲相齐之时，仍然采取"俗之所欲，因而欲之；俗之所否，因而去之"的"令顺民心"（《史记·管晏列传》）的政策。

鲁国曾是商朝旧都，周武王封其弟周公旦于此。由于周王朝新立和周公旦的才干，"周公不就封，留佐武王"，"而使其子伯禽代就封于鲁"，"是为鲁公"（《史记·鲁周公世家》）。另外，在周代众多的邦国当中，鲁国乃姬姓"宗邦"，诸侯"望国"，与齐为姜姓不同，故"周之最亲莫如鲁，而鲁所宜翼戴者莫如周"，周公给鲁国和同在商地的卫国规定的治国方针与晋等国家有异，"皆启以商政，疆以周索"。这就是说，要在因商之政，治商之民的同时，还必须依照周人法度重新分配境内的土地和制定供赋徭役的等次。"周索"即周法，是周公设计的，而鲁国则是他的家族的直辖国土，故《左传·定公四年》称鲁公"以法则周公，用即命于周"，"以昭周公之德"。鲁公伯禽走得更远，他拒绝顺从鲁地原来的习俗以开导民心，而是坚持用周礼变革商政。据《史记·鲁周公世家》载鲁公伯禽与齐太公吕尚同时赴任封国，太公治齐五月报政周王朝。周公问："何疾也？"太公说："吾简其君臣之礼，从其俗也。"而伯禽治鲁，三年报政周王朝。周公问："何迟也？"伯禽说："齐其俗，革其礼。"这里主要记载的是鲁公伯禽与齐太公吕尚治理两国政策的差异。《说苑·政理篇》的记载似乎更为详尽：

> 伯禽与太公俱受封而各之国，三年，太公来朝。周公问曰："何治之疾也？"对曰："尊贤，先疏后亲，先义后仁也。"此霸者之迹也。周公曰："太公之泽及五世。"五年，伯禽来朝，周公问曰："何治之难？"对曰："亲亲，先内后外，先仁后义也。"此王者之迹也。周公曰："鲁之泽及十世。"此鲁有王迹者，仁厚也；齐有霸迹者，武政也。齐之所以不如鲁，太公之贤不如伯禽也。

这里除了政策的差异外还论及政策背后的文化精神，以及由此导致的王道政治和霸道政治的不同发展道路。

王道政治和霸道政治具体治理措施分别是礼治和法治。据《淮南子·齐俗篇》曰：

> 昔太公望、周公旦受封而相见。太公问周公曰："何以治鲁？"周公曰："尊尊亲亲。"太公曰："鲁从此弱矣。"周公问太公曰："何以治齐？"太公曰："举贤而上功。"周公曰："后世必有劫杀之君。"其后齐日以大，至霸，二十四世而田氏代之。鲁削，至三十二世而亡。

因礼制的基本精神是"尊尊亲亲"，可见鲁是完全贯彻宗法礼制的，搞世卿世禄制，宗法势力很大，社会发展缓慢，逐渐走向衰弱。齐则举贤上功，任用异姓贤才，实行法治，虽然一度称霸，后来却为田氏所取代。征诸史实，进入春秋时期，管仲相齐，在继承姜太公治国方针的基础上，根据社会的发展变化，进行了一系列的经济、政治改革，并以法令的形式固定下来，推行开来，政久成俗，给齐文化注入了新的因素。而鲁国是周公之子伯禽的封国，而周公无论在帮助武王争夺天下，还是在成王年幼时平定天下，都有卓著的功勋。因此，鲁国初封时不仅受赐丰厚，而且还得到了不少特权，特别是礼乐文化的特权。鲁国到春秋时期仍然能够坚守周礼。《左传·闵公元年》曰：齐仲孙湫来省难。仲孙归，公曰："鲁可取乎？"对曰："不可。犹秉周礼，周礼，所以本也。臣闻之：国将亡，本必先颠，而后枝叶从之。鲁不弃周礼，未可动也。"又《昭公二年》曰：晋侯使韩宣子来聘；观书于大史氏，见《易象》与《鲁春秋》，曰："周礼尽在鲁矣！吾乃今知周公之德与周之所以王也。"《礼记·明堂位》记载说："凡四代之器、服、官，鲁兼用之。是故，鲁，王礼也，天下传之久矣。"鲁国建国之地殷商势力极大，伯禽要把鲁国建成宗周模式的东方据点，因此，他们代表周王室担负着镇抚周边部族、传播宗周文化的使命，极力推行周朝礼乐。另外，鲁国适宜农桑，是一个稳定的定居农业社会，在这个社会中，礼乐可以规范人们的行为，使划分成若干等级的人和谐相处。在鲁国，周礼乃是人们的行为准则，上至鲁公，下至卿士，无不循礼而动。不论是"国之大事"，还是往来小节，如君位传承、祭天礼祖、对外战争、朝聘会盟，以及燕享、乡射等无不如此，否则就会遭到指责，甚至被视为"不祥"的举动。周礼由周王室制订，而在具体实施时，各诸侯国一般是各取其需，因地制宜，唯有鲁国始终不忘"法则周公"，祖述先王之训。

二　历代注释疏解

关于本章的主题，包咸注："言齐、鲁有太公、周公之余也。太公大贤，周公圣人。今其政教虽衰，若有明君兴之，齐可使如鲁，鲁可使如大道行之时。"包注没有从王道与霸道着眼，而是以太公和周公的人格立论，认为太公是贤人，周公是圣人，贤人之治齐不如圣人之治鲁。但齐鲁两国到了春秋时期政教都出现衰微之象，只是程度有所差异。如果两国有明君出世，就会由齐变鲁、由鲁变到大道行之的理想之治。

皇侃《论语义疏》在包注的基础上解释的更为详尽一些："太公封于营丘之地为齐国，周公封于曲阜之地位鲁国。周公大圣，太公大贤，贤圣既有优劣，虽同致太平，而其化不得不微异。故末代二国，齐有景公之昏暗，鲁有定公之寡德。然其国犹有望、旦之遗风，故《礼记》云：'孔子曰：吾舍鲁何适耶？'明鲁犹胜余国也。令孔子叹其君之并恶，故有此言也。言若齐有明君，一变便得如鲁太平之日；鲁有明君，一变便如大道之时也。此是引汲之教耳，实理则不然矣。若明君兴之，政当得各如其初，何容得还淳反本耶？"皇侃与包注的诠释意思基本一致，不过他指出孔子在此不是讲实然之理，而是以应然之道对世人进行引导教化。

韩愈、李翱在《论语笔解》中引申到了王道和霸道问题，不过韩愈认为："道，谓王道，非大道之谓。"李翱认为："有王道是焉，吾从周是也。有霸道焉，正而不谲是也。有师道焉，得天子礼乐，吾舍鲁何适是也。然霸道可以至师道，师道可以至王道，此三者皆以道言也。"韩、李都认为这里的"道"是指王道，李翱更加上了个师道，由齐变鲁，由鲁变到道是指霸道可以至师道，师道可以至王道。这里提出师道是传承韩愈重申儒家师道传统，是有特殊意义的，但与文本的原意并不能合符若节。

宋明儒家把"道"也解为先王之道，朱熹《论语集注》："孔子之时，齐俗急功利，喜夸诈，乃霸政之余习。鲁则重礼教，崇信义，犹有先王之遗风焉，但人亡政息不能无废堕尔。道则先王之道也。言二国之政俗有美恶，故其变而之道有难易。"并引程子曰："夫子之时，齐强鲁弱，孰不以为齐胜鲁也，然鲁犹存周公之法制。齐由桓公之霸，为从简尚功之治，太公之遗法变易尽矣，故一变乃能至鲁。鲁则修举废坠而已，一变则至于先王之道也。"这就是说，齐是霸政余习，鲁犹有先王遗风，由齐变鲁，由鲁变到道是指最终实现先王之道。朱熹还感叹孔子能变之而不得试，所以有留此遗言，让为政者明白施政的轻重缓急次序。

顾炎武《日知录》卷八："变鲁而至于道者，道之以德，齐之以礼；变齐而至于鲁，道之以政，齐之以刑。"导德齐礼，导政齐刑之说见于《论语·为政》："道之以政，齐之以刑，民免而无耻；道之以德，齐之以礼，有耻且格。"如果只用政治去引导民众，用刑法去惩罚民众，虽然可能畏法而不敢犯法，但缺乏道德自觉；如果用仁德去教导民众，启发他们的道德自觉，同时又用礼去规范他们的行为，民众的行为就能合乎社会的规范，实现社会的治理。概括地说，孔子告诫为政者应以道德教化为主，政令刑罚为辅。朱熹《论语集注》云："愚谓政者，为治之具。刑者，辅治之法。德、礼则所以出治之本，而德又礼之本也。此其相为终始，虽不可以偏废，然政刑能使民远罪而已，德礼之效，则有以使民日迁善而不自知。故治民者不可徒恃其末，又当深探其本也。"认为"刑""政"是实现"治"的辅助方式，而"德""礼"则是实现"治"的根本，而"德"又是根本的根本。"简括言之，孔子所觉之治术有三：曰养、曰教、曰治。养教之工具为'德''礼'，治之工具为'政''刑'。德礼为主，政刑为助，而教化又为孔子所最重要之中心政策。"[1] 按照顾炎武的意思，就是由导政齐刑的治理方式变齐而至于鲁，由导德齐礼的治理方式变鲁而至于道。这是由治理方式而言的，不过，他没有说

---

[1]　萧公权：《中国政治思想史》，新星出版社，2005，第60页。

"道"是什么。

杨树达《论语疏证》按："齐为霸业，鲁秉周礼，则王道也。齐一变至于鲁，由霸功变为王道也。《礼运》以禹、汤、文、武、成王、周公六君子为小康，是王道为小康也。鲁一变至于道者，由小康变为大同也。《礼运》言大道之行天下为公，此道正彼文所谓大道矣。"《礼记·礼运篇》讲到大同、小康：

> 大道之行也，天下为公。选贤与能，讲信修睦。故人不独亲其亲，不独子其子。使老有所终，壮有所用，幼有所长。鳏寡孤独废疾者，皆有所养。男有分，女有归。货恶其弃于地也，不必藏于己。力恶其不出于身也，不必为己。是故谋闭而不兴，盗窃乱贼而不作。故外户而不闭。是谓大同。今大道既隐，天下为家，各亲其亲，各子其子，货力为己，大人世及以为礼，城郭沟池以为固，礼义以为纪，以正君臣，以笃父子，以睦兄弟，以和夫妇，以设制度，以立田里，以贤勇知，以功为己。故谋用是作，而兵由此起。禹、汤、文、武、成王、周公由此其选也。此六君子者，未有不谨于礼者也。以着其义，以考其信，着有过，刑仁讲让，示民有常，如有不由此者，在埶者去，众以为殃。是谓小康。

对于《礼运》作者的这一说法，历代就有争议，迄今仍没有定论。但从《礼运》成篇直到唐代，人们对"大同小康"之论出自孔子之口未曾怀疑过的，但到了宋代，大概与当时出现的疑经思潮有关，《礼运》篇遭到了质疑，认为"大同小康"之论非孔子语。代表性的如朱熹就肯定地说："《礼运》不是圣人书。"并引胡明仲云："《礼运》是子游作，《乐记》是子贡作。"因为子游不至至于这么浅陋。[1] 元代陈澔《礼记集说》引石梁王氏的话说："以五帝之世为大同，以禹、汤、文、武、成王、周公为小康，有老氏意。……所谓孔子曰，记者为之辞也。"[2] 他自己因此说大同小康之论"非先圣格言也。"[3] 明清以降，这一观点似乎成了共识。

只有到了近代康有为一反有宋以来的否定之声，对该篇的大同思想特别推崇，认为《礼运》篇"盖孔门之秘宗"，"孔子之真"[4]，他在《礼运注》

---

① 黎靖德编《朱子语类》六，中华书局，1994，第 2240 页。
② 陈澔：《礼记集说》，中国书店，1994，第 184 页。
③ 陈澔：《礼记集说》，第 186 页。
④ 康有为：《孟子微　中庸注　礼运注》，中华书局，1987，第 237 页。

中把《春秋》三世说融会进来，"大道者何？人理至公，太平世大同之道也。三代之英，升平世小康之道也。孔子生据乱世，而志则常在太平世。必进化至大同，乃孚素志，至不得已，亦为小康。"① 这就把太平世对应大同之道，升平世对应小康之道。

三　五帝三王与大同小康

其实，以五帝为大同，以禹、汤、文、武、成王、周公为小康，不见得就是道家思想，正是儒家理想的体现。以儒家经典为主的古籍常把"五帝三王"连言，《孔丛子·论书》："上有尧舜之道，下有三王之义。……上见尧舜之德，下见三王之义。"《孔子家语·五帝德》："孔子曰：'五帝用说，三王有度。'"王肃注："五帝久远故用说也，三王迩则有成法度。"《尚书纬》曰："帝者天号，王者人称；天有五帝以立名，人有三王以正度。天子，爵称也。"《白虎通·号篇》："德合天地者称帝，仁义合者称王，别优劣也。……帝者天号，王者五行之称也。……帝者，谛也，象可承也。王者，往也，天下所归往。"蔡邕撰《独断》云："上古天子庖牺氏神农氏称皇，尧舜称帝，夏殷周称王……"五帝尽管有不同的说法，但一般都把尧舜包括在内，三王一般指三代之王，狭义的是指夏禹、商汤、周文武，广义的是指夏商周三代的明王，周公也包括在内。

《孔子家语》出现了两个五帝系统，一个是孔子转述老子的，《五帝篇》云：

> 季康子问于孔子曰："旧闻五帝之名，而不知其实，请问何谓五帝？"孔子曰："昔丘也闻诸老聃曰：'天有五行，木、火、金、水、土，分时化育，以成万物，其神谓之五帝。'古之王者，易代而改号，取法五行，五行更王，终始相生，亦象其义。故其为明王者，而死配五行。是以太皞配木，炎帝配火，黄帝配土，少皞配金，颛顼配水。"

这是以太皞、炎帝、黄帝、少皞、颛顼与五行相配的五帝系统。一个是孔子自己构建的，《五帝德篇》宰我向孔子请教五帝的问题，孔子提到了黄

---

① 康有为：《孟子微　中庸注　礼运注》，第239页。

帝、颛顼、帝喾、帝尧、帝舜和大禹，其中前面五位以"帝"号称，只有大禹直呼为禹，显然是把大禹放在五帝一下的三王系列。关于尧舜禹，《五帝德篇》说：

> 宰我曰："请问帝尧。"孔子曰："高辛氏之子，曰陶唐。其仁如天，其智如神，就之如日，望之如云。富而不骄，贵而能降。伯夷典礼，龙夔典乐，舜时而仕，趋视四时，务先民始之，流四凶而天下服。其言不忒，其德不回，四海之内，舟舆所及，莫不夷说。"
>
> 宰我曰："请问帝舜。"孔子曰："乔牛之孙，瞽瞍之子也，曰有虞。舜孝友闻于四方，陶鲦事亲，宽裕而温良，敦敏而知时，畏天而爱民，恤远而亲近。承受大命，依于二女。睿明智通，为天下帝。命二十二臣，率尧旧职，躬己而已。天平地成，巡狩四海，五载一始。三十年在位，嗣帝五十载。陟方岳，死于苍梧之野而葬焉。"
>
> 宰我曰："请问禹。"孔子曰："高阳之孙，鲧之子也，曰夏后。敏给克齐，其德不爽，其仁可亲，其言可信。声为律，身为度。亹亹穆穆，为纪为纲。其功为百神主，其惠为民父母。左准绳，右规矩，履四时，据四海，任皋繇、伯益以赞其治，兴六师以征不序。四极，民莫敢不服。"孔子曰："予！大者如天，小者如言，民悦至矣。予也非其人也。"宰我曰："予也不足以戒。敬承矣。"

孔子通过对五帝系统的重新构建，来重建儒家思想的历史文化传统。他虽然谈到了黄帝、颛顼、帝喾，但因为"禹、汤、文、武、周公，不可胜以观也。而上世黄帝之问，将谓先生难言之故乎？"宰我曰："上世之传，隐微之说，卒采之辩，暗忽之意，非君子之道者，则子之问也固矣。"（《孔子家语·五帝德篇》）孔子说大禹、汤、周文王、周武王、周公，尚且说不清，而你关于上古之世的黄帝的问题，是老前辈也难以说得清的问题吧。宰我说先代的传言，隐晦的说法，已经过去的事还争论，晦涩飘忽的含义，这些都是君子不谴或不为的，所以我一定要问个清楚明白。孔子不得已就说：好吧，我略略听说过这种说法……孔子对渺茫的上古历史比较谨慎，以严谨的历史科学的态度对待五帝三王问题，所以他更多地从尧舜讲起。《礼记·中庸》说："仲尼祖述尧舜，宪章文武。"在孔子的五帝系统中，尧舜实行禅让，禅位于贤人而不传其子，体现了大道之行，天下为公的政治理想，是孔子和后儒赞颂不已的。文武则属于三王，已经是大道既隐，天下为家的时代了。

由五帝到三王发生了历史性的变化，其根本就是由官（公）天下到家天下。《汉书·盖宽饶传》载：宽饶奏封事引韩氏《易传》言：“五帝官天下，三王家天下，家以传子，官以传贤，若四时之运，功成者去，不得其人，则不居其位。”《说苑·至公》：“博士鲍白令之对秦始皇曰：‘天下官则让贤，天下家则世断，故五帝以天下为官，三王以天下为家。’”

阮元《十三经注疏·礼运》引郑玄注：“大道，谓五帝时也。”引孔颖达疏：

> 自“大道之行”至“是谓大同”，论五帝之善。自“大道既隐”至“是谓小康”，论三王之后。今此经云“大道之行也”，谓广大道德之行，五帝时也。“与三代之英”者，“英”谓英异，并与夏殷周三代英异之主，若禹汤文武等。
>
> “天下为公”，谓天子位也。为公，谓揖让而授圣德，不私传子孙，即废朱均而用舜禹是也。
>
> “天下为家”者，父传天位与子，是用天下为家也，禹为其始也。
>
> 五帝犹行德不以为礼，三王行为礼之礼，故五帝不言礼，而三王云“以为礼”也。[1]

这就把五帝三王时代的本质差异讲得很清楚：五帝是大道之行，天下为公的大同时代，行禅让而有圣德，还用不着礼义；到了三王即夏殷周三代英异之主禹汤文武，就是大道既隐，天下为家的小康时代了，由禹开始传位于子，治理天下就得靠礼义了。

---

① 阮元：《十三经注疏》（影印版）上，中华书局，1980，第1413～1414页。

儒家视域中的家国天下与个体生命承当

——以孔子、程颢为例

王新春

摘　要：儒家有其与生命直接相关的独特价值视域下的家国天下观。这一家国天下观奠定于孔子而弘阐于后儒。仁学是孔子思想的核心，它在人的发现的时代主题下，首次以其独到的价值视域，开显了人的生命内在价值及其家国天下的价值实现之域与生命主体承当。置身由汉唐经学向宋明理学转型过程中的程颢，将孔子的仁学与易学的天人之学相融互摄，建构起自己视域下的新仁学，推出了他的理学体系。这一新仁学，透过其所营造的价值视域，开示了珍视并善待人己物我的内在价值，视天地人物一体无隔的有机宇宙整体中的一切皆为我生命的有机组成部分，期其皆能原发性地畅然舒展、展现与实现自我，从而成就起一宇宙式大我，达到成为天理－仁体自觉圆融化身的最高的生命境界，即天地境界，以此令儒家的家国天下观获得终极大宇宙视域下的升华，令士人的生命主体承当达到了极致。

关键词：儒家　家国天下　仁　天理　内在价值

作　者：山东大学哲学与社会发展学院教授。

儒家有其与生命直接相关的独特价值视域下的家国天下观。这一家国天下观奠定于孔子而弘阐于后儒。笔者不揣简陋，谨在前人研究的基础上，以孔子（公元前551年～前479年）、程颢（1032年～1085年）为例，对儒家视域中的家国天下与个体生命承当做一番粗浅的探讨。

一

儒家的家国天下观，奠定于先秦时期人的发现的时代主题与孔子于其中所做出的划时代意义的杰出贡献。

人的发现，是西周以来的时代主题，孔子首先是这一主题的契接者。

中华文明源远流长，积淀下了丰富、深湛而厚重的历史文化底蕴。在此文明的早期，夏商周三代所取得的显赫成就，已是有目共睹。而文明与文化的创造，各种成就的取得，都与人的努力直接相关，其所或直接或间接展现抑或生动诠释着的，其中就是人的价值和意义。但是，此等展现或诠释，与人对此的觉悟和自觉，并非同时发生，后者远要晚于前者。放眼中华文明之长河，后者的初步发生，已在西周初叶。

西周取代殷商，在王朝更迭的背后，所涵蕴着的，乃是思想文化之域所发生的更具根本性意义和深远历史影响力的重大转型。这一转型的核心，就是神学信仰的人文化与伴随此人文化而来的具有划时代意义的人的发现的鲜明主题的初步开显。

众所周知，殷商时期，神学信仰主导着先民的整个精神与生活的世界。上帝被视为整体天人宇宙间的至高无上的主宰，终极决定着其间的一切。作为人世最高统御者的王，其在落实自己角色的每一环节和细节，每每皆要以敬畏上帝为本，以祭拜求佑、占卜测知神意为手段，而人自身的价值和作用，几乎未能呈露在他的视域之内。王尚如此，遑论王之下的其他人。在上述信仰下，上帝自身之所是，不可捉摸，难以测度，与人属于两种截然不同的存在，二者之间几乎没有丝毫的同质关联。前者对于后者，也没有明显的善意关切、眷顾。这一切，在西周初叶发生了重大改观。周初当政者，在赢得统御天下之大位后，有了王朝更迭所以然的问题意识之自觉。他们透过对三代王朝更迭所以然的深度反思，得出天命转移的观念，并借助这一观念，实现了对于上帝信仰的全新理解。在他们的视域下，皇天上帝（或直呼曰天）依然是整体天人宇宙间的最高主宰，但它已是一个可以测度体认沟通面对的绝对善的化身，以善为其终极关切。德以待天下者，方可、即可得到它的赏识而赢得天命，跻身统御天下之位；而一旦失德，此命即会被收回，转而赋予新的德以待天下者。此即导致王朝更迭的最后秘密之所在。德，成为人得到皇天上帝认可、实现与其沟通的基本凭借，由此也进而成为人之所以为人的基本应然表征。立基于德，人即会得到皇天上帝的护佑，顺畅推展人生的一切，实现自身之目标；反之，人只会动辄碰壁。由此，在德的大前提下，人自身，无疑成了人事成功与否的实质意义上的真正决定者。人的价值、意义和作用，顺理成章地得以逐步开显。德彰显为一种与皇天上帝相契合的表征人之应然生命品质的崇高、神圣价值。对于德的这一理解，显然意味着人的人文价值意识之初步觉醒与自觉，意味着人文精神的彰显。伴随着这一切而来的人的价值、意义和作用的开显，就是所谓"人的发现"。这也是此一发现在此历史文化语境下的基本内涵所在。

际此历史境遇，主要当系滥觞于祭拜神灵的巫术宗教活动的礼乐，历夏商之后，在人的发现的时代主题下，转化为时代思想文化的基本形态，最终出现了此一形态下的整体思想文化价值系统，成功奠定了中华作为一礼乐之邦的根基。上述系统一反以往礼乐的基本巫术宗教神学品格，而豁然高标人文之精神。它贯通天人，立足于天人之整体和家国天下之整体的宏大视域，以天人之沟通契合与家国天下之平治而秩序化、和谐化为其终极核心诉求。它透过祭祀礼乐的具体仪式、活动，一则表达了人对于天的敬畏与感恩，二则实现了天与人的感通，三则营造起独特的神圣庄严氛围而熏染、震撼人的心灵，激发出人之来自生命深处的对于超越性存在即天的强烈而深沉的敬畏与感恩之情愫，进入通体纯然的敬畏与感恩的生命状态或境界。它透过祭祀礼乐的具体仪式、活动，也表达了人们对于以德配天而创立、传承人生德业的先王、先祖的敬畏与感恩，并借此彰显出先王、先祖所表征的人的价值以及人们对此价值的高度自觉与肯定。而透过在世者各种场域下繁缛不紊、有章可循的种种交往礼乐仪式、活动有节有度的具体实施，它又彰显出对于各种社会角色和充任这些角色之人的正视，以及在此正视所许可的限域内对于充任相关角色之人的善待；彰显出对于通体洋溢着人文精神的礼乐制度、社会秩序的敬畏与善待；彰显出人道与天道同样的神圣与庄严。在它的有效甄陶下，天人息息相通，天地人物相连一体，构成人的整个生活的世界。这一世界，逐步迈向礼乐化的富含人文价值意义的世界。置身于其中的人，也成为礼乐化了的人。礼乐既获得了超越性之天的根源性意义，又获得了直接性的生命存在本身之存在上的究竟意义，化而为人上以通天、下以贯人的基本生活样式、生活态度、生命存在方式与气象。牟宗三先生称："中国自尧舜禹汤以来，以至周文之形成，所谓历圣相承，继天立极，自始即握住'生命'一原理，内而调护自己的生命，外而安顿万民之生命。是以其用心立言，而抒发真理，措之于政事，一是皆自一根而发。哲学从这里讲，历史文化从这里表现。"①

对于上述历经三代乃至更为久远的历史所建构、完善起的礼乐形态的整体思想文化价值系统，以及由此所积淀起的礼乐文化传统，生活于春秋末期的孔子，给予了高度评价。

东周以降，礼崩乐坏，三代的礼乐之统发生断裂，礼乐形态的整体思想文化价值系统渐次解构和转型。以之为价值依据的人的生活样式、生活态度、生命存在方式以及作为整体的生活的世界面临严峻挑战，步入价值动摇、惶惑乃至迷失之途。挑战可以将受挑战者逼向绝路，也可以促发其新生。即其促发新生而言，挑战无疑也就意味着机遇。置身这一危机四伏的严峻历史文化场域之中而又超越乎其上，居于时代前列而能敏锐洞悉其间所发生之一切的精英人物，以其深度的时代问题意识之自觉，反省现实与历史，尤其是反省以往大显其用、而今却步入危途的礼乐之统、礼乐形态的整体思想文化价值系统与作为其具体落实的礼乐制度。经过反省，如果说开创道家学派的老子更多地发现了礼乐的负面效应进而给予其几近全面的否定，那么，开创儒家学派的孔子则更多地看到了其正面效应并进而对其本身做了积极的价值肯定。与老子认定社会人生中一切乱象皆因礼乐文化所诱发形成鲜明对照的，孔子则认为这一切恰恰是由礼乐文化未能一以贯之地尽显其用所造成。任何文明、文化的创构与成果，一旦在历史长河中显用，往往表现出双刃器的品格。孔子与老子，正是分别发现了同一双刃器两面中的各一面，皆富重大历史性价值而可历史地相益互补。儒道两家互补之格局，正是由此滥觞的。

孔子长期生活于鲁国。鲁为在礼乐制度之最终完善确立方面做出过主要贡献的周公的封国，其首任主持国务之君则为周公之子伯禽。在西周所分封的列国中，鲁成了其礼乐文化接纳、保存最为完备的国度，并在东周以降天子大权旁落、诸侯相继争霸称雄之礼崩乐坏局面出现后，历史地成了这一文化的最后安顿地。以故精通音律的吴王寿梦之季子季札于鲁襄公二十九年（前544年）聘于鲁时，得以畅观周乐，大开眼界；② 而鲁昭公二年（前540年）春，"晋侯使韩宣子来聘"时，"观书于大史氏，见《易象》与《鲁春秋》"，乃有"周礼尽在鲁矣，吾乃今知周公之德与周之所以王也"之叹。

---

① 牟宗三：《历史哲学》，广西师范大学出版社，2007，第61页。
② 司马迁：《史记·吴太伯世家》，中华书局，第1452~1453页。

（《左传》昭公二年）浸润于这一礼乐文化氛围之中的孔子，基于礼乐所透出的人文精神，很早就有了人文价值意识之觉醒与自觉。借此自觉所开启的人文价值之视域，孔子涵纳天人，通贯古今，放眼未来，理智直面社会人生之现实，冷峻反思社会人生之过去，前瞻社会人生之未来，艰难疏通了三代以来的礼乐之统，并予以创造性契接，最终牢固确立起自己鲜明的人文价值理性意识、人文历史理性意识。

依孔子之见，礼乐是三代的时代文化心灵之所在，它大发其皇于周而跻隆盛之境："周监于二代，郁郁乎文哉！吾从周。"（《论语·八佾》）他以契接西周所完备起的礼乐之统以引领现实及未来之人生，作为自己之神圣祈愿和舍我其谁般的庄严担当："文王既没，文不在兹乎？天之将丧斯文也，后死者不得与于斯文也。天之未丧斯文也，匡人其如予何？"（《论语·子罕》）此所昭示的，无疑是一种鲜明的文化自觉，彰显出孔子深挚的文化认同意识、传统认同意识。两种认同意识二而一，实则归于一种价值认同意识。这种契接，显然不是单纯知识化的知解意义上的契接，而是一种真切直接性的生命存在本身之存在意义上的契接。契接的落实，是面向在世之人，切入而与人所置身于其中的整个生活的世界接通，引领、转化、提升之，并因此而使礼乐之统获得鲜活盎然的时代生命力。这就意味着，礼乐之统不是抽象而超绝的恒常不变之物，而是与在世之人的生存、生命，与感性鲜活的生活世界，息息相关的。因此相关，而令其具备了生命性和绵延力，并由此既在不同时代得以彰显一以贯之的人文精神之常，又使其相应于不同时代获得了各呈精彩的独特时代新意。获得圆满的时代新意，意味着礼乐之统的全副新生，这才是真正意义上的契接。由此，时的精神，成了礼乐之统的真精神。礼乐以时为贵，以契时为至。这就更进一步透显出礼乐深厚的在生命存在本身之存在上的究竟意蕴。正是在这个意义上，孔子称："殷因于夏礼，所损益，可知也；周因于殷礼，所损益，可知也。其或继周者，虽百世，可知也。"（《论语·为政》）也正是由于体认到了孔子所点醒的礼乐的这一真精神，后儒方提炼出"礼，时为大"（《礼记·礼器》）这一经典性论断。

上述契接，在孔子看来，关系重大，意义深远。依他之见，礼乐文化的大传统，由先圣先王创构传承而来，已是先于后人的既定历史性存在。它在天人关系之应然，社会人生之应然，个体生命存在方式与安身立命之应然，以及何以达成这些应然诸方面，皆有详明而正大之开示。后人无须再从起步阶段进行一步步的艰难摸索探究，只需将其与自己置身的时代接通，会通出时代新意，即可在上述诸方面确立价值明觉，相当便利地落实一切，推展一切。因之，面对上述传统，后人的精神向度，自当归于自觉认同与感恩、敬畏一途。感恩、敬畏传统，感恩、敬畏创构传承上述传统的先圣先王，感恩、敬畏先圣先王借传统所高标的崇高、神圣价值。基于是而有此契接，才会在文化自觉下与先圣先王所创构传承下来的礼乐文化的大传统接通，与以往的历史接通，并在接通的基础上，承先启后，转化礼崩乐坏之乱局，理顺现实人生，开启整个生活的世界理想之未来。正是主要在上述意义上，孔子如此表白过自己的心迹："述而不作，信而好古，窃比于我老彭。"（《论语·述而》）他将传述、承继、信从、敬畏、守望上述礼乐文化的大传统，视为自己一生的主要作为，生命期许，使命担当，也视此为自己人生价值集中之所在。就此，朱子《论语集注》的诠释最为经典："孔子删《诗》《书》，定礼乐，赞《周易》，修《春秋》，皆传先王之旧，而未尝有所作也，故其自言如此。盖不惟不敢当作者之圣，而亦不敢显然自附于古之贤人；盖其德愈盛而心愈下，不自知其辞之谦也。然当是时，作者略备，夫子盖集群圣之大成而折衷之。其事虽述，而功则倍于作矣，此又不可不知也。"敬畏传统，重视历史，珍视传统对于现实的范导价值，看重历史对于现实的借鉴意义，确立宏大历史长河之视域，豁显人文历史理性意识，进而正定承先启后的历史担当，由此也成为孔子以来儒家所直接影响塑造的中华悠久传统中的优良传统之一。这对中华文化与文明强劲坚韧生命力、绵延力的铸就，自也发挥了重大内在作用。

孔子不唯有上述的契接，而且更有深远里程碑意义上的历史性转进。

契接礼乐之统，也就意味着对于人的发现的时代主题的契接。继此契接，孔子着力突显了礼乐之统在直接性的生命存在本身之存在上的究竟意义，予以自觉的此一意义上的创造性转化，进而并从人自身那里为其寻得了真切可靠的价值根基，即仁。仁被诠显为内在于人的生命之中的崇高价值。人本身直下即成为拥有崇高价值的存在。由此，德不再仅仅是超越而外在之天对于人的生命品质之应然的强制性要求，它即转而为人所内在地涵具；礼乐不再仅仅以此超越之天为其价值根基，其直接的根基转而内在于人的生命存在之中。礼乐之统有了来自生命存在本身的价值根基与直接承当，与人的生命存在接通。仁礼合一的全新哲学文化价值系统最终建构完成。孔子由此不仅契接，而且全方位深化、升华了人的发现这一主题，令其获得了全新的内涵。于是，孔子即由述而进入了作。孔子之作，本乃内在地涵蕴于述之中，他并自认为其属于所述题中本有之义，而不属于作，结果却远远超越了述。述而不作成了述而又作，成了以述为作，即述即作。此即冯友兰先生所早就指出的：孔子"非只'述而不作'，实乃以述为作也。此种精神，此种倾向，传之于后来儒家，孟子荀子及所谓七十子后学，大家努力于以述为作，方构成儒家思想之整个系统"①。很显然，令所述在现实感性生活的世界中因生命内在根基的发现而焕发生机，有了获得全副新生的大好机缘。

首先，孔子着力突显了礼乐在生命存在本身之存在上的究竟意义，直面现实人生，着眼现实生活的世界，令礼乐真切化而为人的生活样式、生活态度、生命存在方式。

西周时期的礼乐，较之于以往的礼乐，已发生了带有质的根本性转化：以往的礼乐，在巫术宗教的浓郁信仰氛围下，主要为鬼神而设；转化后，在人文精神的主导下，礼乐则主要为人、为属于人的整个生活的世界而设。而前一种设，也随之化而为后一种设所涵摄下的一个有机环节。这是礼乐精神的重大转型。基于这一转型而所完备起的西周礼乐形态的整体思想文化价值系统，有了全副显豁的人的整个生活的世界的面向。孔子则以自己独特的方式，强化、推进了这一面向。

为孔子所心仪的上述西周礼乐形态的整体思想文化价值系统，如前所及，系在冷静而深度反思、总结三代王朝更迭经验教训基础上完善而成。其着眼点，是立足于王的角色意识之自觉，以德以契天为价值根基，以感通天人、实现整体天下的平治为终极诉求。在此诉求下，礼乐显用的面向是整体性的。其所面向的整体，就是天人宇宙之整体与家国天下之整体。其所显用的基本表征，就是礼乐制度的确立；就是每一个体人生皆纳而统摄于这一制度之下，受其规范，由其引领，陶铸、会通出一有上有下，尊卑森严，各有其位的社会秩序，达成一各安其位，井然有致的秩序化有机社会。在上述显用的过程中，礼乐所彰显的第一序的意涵，显然就是在构建人文化的社会制度与秩序之域的政道与治道意涵，第二序的才是在直接关乎人的生命存在本身之存在上的人之生活样式、生活态度、生命存在方式与气象意涵。第二序意涵为第

---

① 冯友兰：《中国哲学史》，中华书局，1992，第92页。

一序意涵所统摄，所派生。孔子的杰出贡献，首先表现在，以其鲜明的扣紧人的生命存在本身之存在的视域和现实人生关切，将礼乐所彰显的第一序与第二序意涵做了一番序次的重大重整，令礼乐显用的面向始于个体性而通向整体性，以整体性涵摄个体性而借个体性稳步达成整体性。于是，礼乐所指向的首先是个体的安身立命之道，然后才是治国平天下的政道与治道。在孔子的视域下，礼乐首先应当化而为个体生命存在的基本方式，个体的正大安身立命之道；此一方式，此一道，直接就关联着治国平天下之道。因此，当齐景公问政于孔子时，孔子回答："君君，臣臣，父父，子子。"景公听后感叹道："善哉！信如君不君，臣不臣，父不父，子不子，虽有粟，吾得而食诸？"（《论语·颜渊》）依孔子之见，个体立足于各自的礼乐化的社会人文分位，依照礼乐所内涵的人文精神对于相应分位下的角色之所以为该角色的基本要求，正定自己的分位与角色，确立自觉的角色意识，为其所当为，礼乐即化而为个体的安身立命之道，化而为个体现实生命的存在方式，而治国平天下之道即内涵于、落实于其中矣。为此，孔子着力强调的，是个体基于自己礼乐化的社会人文分位的角色意识之自觉，以及在此自觉基础上的为其所当为；他所深恶痛绝的，则是不能正视自己的分位与角色的为其所不当为，亦即形形色色的犯分乱礼之举。

禘自既灌而往者，吾不欲观之矣。（《论语·八佾》）

三家者以雍彻。子曰："'相维辟公，天子穆穆'，奚取于三家之堂？"（《论语·八佾》）

孔子谓季氏："八佾舞于庭，是可忍也，孰不可忍也？"（《论语·八佾》）

天下有道，则礼乐征伐自天子出；天下无道，则礼乐征伐自诸侯出。自诸侯出，盖十世希不失矣；自大夫出，五世希不失矣；陪臣执国命，三世希不失矣。天下有道，则政不在大夫；天下有道，则庶人不议。（《论语·季氏》）

举凡针对天、山川、祖先、鬼神的各种祭祀活动，举凡社会人生中的各种事务，其承办者的资格，其承办者所宜采用的礼乐形式，皆由相应的分位与角色而得以正定。严格据此正定而为，则个体的生存踏得实地，其生命得到终极安顿，其人生得以在礼乐化的生存方式下，在礼乐化的人生践履过程中，顺利推展和实现。人人如此，则个体在实现自我的同时，因每一个体皆有其特定的分位与角色，而使得这种实现本身直接就涵具着指向于整体家国天下、整体生活的世界的人文秩序化、和谐化的价值与意义。于是，这种实现，最终即可会通为整体家国天下、整体生活的世界的人文秩序化、和谐化，以此而营造出礼乐尽显其用的有道之世。

其次，孔子更进一步，高度原创性地将礼乐、礼乐之统与人的感性生命接通，为前者寻得了人之生命内在所涵具的价值根基与资源，即仁。

西周礼乐形态的整体思想文化价值系统，系在天命转移观念促动下，最终构建完备所成。它的价值根基是德。而这一德，被视为皇天上帝对于人，尤其是对于王的生命品质之应然的要求。确立此德，其终极根据，显然是外在的，是外在超越之天令人如是的。至于人的生命之中是否原本涵具此德，至于作为绝对善的化身的皇天上帝是否赋予过人此德，这一系统尚未作出正面的宣示。《诗经》中所载作为周初祭祀文王之诗《周颂·维天之命》，其中所言"维天之命，于穆不已。于乎不显，文王之德之纯"，甚为学者所重；但是，此处天之命与文王之德之间，并未有明确的赋予与被赋予之意涵。而即令是《诗经》所载问世于西周晚期宣王时代的另一首诗《大雅·烝民》，其所言"天生烝民，有物有则。民之秉彝，好是懿德"数句，虽同样为学者所看重，但是这里懿德也并未有系天所赋的明确内涵，虽则这层内涵似乎简直即是呼之欲出。因而，德对于上述系统而言，主要表现为一种来自外在的超越性存在对于人的强制性规约。孔子则在这一外在性终极根据之外，为上述系统自人的现实生命从存在本身那里找到了其内在性的根基，从而实现了价值根据、根基由外在向内在的重大转换，以此也开启了儒家心性论之先河。

孔子称："礼云礼云，玉帛云乎哉？乐云乐云，钟鼓云乎哉？"（《论语·阳货》）又称："人而不仁，如礼何？人而不仁，如乐何？"（《论语·八佾》）

礼乐之为礼乐有其形式，但礼乐本身之所却绝非单纯在于其形式，更在于透过一定形式所符示、表达的内容。后者才是前者的灵魂之所在。偏离了后者，前者也就丧失了它的原本之所是。而就后者言之，此所言内容指的就是人文精神，就是浸润人文精神的人之生命存在方式和作为整体的社会制度与秩序；更深入一层，指的则是内在于每个人生命存在本身之中的仁。只有此仁，才是礼乐最直接、最具生命根源性的价值根基。有此根基，礼乐才会由对于人的外在规约转而为人的生命内在的自觉价值要求；由与人的生命存在本身有隔而相互外在，转而与人的生命存在通为一体，进而成为人的生命内在自然而又必然的展现。如此，礼乐不仅与人的现实生命存在本身结成了相即不离的密切关系，而且更成为人的现实生命存在的直接内在的价值展现、直接生发物。于是面对礼乐之统，人不再是被动的接受者，而成为直接承当者；不仅是直接承当者，而且因其涵具前者的价值根基而成为相对于前者的主体性存在。换言之，人由此豁显出了他的礼乐文化上的生命主体性。

再次，礼乐以仁为其内在于人的生命存在本身之中的价值根基与资源，昭示出仁之为礼乐的真切可靠的强有力的价值支撑，进而更深入一层，成为礼乐所内涵、所表征的核心人文价值、核心人文精神，展现于人的现实生命存在、现实生活的世界。由此，人之生活样式、生活态度、生命存在方式与气象的礼乐化，以及整体社会制度、社会秩序与人的整个生活的世界的礼乐化，成为第二序的化。第一序的化，则是仁之化而为礼乐之化。仁成为问题的核心之所在。不难看出，仁这一核心人文价值与人文精神的彰显，标志着孔子更具根本性意义的杰出贡献，那就是，人彰显为具有内在生命价值因而本身即具有内在价值的存在，从而令西周以来人的发现的时代主题，获得了全新的深刻内涵，跨出了具有里程碑意义的实质性大步。基于此一大步的跨出，孔子指出，人当正视自己的生命，发现自己生命本身所固有的价值，善待自己生命的内在价值，善待自己的生命。这种善待，引出了孔子为己之学的价值理念。

孔子称："古之学者为己，今之学者为人。"（《论语·宪问》）

尤有进者，依孔子之见，既然人人皆具生命内在价值，正视自己的生命、发现自己生命本身所固有的内在价值、善待自己生命的内在价值、善待自己的生命的同时，也应进而正视并善待他人生命的内在价值，善待他人之生命。

不难发现，在孔子的价值视域下，自我非孤立性存在，自我之在，上以通天，下以接所有的天地人物。自我即是如此的与天地人物相连一体，以此而在，以此而实现着人生的一切。

二

孔子之后，具有强烈家国天下之情怀与整体天人之关切的儒家，自先秦时代起，就在一种有别于其他家派的生命与文化的哲学诠释学进路下，渐次确立起自身涵纳天人、贯通古今、放眼未来的哲学天人之学。这一天人之学，成了儒家整体哲学文化价值系统终始一贯的超越性终极学理根基。战国以降，此一天人之学在易学独特话语系统的涵毓下，得以首次通体开显。可以毫不夸张地说，正是易学涵毓、升华并通体开显出儒家的天人之学；同样，作为一专门之学的易学，其自身也因此成为一种高度哲学性的独特天人之学。以此为契机，在上述哲学诠释学进路下，包括易学在内而皆有专门之学之称的汉代的《五经》、六艺之学，也无一例外地被全然纳入哲学天人之学的架构下与视域中，而有了经学第一个全面发皇并跃为官方法定意识形态时代的天道为人道之终极价值根据、本天道以立人道、法天道以开人文的基本天人关系理念与基于此理念的易学天人之学、春秋学天人之学、尚书学天人之学、诗学天人之学、礼学天人之学，等等。经学整体上成为一种哲学性格分外突显的天人之学，而其各分支即不再单纯囿于或卜筮或史实或政典或文学或制度诸狭隘之域。换言之，经学的各分支，作为特色鲜明的各种专门之学，自有其各自所特有的话语系统与学理场域，但彼此又全方位开放而互通，从而立足而又超越了各自的话语系统与学理场域，有了共同的超越性终极哲学天人之学根基，反过来又以各自的话语系统与学理场域为这一天人之学作了各呈精彩的生动注脚。诸部经典即在此架构下与视域中，被视为法天地以设政教的王者之书，而礼乐文化遂成为当时文化的主要表现形式。上述这一切，奠定了整个汉唐经学的基调及其所营造起的儒家整体哲学文化价值系统的基本方向。经过长期的学术积淀、整合、会通与转化，赵宋中叶，以周敦颐、邵雍、张载、程颢、程颐五子思想体系的分别建立为基本标志，儒家学说实现了又一次划时代意义的重大转型，开启了理学这一不同于汉唐经学的全新儒学形态。理学空前彰显了儒学高度哲学性的天人之学品格，并赋予这一天人之学以新的内涵。五子中，程颢的地位相当显赫。他借易学的天人之学架构，融摄会通转化以往相关学术资源，建构起独特的天人之学，并在此天人之学的视域下，提出了自己的人生诉求。

程颢首先敞开了一个以天理为根基的总体天人宇宙图景。

众所周知，作为一种学术思潮，理学之为理学名谓的确立，乃因天理这一核心范畴与价值的确立。而对后者的确立，二程兄弟做出了主要的贡献。程颢尝曰："吾学虽有所受，天理二字却是自家体贴出来。"（《河南程氏外书》卷第十二）在程颢看来，作为一个类的存在的人，就置身于天地宇宙间，与其他物类共具同一个大宇宙。而包括人以及其他物类在内的总体宇宙的背后，有一个共同的所以然意义上的终极根基，即天理。天理，同样也是天之所以为天之所在。言天，地亦在其中矣："天地本一物，地亦天也。"（《河南程氏遗书》卷第二下）天以天理赋予人以及物，就天之赋予而言，谓之命；就人以及物之所受而言，谓之性。所谓："上天之载，无声无臭……其理则谓之道……其命于人则谓之性。"（《河南程氏遗书》卷第一）亦其弟程颐所云："天所赋为命，物所受为性。"（《周易程氏传》卷第一）人以及物，皆禀受了来自超越性之天所赋予的天理之命，从而无一例外地皆拥有了共同的终极大宇宙根基，并以此形成了各自所以然的终极本然之性。这是给予《中庸》"天命之谓性"这一著名论断的一个新注脚。于是，天之所以为天，总体大宇宙的终极所以然，人以及物的终极本然之性，三而一，皆归为天理。

因天理这一共同的终极根基，内在一体而非相互外在，是人与天地万物的本然之关系特征与存在方式，由此，人所置身于其中的上述汇而为一无限宏大、绵延不绝、生生日新的有机宇宙生命洪流的一本而万殊的生机、生意盎然的无限宏大的有机宇宙整体，也就成为人的整个生活的世界。在此世界中，因天理－仁体之下贯，一如万物，人具备了维系其存在的所以然的终极大宇宙根基；同时，这一根基与人的生命通为一体，成为人的本然之德、本然之性，此性、此德作为在人之天理－仁体，又使得人具备了终极而充足的价值根据与资源。基于此，在儒家哲学天人之学的基本理路下，程颢易学继之又开示了人生应然的价值追求。

程颢指出："'天地设位，而易行乎其中矣'；'乾坤毁，则无以见易'。'易不可见，则乾坤或几乎息矣'。易是个甚？易又不只是这一部书，是易之道也。不要将易又是一个事，即事尽天理，便是易也。"（《河南程氏遗书》卷第二上）所引之文，见《易传》的《系辞上传》。在程颢看来，《易传》此处所言之"易"，乃是易学的神髓之所在，不只是指《周易》古经这部书，更是指该书所开示的整体大宇宙根乎天理－仁体的生机、生意盎然的生生日新之道；不是指一件具体的变易之事，而是指在天理－仁体涵摄、笼罩下，置身于人的整个生活的世界与生机、生意盎然而生生日新的整体大宇宙二而实一的世界中，人之应然的自觉人生价值选择：在人生日用中即事尽天理，或曰即事尽天理－仁体。整体大宇宙的生生日新之道前文已言，不再赘述；而就即事尽天理－仁体，程颢则有如下之识见。

首先，人应珍视生命的内在价值，契应与自己整个生活的世界二而实一的整个大宇宙中每一个体所涵具并彰显的盎然生机、生意，以及其背后所昭示的各自生命的原发性畅然舒展、展现与实现，亦令自己的生命充满并彰显出盎然的生机、生意，使之亦得以原发性畅然舒展、展现与实现。生命的这种盎然生机、生意的充满与彰显，这种活泼泼的原发性畅然舒展、展现与实现，就使人处于彻上彻下、彻里彻外的通体怡然自适之境。而对于精神乃至整个生命的乐的境界之不懈追求，乃是儒家自孔子以来的永恒主题、永恒母题之一。孔子的"学而时习之，不亦说乎？有朋自远方来，不亦乐乎？"（《论语·学而》）以及"知之者不如好之者，好之者不如乐之者"（《论语·雍也》），孟子的"万物皆备于我，反身而诚，乐莫大焉"（《孟子·尽心上》），即昭示了这一点。五子中的邵雍，亦曾言："学不至于乐，不可谓之学。"（《观物外篇下》）程颢则透过他的一些诗作，生动开示了他之对于生命的这种通体自适的乐的境界的体认、追求与实现。兹略举《河南程氏文集》卷第三《明道先生文三》所载数首以示之。其一："云淡风轻近午天，望花随柳过前川。旁人不识予心乐，将谓偷闲学少年。"（《偶成》）此诗在传世的《千家诗》中，"望"字作"傍"，"予"字作"余"。其二："芳原绿野恣行时，春入遥山碧四围。兴逐乱红穿柳巷，困临流水坐苔矶。莫辞盏酒十分醉，只恐风花一片飞。况是清明好天气，不妨游衍莫忘归。"（《郊行即事》）此诗在传世的《千家诗》中，"醉"作"劝"。其三："阴曀消除六幕宽，嬉游何事我心闲。鸟声人意融和候，草色花芳杳霭间。水底断霞光出岸，云头斜日影衔山。缘情若论诗家兴，却恐骚人合厚颜。"（《新晴野步》）其四："须知春色醸于酒，醉得游人意自狂。直使华颠老公子，看花争入少年场。"（《九日访张子直，承出看花，戏书学舍》）其五："闲来无（一作何）事不从容（一作疏慵），睡觉东窗日已红。万物静观皆自得，四时佳兴与人同。道通天地有形外，思入风云变态中。富贵不淫贫贱乐，男儿到此是豪雄。"（《秋日偶成》）这种快活，无疑就是生命的通体自适的乐的境地。

其次，珍视生命的内在价值，令自己的生命充满并彰显出盎然的生机、生意，使之得以原发性畅然舒展、展现与实现，达致通体自适的乐的境界，这是内在于自己生命中的天理－仁体因人之自觉而得以初步显用。天理－仁体、天地所达成的，就是整体大宇宙中的每一个体都能如此充满并彰显出盎然的生机、生意，原发性畅然舒展、展现与实现自我，因此这也是天理－仁体显用的题中应有之义，故而前文程颢有言："继此生理者，即是善也。善便有一个元底意思。'元者善之长'，万物皆有春意，便是'继之者善也'。"但是，由天地赋予而内在于自己生命中的天理－仁体，涵摄整体大宇宙中的每一个体，其原本所达成的，是每一个体之皆无一例外的充满并彰显出盎然的生机、生意，原发性畅然舒展、展现与实现自我；自己与天地万物又以内在地一体而非相互外在为彼此的本然之关系特征与存在方式，因此，人应进一步放眼整体大宇宙，基于作为终极而绝对的善本身的天理－仁体，确立显豁的仁善之生命价值理性意识，在成为自己整个生活的世界的整体大宇宙中，挺立此一意识之高度自觉下的自身生命的主体性，将对自己生命内在价值的珍视与善待推扩出去，提升为对与己内在地一体而非相互外在的天地万物内在价值的珍视与善待，视天地万物生机、生意的涵具与彰显，它们各自之自我的原发性畅然舒展、展现与实现，为自己的最高价值追求，并透过切实有效的积极努力，促成这一追求的实现。以此为最高价值追求且透过具体举措以实现之，显然是与天理－仁体、与天地所实现的一切密相契应的，人即此而将自己的生命存在彻然实现了与既超越又内在、既属于整体大宇宙而又内在于自己生命之中的终极价值之源的天理－仁体的接通，令此价值之源于自己身上现实地具现为无上之仁德。人能如是，则他即因仁善之价值自觉，成了天理－仁体的化身，达致了最高的生命境界，亦即天地境界。

程颢称："医书言手足痿痹为不仁，此言最善名状。仁者，以天地万物为一体，莫非己也。认得为己，何所不至？若不有诸己，自不与己相干。如手足不仁，气已不贯，皆不属己。故'博施济众'，乃圣之功用。仁至难言，故止曰'己欲立而立人，己欲达而达人，能近取譬，可谓仁之方也已。'欲令如是观仁，可以得仁之体。"（《河南程氏遗书》卷第二上）又称："医家以不认痛痒谓之不仁，人以不知觉不认义理为不仁，譬最近。"（《河南程氏遗书》卷第二上）复称："'刚毅木讷'，质之近乎仁也；'力行'，学之近乎仁也。若夫至仁，则天地为一身，而天地之间，品物万形为四肢百体。夫人岂有视四肢百体而不爱者哉？圣人，仁之至也，独能体是心而已，曷尝支离多端而求之自外乎？故'能近取譬'者，仲尼所以示子贡以为仁之方也。医书有以手足风顽谓之四体不仁，为其疾痛不以累其心故也。夫手足在我，而疾痛不与知焉，非不仁而何？世之忍心无恩者，其自弃亦若是而已。"（《河南程氏遗书》卷第四）就此，冯友兰先生曾说，程颢这里所指出的，是一种"天地万物皆与'我'浑然一体的精神境界，并不是说，自然界的现象都是'我'所作为，如自然界刮风下雨，就能'呼风唤雨'。这种境界的哲学意义是打破主观和客观的界限，中国哲学称为'合内外之道'"①。而"这是程颢对于宇宙、人生的理解。他认为，万物本来是一个整体，它们之间有着休戚相关的内部联系。他认为，学道学要首先明白这个道理。但道学并不是一种知识……更重要的是要实在达到这种境界，要真实感觉到自己与物同体。这种境界叫作'仁'，达到这种境界的人叫作'仁人'或'仁者'"②。冯先生所言甚是。这里，程颢系以不仁反显仁，反显仁的生机、生意之贯通义、畅达义，反显仁者的对此贯通、畅达的持久不懈的真挚明觉与关切义。我们不难再进一步地看出，在程颢的理路下，成为天理－仁体化身的仁者，以其无上之仁德，将整个大宇宙中一切事物的生机、生意的涵具、彰显与其生命的原发性畅然舒展、展现与实现念念在怀，所谓"满腔子是恻隐之心"（《河南程氏遗书》卷第三），仁爱恻隐到每一人、每一物，期其皆能涵具并彰显出盎然的生机、生意，期其皆得原发性畅然无阻地舒展、展现与实现自我，并进而将天理－仁体对天地万物一本之涵摄，化而为我之基于天理－仁体这一充足价值根基、价值资源的对于天地万物的一本之涵摄，在视天地万物与我内在地一体而非相互外在、结成一无限宏大有机宇宙生存、生命共同体的基础上，识见与境界再进一层，视肉体之我之外与我一本而一体无隔的天地万物，如同肉体之我中的四肢百体，皆为我生命的有机组成部分，则它们的生机、生意问题，生命性自我的舒展、展现与实现问题，自然也就成了我自身的问题，于是，整体大宇宙这一有机生存、生命共同体，也就化而为挺立起我之生命主体性的以我表征的有机大生命体，相应地，肉体之小我，升华为宇宙式大我，而天地万物生机、生意的贯通与畅达，生命性存在的原发性畅然舒展、展现与实现，也就成了此一大我生机、生意之彰显、贯通与畅达，生命之原发性畅然舒展、展现与实现的题中应有之义。达此大我的天地境界的人，令天理－仁体在人身上得到了最高境界的自觉实现与体现，他就是圣人，故言"圣人，仁之至也"；而"圣人即天地也。天地中何物不有？天地岂尝有心拣别善恶？一切涵容覆载，但处之有道尔。若善者亲之，不善者远之，则物不与者多矣，安得为天地？故圣人之志，止欲'老者安之，朋友信之，少者怀之'"。（《河

---

① 冯友兰：《中国哲学史新编》第五册，人民出版社，1982，第112页。
② 冯友兰：《中国哲学史新编》第五册，第111页。

南程氏遗书》卷第二上）所谓"处之有道"，谓天地赋予万物以终极而绝对之善的根基，即天理－仁体，覆之、载之、感之，导其向善；圣人则基于天理－仁体，善待己人物我，珍视一切的内在价值，以先知觉后知、先觉觉后觉的深挚情怀与担当意识，感化、启发他人对内在于自身之中的终极而绝对之善的根基亦即天理－仁体的觉悟，促发内在于他物中的此一根基的显用，而不是无原则、无正大价值理念地听任他人他物任意舒展、展现、实现自我："既为先觉之民，岂可不觉未觉者？及彼之觉，亦非分我之所有以予之，皆彼自有此义理，我但能觉之而已。"（《河南程氏遗书》卷第一）孔子尝言："古之学者为己，今之学者为人。"（《论语·宪问》）所谓"为己"，即为了真正提升自己生命的境界，而不是为了做样子给别人看、得到别人的肯定。成就起大我，显然是对孔子以来儒家为己之学的空前升华。牟宗三先生指出，此意味着"面对既超越而又内在之道德实体而承当下来，以清澈光畅吾人之生命，便是内在地对，此是进德修业之更为内在化与深邃化"[1]。他又说：此"用佛家词语说，是以人表法，以'仁者'之境界表'仁体'之实义。目的本在说仁，惟藉'仁者'之境界以示之耳"[2]。实则此处更可视为仁者、圣人之生命境界与天理－仁体的对显。所谓"欲令如是观仁，可以得仁之体"，即谓令人在使其内在于自己生命中的仁体（天理－仁体）显用而迈向圣人境界的过程中，观照、体认仁体（天理－仁体）本身。

我们认为，先秦时期，孔子所倡发的仁学思想，是继西周初叶以天命转移观念的提出为主要标志的由对皇天上帝、天的绝对敬畏转向对于人的价值的首次发现与肯定之后，在很大程度上冲破了血缘宗法等级制下对于人的尊卑有别的社会角色定位，而于类的意义上，肯定了几乎是每一个体人生的生命内在价值，而不再是单纯以社会角色的视域，看重个体人生的工具价值。非但肯定人之生命的内在价值，而且提倡人们近乎是以主体间性之理念，既善待生命之自我，亦善待他人之生命。孟子更进一步，提出"君子之于物也，爱之而弗仁；于民也，仁之而弗亲。亲亲而仁民，仁民而爱物"（《孟子·尽心上》）之理念，对于物本身的内在价值，而非单纯工具价值，也给予了应有的肯定。程颢的上述思想，显然是对以孔孟为代表的先秦原始儒家仁学思想

---

① 牟宗三：《心体与性体》中册，上海古籍出版社，1999，第 20 页。
② 牟宗三：《心体与性体》中册，第 180 页。

的继承、开拓、丰富、深化与升华，他给予仁以终极宇宙的本体根基、根据，并据此根基与根据，给予天地万物之内在价值以终极的证立，为营造社会人生间的自重互尊、和谐通泰、促成人对物基于肯定其内在价值的善待与天人间的和谐通泰，提供了颇值玩味的生命价值信念与智慧，对于对治当今世界范围内的严峻生态危机，以及人与人之间、民族与民族之间、国家与国家之间、文化与文化之间在处理人类彼此间的相关问题时所发生的价值迷茫与迷失，也颇富启迪意义。

再次，为达成大我之境，对于多数人而言，尚须首先进行一番觉悟自身所涵具的天理－仁体，以诚敬的工夫操存之的努力。此尤其宜成为志于学的士阶层价值自觉的题中应有之义。

程颢说："学者须先识仁。仁者，浑然与物同体。义、礼、知、信皆仁也。识得此理，以诚敬存之而已，不须防检，不须穷索。若心懈则有防，心苟不懈，何防之有？理有未得，故须穷索。存久自明，安待穷索？此道与物无对，大不足以名之，天地之用皆我之用。孟子言'万物皆备于我'，须反身而诚，乃为大乐。若反身未诚，则犹是二物有对，以己合彼，终未有之，又安得乐？"（《河南程氏遗书》卷第二上）学者为学，首先要在大本大原处着眼，而大本大原，就是每个人皆无一例外地完满涵具的作为其所思所为终极价值根据与资源的天理－仁体。义、礼、智、信都是其在回应现实人生、现实生活世界中所遭逢的相关事项时的此一天理－仁体的具体展现、实现形式。觉悟到它之后，以全副诚敬专一的生命向度与工夫操存它就可以了。操存至一定程度，它就会自然而然地彻然朗显。因而，在觉悟、操存的过程中，切忌以鲜明的如同对待仇敌、恶人一样的负面向度检视、防范自我，切忌穷思力索，切忌使自己的生命受到或感到拘迫。换言之，在上述过程中，让生命处在诚敬专一的状态即可，只要使生命保持诚敬专一的唯一向度与状态，就不要进行有意识的刻意追求，一切顺其自然，自然到让生命一直处于无拘迫的舒展状态，久而久之，天理－仁体自会豁然朗显，而生命就会由前一种无拘迫的舒展状态进入到一种全新的根乎正大价值根基的原发性无拘迫舒展、展现与实现状态。进入这一状态，生命与天理－仁体才现实地接通，真正通为一体，透过天理－仁体的豁显与发用，真切了悟天地万物与我的基于此己人物我所同具的天理－仁体之一本的一体无隔，了悟到我的生命就是一个本与天地万物一体无隔的、全方位向其开放的生命，了悟到因此一本的本然的涵摄一切而使得我的与天地万物一体无隔的生命当下即成了涵摄天地万物于其中的所谓"万物皆备于我"的有机大生命。有此了悟，才是一种生命的大彻大悟。获得这种大彻大悟后，孟子所言"万物皆备于我，反身而诚，乐莫大焉"（《孟子·尽心上》）才会由一种"常知"变为一种"真知"："真知与常知异。常见一田夫，曾被虎伤，有人说虎伤人，众莫不惊，独田夫色动异于众。若虎能伤人，虽三尺童子莫不知之，然未尝真知。真知须如田夫乃是。故人知不善而犹为不善，是亦未尝真知。若真知，决不为矣。"（《河南程氏遗书》卷第二上）"真知"，即是一种真切的生命透悟后的知。获此真知，其观物待物的视域与姿态就会发生彻然改观，一切皆内在于我的生命之中，而不再有囿于肉体之小我的己人物我之别，一切不再因与我有隔而相对待，皆为我所不忍、珍视、关爱，一切基于上述一本的生机、生意的贯通、畅达与自我舒展、展现与实现皆为我所关注、促成并为此之达成而由衷喜悦；而此一达成，既是本然涵摄一切而不与物有隔相对的天理-仁体（就其为宇宙间究竟意义上的道而言，天理-仁体又可称为道，所谓"此道与物无对"）发用的结果，也是涵具天理-仁体的天地发用的结果，同样还是属于我之大用-我是基于天理-仁体而涵摄这一切之大我。天地间的这一切，生活世界中的这一切，皆成了我之大用，其乐无上矣！到此境界的生命之乐，才是以天地人物所构成的大我为终极实现之域的究竟意义上的生命至乐。

程颢的上述言论，可谓一种达到相应境界后的"有德之言"，抑或至少是虽未达此境界但已有所见于此境界之约略之所是的"造道之言"："有有德之言，有造道之言，有述事之言。有德者，止言己分事。造道之言，如颜子言孔子，孟子言尧、舜。止是造道之深，所见如是。"（《河南程氏遗书》卷第二上）达乎上述最高境界可谓圣，接近此一境界可谓贤。圣的典范是孔子，贤的典范是颜子（渊），次于颜子的则是孟子。颜子以自己生命的盎然生意或春意与和煦待人接物之恻隐不忍意，典型透显了天理-仁体的前述意涵；孔子更进一层，圆融而不露任何形迹地体现了天理-仁体的全部丰赡意蕴，从而成为它的圆满化身："仲尼，元气也；颜子，春生也；孟子，并秋杀尽见"；"仲尼，天地也；颜子，和风庆云也；孟子，泰山岩岩之气象也"；"仲尼无迹，颜子微有迹，孟子其迹著"。（《河南程氏遗书》卷第五）此段文字，《二程集》中未标明谁语，朱熹《论孟精义纲领》引述此时，则直称"明道先生曰"①，今从之。而体认上述三位圣贤之不同境界与气象，则人究竟应采取何种努力之方向，即不难明确了："孟子才高，学之无可依据。学者当学颜子，入圣人为近，有用力处。"（《河南程氏遗书》卷第二上）据以上识见，复由其学问与人品、人格境界，学者遂断定程颢近乎颜子。典籍有载："朱公掞见明道于汝州，归谓人曰：'某在春风中坐了一月。'"（《宋元学案·明道学案下》）又载："游定夫访龟山，龟山曰：'公适从何来？'定夫曰：'某在春风和气中坐三月而来。'龟山问其所之，乃自明道处来也。"（《宋元学案·明道学案下》）朱光庭字公掞，游酢字定夫，杨时学者称龟山先生，皆为二程弟子。清代史学家全祖望遂称："大程子之学，先儒谓其近于颜子，盖天生之完器。然哉！然哉！"（《宋元学案·明道学案上》）

另外，为达上述大我之境，还须着力做一番定性的工夫。这一工夫，是程颢透过与张载书信往来的方式表达的。

程颢说："所谓定者，动亦定，静亦定，无将迎，无内外。苟以外物为外，牵己而从之，是以己性为有内外也。且以性为随物于外，则当其在外时，何者为在内？是有意于绝外诱，而不知性之无内外也。既以内外为二本，则又乌可遽语定哉？"（《答横渠张子厚先生书》，《河南程氏文集》卷第二）"且以性"，《宋元学案》本"性"字前有"己"字。（《明道学案上》）"将"与"迎"为对，谓送也。不难看出，定性的核心意涵，即是打通内外物我，意识到由天理－仁体而来的我的本然之性，是通极于、涵摄着一切事物的。

最后，做上述两种识仁、定性工夫，无须单纯做，在人生日用中即事即工夫，即事见本体（天理－仁体），即事尽本体－即事而令内在于己的天理－仁体充分显用，方是最为真切可靠之正途。正是在这个意义上，程颢称："'居处恭，执事敬，与人忠'，此是彻上彻下语，圣人元无二语。"（《河南程氏遗书》卷第二上）所引之语，见《论语·子路》。《易传》的《说卦传》有言："昔者圣人之作《易》也，幽赞于神明而生蓍，参天两地而倚数，观变于阴阳而立卦，发挥于刚柔而生爻，和顺于道德而理于义，穷理尽性以至于命。"看来，"穷理尽性以至于命"当是易学天人之学的最高追求。就此，程颢指出："'穷理尽性以至于命'，三事一时并了，元无次序，不可将穷理作知

---

① 朱杰人、严佐之、刘永翔主编《朱子全书》第七册，上海古籍出版社、安徽教育出版社，2002，第15页。

之事。若实穷得理，即性命亦可了。"（《河南程氏遗书》卷第二上）在他的视域中，理即天理－仁体及其下贯于天地人物而所展示为的万殊之理，性即根乎天理－仁体的天地人物的本然之性，命则谓天之所赋而又内在地昭示着涵具、承载、展现、实现此理此性的天地人物之生命。以生命亲历而彻悟、体现、实现此理此性，才是真正的穷理、尽性、至于命，否则将是此理与生命、学问与生命的有隔；易学本是生命的学问，而非单纯知解的学问；易学应当生命化而非单纯知识化！知识化而非生命化的易学，将是丧失掉了其真精神的易学，实则不可再目之为易学矣！正如今天越来越知识化的儒学已远非传统意义上的真正儒学矣！至此，程颢的易学也可画一圆满之句号了。

可见，经程颢的创造性解读，自我不仅仅是基于肉体感性生命之自我的自我，更是，抑或毋宁更应是基于终极大宇宙根基之天理的天地人物无一例外地皆我之的大我。此一大我，才是自我之在的本然、实然与应然。这一解读，为孔子所开创的儒家之价值视域所容许，而令其得到了空前之升华。程颢的新仁学，充分彰显了人乃至物本身终极大宇宙根基支撑下的内在价值。他高标对于此一价值的守护，以及基于此对于人物作为在者之在的深挚善待。以此令儒家的家国天下观获得终极大宇宙视域下的升华，令士人的生命主体承当达到了极致。

西汉儒家的国之兴亡论

张秋升

摘　要： 兴盛衰亡是儒家关注的重要问题之一，其中蕴含着丰富的治国理念。西汉儒家对兴盛衰亡的相关问题进行了多方面的思考，他们认为兴盛衰亡是历史的常态，自古及今，未有不亡之国。他们对天、君、民、道德等因素与国之兴盛衰亡的关系也多有认识和言说，而对"道"与兴盛衰亡的论述，则显现出儒家学派的独特之处。

关键词： 西汉　儒家　兴盛衰亡

作　者： 天津师范大学历史文化学院教授、博士生导师。

儒家学派自诞生之日起，就与政治结下了不解之缘。谈论治国理政、关注国家兴亡，是其学说的主要内容。儒学是一种伦理政治学说，它主张由道德而政治，提出了修身、齐家、治国、平天下的人生进路和政治逻辑，其中治国平天下是其"外王"主张的基本内容。如果说早期儒家所言之"国"主要还指诸侯国的话，那么到了西汉时期，"国"已经与"天下"混用，治国与平天下已经是一回事，当时人们所探讨的国之兴亡，就是王朝或者政权的兴盛衰亡问题。西汉是儒学发展的重要时期，前期逐渐复兴，至汉武帝时期成为官方学说或意识形态。这一时期的儒家，对国家兴亡问题特别关注，留下了大量的国之兴亡论，对于我们今天的治国理政有重要的启发意义。本文将对这一时期的儒家国之兴亡论进行初步的梳理和探讨。

一　兴盛衰亡是历史的常态

无万世之王朝，无长盛之政权，无不亡之帝国，这是历史的常态。早在先秦时期，人们对此已有体察和论说。《尚书·多士》言"殷革夏命"，周初有天命转移的思想，春秋有"社稷无常奉，君臣无常位，自古以然"（《左传·昭公三十二年》）的论断，而孔子这主要是针对国家的兴亡而言；孔子则将西周至春秋时的历史变化概述为礼乐征伐"自天子出""自诸侯出""自大夫出"以及"陪臣执国命"（《论语·季氏》）的衰变过程。

西汉儒家继承了先秦人的兴盛衰亡思想，对此进行了更理性的表述。贾谊说："无常安之国，无恒治之民"，"天下者，非一家之有也"（《新书·修政语下》），指出国家兴盛衰亡的变动是正常的历史现象。董仲舒、刘向认为，虽然君主都想长治久安，但现实的发展并不总是遂人意愿。董仲舒说："夫人君莫不欲安存而恶危亡，然而政乱国危者甚众。"（《汉书·董仲舒传·对策一》）刘向说："臣闻人君莫不欲安，然而常危，莫不欲存，然而常亡。"（《汉书·刘向传》）司马迁的《史记》描写了历史上大量的兴盛衰亡的政权，"变""兴亡""盛衰"等字眼大量出现。刘向还说："王者必通三统，明天命所授者博，非独一姓也……自古及今，未有不亡之国。"（《汉书·刘向传》）成帝时的谷永说："夫去恶夺弱，迁命贤圣，百王之所同也。"并指出上天"不私一姓，明天下乃天下之天下，非一人之天下也。"（《汉书·谷永传》）扬雄讲"物有盛衰兮，况人事之所极"（《太玄赋》，载于《古文苑》卷四），认为"新故更代"（《太玄·玄文》）是历史的普遍现象。

西汉儒家的有关论述，是为国安民治而发，他们所谈论的多是谁家取得了天下，谁家治理了天下，谁家失去了天下，兴、治、乱、亡、盛、衰、安、危是他们在谈论历史时经常使用的字词。同时，他们还对兴盛衰亡变动轨迹及形式进行了思考。盛衰交替论是西汉儒家对王朝运行和变更的一种看法。董仲舒虽讲三统循环，但他认为，三代以来的每一统政权都有兴治期和衰亡期。司马迁将历史描述为盛衰交替、波澜起伏的过程，并不止一次指明历史的变动具有"盛极而衰"的特点。扬雄认为历史"更盛更衰"，尧舜、成周为盛，周末衰，汉兴而盛，汉末衰，大新因而兴起。（《剧秦美新》）他们还认识到，兴盛衰亡的变化呈现出由量变到质变的形式。先秦时期，人们对历史的量变和质变已有一定程度的认识。《易·系辞下》云："善不积不足以成名，恶不积不足以灭身。"《易·坤卦·文言》曰："臣弑其君，子弑其父，非一朝一夕之故，其所由来者渐矣。"西汉儒家大都涉及这一问题，他们常将量变表述为"积""渐""累"等。贾谊对秦兴和秦亡的论述都体现出量变质变的思想。董仲舒则指出，春秋时期"弑君三十六，亡国五十二，细恶不绝之所致也。"（《春秋繁露·王道》）东方朔对汉武帝说得更明了："淫乱之渐，其变为篡。"（《汉书·东方朔传》）司马迁提出了积而变的历史运行论，他将三代和秦的兴起均看作"积""累"的结果。另外，对王朝灭亡的形式，晁错和徐乐提出了"瓦解"和"土崩"的观点：晁错最先将秦的灭亡定性为"瓦解"，他列举秦之种种恶政后说道："上下瓦解，各自为制。"（《汉书·晁错传》）徐乐不同意这一观点，认为秦亡于"土崩"而并非"瓦解"，并对这两种灭亡形式做了比较说明：

> 何谓土崩？秦之末世是也。陈涉无千乘之尊，无尺土之地，身非王公大人名族之后，无乡曲之誉，非有孔、曾、墨子之贤，陶朱、猗顿之富也。然起穷巷，奋棘矜，偏袒大呼，天下从风，此其故何也？由民困而主不恤，下怨而上不知，俗已乱而政不修，此三者陈涉之所以为资也。此之谓土崩。（《汉书·徐乐传》）
>
> 何谓瓦解？吴、楚、齐、赵之兵是也。七国谋为大逆，号皆称万乘之君……而身为禽于中原者，此其何故也？非权轻于匹夫而兵弱于陈涉也，当是之时先帝之德未衰，而安土乐俗之民众，故诸侯无竟外之助。此之谓瓦解。（《汉书·徐乐传》）

"土崩""瓦解"说的提出，标志着人们对灭亡形式思考的深入。

二　天命与兴盛衰亡

董仲舒在对答汉武帝的天人三策时，曾发出这样的疑问："夫古之天下亦今之天下，今之天下亦古之天下，共是天下，古以大治……以古准今，壹何不相逮之远也！安所缪戾而夷弗若是？"（《汉书·董仲舒传·对策三》）这样的问题不止董仲舒一人思考过，西汉儒家对此多有看法。其中，天命与兴亡的关系，仍然是西汉儒家思考的重要政治问题之一。

自周初出现"天命靡常""敬天保民"的思想后，对天意和天命的作用，历春秋战国一直没有完全否定过。虽然孔子说"敬鬼神而远之"，但"畏天命"的思想在孔子那里还是相当牢固的。荀子"天行有常，不为尧存，不为桀亡；应之以治则吉，应之以乱则凶"（《荀子·天论》），主要强调人要顺应自然规律，而且这种天人相分的观念，在儒家甚至整个中国传统思想里，不占主流地位。到了汉代，儒家学者再次强调了天命与王朝兴盛衰亡的关系。

尤其是汉武帝统治时期，天命观念被大大强化。对比文帝和武帝诏举贤良之策，便可明显地看出这一点。文帝的举贤良文学策只是求贤佐治，目的是"上以荐先帝之宗庙，下以兴愚民之休利。"(《汉书·晁错传》) 未言及天人问题，更未将天人关系作为一个问题策问贤良文学。武帝即位之初，就策问贤良文学，目的是使"政事宣昭"，探寻"大道之要、至论之极"和"治乱之端"，但他在第一策中就问道："三代受命，其符安在？灾异之变，何缘而起？""何修何饬而膏露降，百谷登……受天之祐，享鬼神之灵？"在第三策中再次"垂问天人之应"。(《汉书·董仲舒传》) 在元光五年的策问中，他又一次问及"天人之道，何所本始""天命之符，废兴何如"(《汉书·公孙弘传》) 的问题。可见，天人关系问题受到了汉武帝自觉的、高度的重视。最高统治者的重视引导了学术风向，加以董仲舒在对策和著述中大谈天人感应之推动，于是，西汉中后期形成了一股强大的天人感应思潮，波及众多的思想领域，从最高统治者到一般学者，几乎人人谈论符瑞灾异。宣帝不但讲"灾异者，天地之戒"(《汉书·宣帝纪》)，而且因祥瑞更改年号，"神爵""五凤""甘露"等都是天人感应思想的现实反映。元帝"惧于天地之戒"，认为地震、山崩是"天惟降灾，震警朕师"，针对"阴阳错谬，风雨不时"的状况，他下诏"举天下明阴阳灾异者各三人"(《汉书·元帝纪》)。这是君王首次诏举此类人才，反映出君王对阴阳灾异的特殊重视，无疑对天人感应思潮起到了推波助澜的作用。此后的成帝、哀帝都相信天人感应，每有灾变，他们往往下诏罪己。及至王莽"班《符命》"(《汉书·王莽传》)，以符瑞制造受命舆论，更反映了天人感应思想深入人心。

西汉中后期的学者，更是笃信天人感应，班固曾总结道："汉兴，推阴阳言灾异者，孝武时有董仲舒、夏侯始昌，昭、宣则眭孟、夏侯胜；元、成则京房、翼奉、刘向、谷永；哀、平则李寻、田终术。此其纳说时君著名者也。"(《汉书·眭两夏侯京翼李传·赞》) 其中，刘向是西汉后期天意观念的代表，他的《洪范五行传论》是西汉天人感应的百科全书，而谷永"于天官、《京氏易》最密，故善言灾异。"他不止一次地强调天人感应："凡灾异之发，各象过失，以类告人。"灾异是"皇天所以谴告人君过失，犹严父之明诫。畏惧敬改，则祸销福降；忽然简易，则咎罪不除。""失道妄行，逆天暴物……上天震怒，灾异屡降……终不改寤，恶洽变备，不复谴告，更命有德。"(以上均见《汉书·谷永传》）在西汉中后期，不相信天人感应者已寥若晨星。

虽然西汉儒家相信天命，但有一点值得我们注意：他们都不否定人的主观能动性，即使西汉中后期高唱天人感应的学者，对人的力量也给予了深切关注和充分的肯定。

殷人认为，"帝"是至上神，决定自然和社会的万事万物，支配人间的祸福吉凶，但"帝"的决定和支配不以人的行为作前提，因而不可测度和把握，具有神秘不可知性。周人以"天"代替了殷人的"帝"，认为"天"对人间的决定作用以"德"为前提，"皇天无亲，唯德是辅"（《左传》僖公五年引《周书》文），"天"根据人的行为之善恶降下赏罚。他们认为，殷统治者"惟不敬厥德，乃早坠厥命。"（《尚书·诰告》）周之得天下乃因为文王敬德保民："惟乃丕显考文王，克明德慎罚，不敢侮鳏寡，庸庸，祗祗，威威，显民……惟时怙冒闻于上帝，帝休，天乃大命文王殪戎殷，诞受厥命越厥邦厥民。"（《尚书·康诰》）这样，天对人间的支配就成为可知的了，天的赏罚以人的善恶为先决条件。董仲舒所讲的天人感应就是这种被人格意志化为自然与人之间的感应关系，其后的西汉学者顺流而下，所讲的天人关系大多指此。可见，"天"有意志，但"天"的意志不妄发，它依人的行为而定，因而，"天"是可知的、有理性的，人通过自身的行为可控制"天"。天人感应的实质不是取消人的主观能动性，而是肯定人的主观能动性，并以善规约人的行为。所以，董仲舒强调："治乱兴废在于己"（《汉书·董仲舒传·对策一》），刘向则认为，人能"早知盛衰废兴"，"知所去就"（《说苑》卷十七《杂言》第一条），而且，他们都认为，改朝换代的原因是因为君王无道等恶行造成的，其灭亡应由君王自己负责。

三　人与兴盛衰亡

通观西汉儒家对人与兴盛衰亡的认识，可谓形形色色，君、臣、民、道德、仁义、礼、法等均被看成兴亡的原因，但他们大多侧重从两类主体——君和民的角度来说明问题。

陆贾说："世衰道失，非天之所为也，乃君国者有以取之也。"（《新语·明诚》）贾谊指出："人主者，天下安、社稷固不耳。"（《新书·益壤》）认为君王能够"制天下之命"（《新书·淮难》）。贾山指出秦亡原因有三："赋敛

重数，百姓任罢（疲），赭衣半道"，即赋敛刑罚太重；"为阿房之殿""为驰
道于天下""为葬薶之侈""残贼天下，穷困万民，以适其欲"，即劳民伤财、
过于奢侈；"亡辅弼之臣，亡进谏之士"（《汉书·贾山传》），即不能任贤纳
谏，这些都是君王行为方面的原因。董仲舒特别强调君王对历史的支配作用：
"君人者，国之元也，发言动作，万物之枢机，枢机之发，荣辱之端也。"
（《春秋繁露·立元神》）他对汉武帝说："治乱兴废在于己。"（《汉书·董仲
舒传·对策一》）刘向认为："有正春者无乱秋，有正君者无危国。"（《说苑》
卷三《建本》第一条）谷永提出："未有身治正而臣下邪者也"，"未有闺门
治而天下乱者也"，"未有左右正而百官枉者也"，"未有功赏得于前、众贤布
于官而不治者也"，"未有德厚吏良而民畔者也"，"此五者，王事之纲纪，南
面之急务，唯陛下留神"（《汉书·谷永传》）。虽然列举了多种原因，但主要
限定还在君主方面。他还提醒汉成帝："陛下践至尊之祚为天下主，奉帝王之
职以统群生，方内之治乱，在陛下所执。"（《汉书·谷永传》）他们都表达了
一个相同的认识：君王操有支配历史变动的大权，是关诸国家治乱兴亡的
"枢机"。这一认识还从另外一个方面体现出来，即西汉儒家描述或谈论国家
治乱兴亡时，大都有君王这一历史主体相伴出现。贾谊、贾山、晁错论秦亡，
主要从秦始皇和秦二世的行为方面寻找原因。扬雄对历史"更盛更衰"的描
述主要讲秦皇如何行邪政，汉祖怎样发迹，文帝怎样治国，武帝如何平边患，
显示出历史的盛衰变化主要由君王左右的认识。司马迁的《史记》是其父要
求他写一部记载"明主贤君忠臣死义之士"的书，他也自言其书是记载"明
圣盛德""功臣世家贤大夫之业"（《史记·太史公自序》）的著作，在这些伟
人当中，他最注重的还是君王。他以"本纪"来记载君王统领"世家"等其
他四体，并说："二十八宿环北辰，三十辐共一毂，运行无穷，辅拂股肱之臣
配焉，忠信行道，以奉主上。"（《史记·太史公自序》）将君王比作北辰和车
毂，这些都反映出他的君主决定兴亡的思想。

关注君主作用的同时，民与兴亡的关系，也是西汉儒家思考的问题。郦
食其以言天的方式论民，他将天归结为民与食："知天之天者，王事可成，不
知天之天者，王事不可成。王者以民为天，而民以食为天。"（《史记·郦生陆
贾列传》）晁错强调要"顺民之心"（《汉书·食货志》）。董仲舒则认为：
"不爱民之渐乃至于死亡"，如楚灵王、晋厉公就是例子，而周兴的原因是
"爱施兆民"（《汉书·董仲舒传·对策三》）。扬雄也强调："君人者，务在殷

民卓财……使粒食之民，粲也，晏也。"（《法言·至孝》）但他们有一个共同特点，即认识的出发点不是民自身，而是统治者。不是民决定兴亡，而是君王顺民、爱民、利民、富民与否影响历史的变动。司马迁在《史记》中写了不少下层民众，并将陈涉列入"世家"，反映出他对民的重视，但这不是《史记》的主导方面，而且，他没有明确表达出民本观念。只有贾谊从四个方面强调了民对国家治乱兴亡的重要："民无不为本也"，"民无不为命也"，"民无不为功也"，"民无不为力也"（《新书·大政上》），国、君、吏均以民为本、为命、为功、为力，即民是国家的根本、命脉，对国家功绩和贡献极大，是国家的重要力量，国家的安危、存亡、兴坏、胜败等均系于民。他进而指出，这是因为"民者，大族也，民不可不畏也。故夫民者，多力而不可适（敌）"（《新书·大政上》），将民本史观上升到一定的理论高度。但是，贾谊最终未能冲破等级制的樊篱，在君与民的社会地位上，他仍将民视作"地"，而君为"堂"："天子如堂，群臣如陛，众庶如地。"（《新书·阶级》）而且认为民为群氓，需要统治者来教化。

四　道德与兴盛衰亡

讲求德治是儒家的政治方略，德治对治国者而言必须有德，而治理的方式是对被统治者实行教化，教化的内容是仁义礼乐等。孔子曾说："道之以政，齐之以刑，民免而无耻；道之以德，齐之以礼，有耻且格。"（《论语·为政》）又说："君子之德风，小人之德草，草上之风必偃。"（《论语·颜渊》）树立起了儒家的德治思想。后来，孟子讲仁政，荀子讲礼治，都深化和丰富了孔子的德治思想。秦朝实行严刑峻法的统治政策，结果迅速灭亡，为儒学的发展并最终成为官方的统治指导思想提供了历史的根据。陆贾、贾谊都讲仁义，汉武帝接受董仲舒"罢黜百家、独尊儒术"的建议，设立五经博士，建立太学培养统治人才，确立儒学为思想领域的至尊，但汉武帝主要还是以儒学为装饰。汉宣帝主持召开石渠阁会议，讨论五经异同，使儒学的思想统治地位更加牢固。元帝以后，儒学不论在思想领域还是在现实政治的实际操作方面，都已稳固地支配了君、臣、学者的观念和行为。

鉴于秦严刑峻法而亡，陆贾在汉初首次打出道德仁义的旗帜，将道德仁义决定兴亡提升为一条历史规律，贾谊关注仁义对历史的作用，明确指出秦的灭亡在于"仁义不施而攻守之势异也。"(《新书·过秦上》)甚至汉初道家思想的集大成《淮南子》亦言:"仁义者,治之本也"(《淮南子·泰族训》),"国之所以存者,仁义是也"(《淮南子·主术训》)。董仲舒认为君王有道与否决定国家治乱兴亡,而他心目中的道主要是仁、义、礼乐教化,本质上是儒家的德治思想,这实际上是一个问题的两个方面,从行为主体讲,是君王决定历史,从行为准则讲,是道支配历史顺利运行。司马迁将德治与否和历史盛衰相连,在德治和历史兴盛之间建立起了因果联系,并视之为一条历史通则。刘向对周秦之间历史的描述和评判,是以王道即德治为标准的,他还在《说苑》卷五《贵德》篇中,列举大量历史事实,证明有德而兴、失德而亡的道理。扬雄所谈到的社会稳定的原因,无非是礼乐教化和仁义。

当然,在强调道德的同时,西汉儒家都不主张废弃刑法。贾谊将仁义比作人主之芒刃,将法制比作人主之斤斧,认为二者各有用处。董仲舒认为,天意任德不任刑,但阴不可少,刑不可废,并指出:"教,政之本也;狱,政之末也。其事异域,其用一也。"(《春秋繁露·精华》)刘向说:"自古圣王,未有无诛而治者也。"(《汉书·刘向传》)扬雄认为消除社会的动乱在"纲纪"。可见,他们都给刑法保留了治国的一席之地,承认刑法在维系社会稳定中的作用。

最后还有一点值得我们充分关注,那就是在谈论兴盛衰亡时,西汉儒家常常追寻"通则",他们的表述往往有"自古及今""万世不变""百世不易""古今同""古今一"等。这种思想在先秦就已萌芽,其中儒家的表述最为典型。孔子认为,三代礼乐损益,而继周者百世可知,就有变化的历史中有不变者在的意思。荀子指出:"以道观今,古今一也。类不悖,虽久同理。"(《荀子·非相》)指明"道"是古今相同的,他又进一步说:"百王之无变,足以为道贯。一废一起,应之以贯,不乱;不知贯,不知应变。贯之大体未尝亡也。乱生其差,治尽其详。"(《荀子·天论》)说明历史有治有乱,但是"道"始终贯穿如一,应之而治,弃之而乱,百王莫不如此。《礼记·大传》则从另一方面强调了历史的不变:"立权度量,考文章,改正朔,易服色,殊徽号,异器械,别衣服,此其所得与民变革者也。其不可变革者,则有矣,亲亲也,尊尊也,长长也,男女有别,此其不可得与民变革者也。"强调伦理关系是不可变革的。

进入西汉,陆贾首次将道德仁义提升为千古不变的法则,认为它们是

"万世不易法，古今同纪纲"（《新语·术事》），可以使"万世不乱"（《新语·道基》）。贾谊则从王朝更迭的实际中总结出"自古至于今，与民为仇者，有迟有速，而民必胜之"（《新书·大政上》）的道理。董仲舒的表述最为鲜明，他认为"天不变道亦不变"（《汉书·董仲舒传·对策三》），道的功能特点是反复有效："夫道者，人之所由，乐而不乱，复而不厌者也。"（《春秋繁露·天道施》）。"道者，万世无弊，弊者道之失也。"（《汉书·董仲舒传·对策三》）董仲舒所说的道就是经他改造的儒家思想，其中，他尤其推重《春秋》大一统，认为"《春秋》大一统者，天地之常经，古今之通谊也。"（《汉书·董仲舒传·对策三》）。道与兴亡的关系是：政权在更换，新王在改制，但有"改制之名，无易道之实"（《春秋繁露·楚庄王》），道是不变的。随着儒家在思想领域统治地位的确立，西汉中后期的学者大多将儒家思想绝对化。《盐铁论》中，文学说："师旷之调五音，不失宫商；圣人之治世，不离仁义，故有改制之名，无易道之实。上自黄帝，下至三王，莫不明德教，谨庠序，崇仁义，立教化，此百世不易之道也。"（《盐铁论·尊道》）这实际上是董仲舒思想的翻版。成帝时，匡衡将《六经》推崇为"圣人所以统天地之心……永永不易之道也。"（《汉书·匡衡传》）刘向虽未明言儒家思想是千古不变的，但从他对儒家思想的崇拜来看，显然流露出儒家之道是永远不可变更的意味。

由以上所言之"道"可见，西汉儒家对"道"的强调，实际上是对儒家思想的强调，是对以儒治国的论证，充分体现了西汉儒家谈论兴盛衰亡的学派特色。

《西铭》现代诠释的三个面向

许 宁

摘 要：本文以冯友兰、张岱年、蒙培元为例，初步探讨了《西铭》现代诠释中所包含的三个面向：其一，冯友兰所展开的精神境界面向指涉个体生命对宇宙人生的觉解和意义，并从其境界说诠释了《西铭》的天地境界内涵；其二，张岱年所展开的人道主义面向突出了社会生活中的人际关系，分析了古代人道主义的博爱、平等、生死等观念，提倡建构唯物、理想、解析综合于一的新哲学体系；其三，蒙培元所展开的生态伦理面向则彰显了人与自然的关系，认为中国哲学基于价值理性在人与自然之间搭建起伦理关系，因而是一种深层生态学。作为哲学家的个性化研究可能带有一定的偶然性，但从哲学史的发展进程看，《西铭》文本的时代诠释却带有逻辑上的必然性，对于张载哲学思想的深度解读无疑具有重要的启示意义。

关键词：《西铭》 精神境界 人道主义 生态伦理

作 者：陕西师范大学哲学系教授、博士生导师。

《西铭》是张载所撰的一篇重要哲学文献，亦称《订顽》①，文约义丰，言近旨远，受到二程、朱子等理学家的高度肯定和一致推崇，作为代表性的理学经典产生了深远的历史影响。在现当代哲学史中，《西铭》也备受关注，被视为理解张载哲学思想的关键所在。本文以冯友兰、张岱年、蒙培元为例，力求揭示《西铭》现代诠释中所包含的三个面向，就张载哲学思想的时代阐释作具体的个案分析。

---

① 张载在眉县横渠讲学时撰写二铭，书于学堂双牖，系为启发学者，是铭悬于西面，故名《西铭》，以张贴方位命名。张载自述《订顽》之作，为教授学者而言，左书"砭愚"，意为规劝愚昧；右书"订顽"，意为订正顽钝，以讲学宗旨命名。该铭被编入《正蒙》第十七篇《乾称》之首，是篇篇名出自首句"乾称父坤称母"，以文献篇目命名。

一　冯友兰：精神境界的面向

　　冯友兰先生肯定《西铭》是一部具有纲领性的道学著作。他指出《西铭》首句"乾称父，坤称母，予兹藐焉，乃混然中处"，明确了人在宇宙中的地位，认为宇宙好比一个大家庭，乾坤是其中的父母，人好比其中的儿女，作为这个大家庭的成员，人应该担负一个成员的责任和义务。从这个前提出发，就可推出"民吾同胞，物吾与也"。

　　针对将张载哲学体系定性为唯心主义的观点，冯友兰有不同的认识。他提出："因为《西铭》的头一段不是一种本体论的论断，而是人对于宇宙的一种态度，它所说的不是关于宇宙构成的一种理论，而是人的一种精神境界。"[①]因而"乾父坤母"就不是宇宙本体论的讲法，而是人生境界论的讲法。他着重指出《西铭》所讲的是一种精神境界，"它只要求在不足百年的有生之年，人尽其作为宇宙的成员和社会成员所应负的责任和义务。责任和义务虽有两重，但人并不需要做两种事。事虽是一种，但意义可有两重。"[②]

　　在冯友兰看来，所谓的"境界"即是人对宇宙人生的觉解，随觉解程度的浅深，意义有不同，境界有高低。"人对于宇宙人生在某种程度上所有底觉解，因此，宇宙人生对于人所有底某种不同底意义，即构成人所有底某种境界。"[③]尽管没有两个人的境界是完全相同的，但从普遍和共同的层面可以大致区分为由低到高的四重境界，即自然境界、功利境界、道德境界和天地境界。

　　其一，自然境界。"自然境界的特征是：在此种境界中底人，其行为是顺才或顺习底。"[④]自然境界中的人对于其行为的性质，并没有清楚的了解，不明白其确切的意义。他的境界，似乎是一个混沌，随顺个人习惯和日常习俗，日出而作，日落而息，知其然而不知其所以然，表面上若有所知，实际上不著不察。

---

①　冯友兰：《中国哲学史新编》（第五册），《三松堂全集》（第十卷），河南人民出版社，2001，第131页。
②　冯友兰：《中国哲学史新编》（第五册），《三松堂全集》（第十卷），第132页。
③　冯友兰：《新原人》，《三松堂全集》（第四卷），第496页。
④　冯友兰：《新原人》，《三松堂全集》（第四卷），第498页。

其二，功利境界。"功利境界的特征是：在此种境界中底人，其行为是'为利'底。"① 所谓"为利"，是为他自己的利。功利境界中的人自觉到其行为的性质，清楚觉解到其行为的意义。或增长财富，或博取名誉，其行为的效果可能会有利于他人和社会，但其行为的动机是求取自己的利益，此重境界比自然境界高。

其三，道德境界。"道德境界的特征是：在此种境界中底人，其行为是'行义'底。"② 儒家向来强调义利之辨，重义轻利，体现了道德境界的特征。道德境界和功利境界看起来有相似性，都表现为"求"的行为，而其目的和对象有着根本的分判。求取一己私利的行为，是为利的行为，以"占有"（"取"）为目的，因而是功利境界；求社会公利的行为，是行义的行为，以"贡献"（"与"）为目的，因而是道德境界。在功利境界中，人即于"与"时，其目的亦是在"取"；在道德境界中，人即于"取"时，其目的亦在于"与"。此重境界又比功利境界高。

其四，天地境界。"天地境界的特征是：在此种境界中底人，其行为是'事天'底。"③ 在此种境界中的人，对宇宙人生有完全彻底的觉解，既知性，又知天；既尽己，又尽物。他深刻体悟到人不但是社会总体的一部分，而且是宇宙总体（大全）的一部分。不但对于社会，人应有贡献；即对于宇宙，人亦应有贡献。至此种境界，人的觉解已发展至最高的程度。在此种境界中的人，谓之圣人。

冯友兰指出，张载的《东铭》《西铭》所彰显的精神境界是不同的，《东铭》至多是讲到道德境界，尚是传统儒学的说法；而《西铭》则体现了张载对于宇宙人生最高的觉解，达到了天地境界，突破了传统旧说，具有极高的思想价值。"此二铭，在横渠心目中，或似有同等底地位，然西铭所说，是在天地境界中底人的话。……东铭说戏言戏动之无益，其所说至高亦不过是在道德境界中底人的话。"④ 冯友兰进一步从文法上进行了具体分疏。他指出《西铭》中关键性的字眼其实是两个代名词"吾"和"其"。"吾"是作为人类之一员的个人；"其"指乾坤、天地。这个前提代表一种对于宇宙的态度。

---

① 冯友兰：《新原人》，《三松堂全集》（第四卷），第499页。
② 冯友兰：《新原人》，《三松堂全集》（第四卷），第499页。
③ 冯友兰：《新原人》，《三松堂全集》（第四卷），第500页。
④ 冯友兰：《新原人》，《三松堂全集》（第四卷），第506页。

从这个态度出发，就可见作为人类一员的"吾"，所做的道德的或不道德的事都与"其"有关，因此就有一种超道德的意义。所谓"超道德的意义"即是超乎道德境界之上，即是天地境界。仁人孝子作为社会成员，尽人职尽人伦，是道德的事；但他又作为宇宙成员，"事天诚身"，所行之事不已于仁孝，尽天职尽天伦，故而又有超道德的意义。在天地境界中的人，对于生死的态度亦是从容淡定的，一方面不有意地不怕死，因有意不怕死对死亡还是心存芥蒂；另一方面，亦不有意地玩视生，既了知死为顺化，又悟解生为顺化，在人生中做人应当做的事，"所以在天地境界中底人所做底事，亦正是在道德境界中底人所做底事。对于做这些事，他亦是'存，吾顺事；没，吾宁也'"①。

冯友兰充分肯定和高度表彰《西铭》的历史地位："此篇的真正底好处，在其从事天的观点，以看道德底事。如此看，则道德底事，又有一种超道德底意义。由此方面说，就儒家说，这篇确是孟子以后底第一篇文章。因为孟子以后，汉唐儒家底人，未有讲到天地境界底。"② 从宇宙和大全的角度看，人的行为都是事天的行为。在天地境界中的人不但觉解其是大全的一部分，而且自同于大全。从收摄言，"万物皆备于我"；从扩充言，"浑然与物同体"，"塞于天地之间"。天地境界在这两个方面都臻于极高明之境，谓之"合内外之道"。"横渠《西铭》说：'天地之塞吾其体，天地之帅吾其性。'亦是就此二方面说。"③

冯友兰对《西铭》精神境界面向的揭示恰恰体现了他对于中国哲学殊相的体认与自觉，也即在西方哲学的观照下，如何省思和确证中国哲学的思想特色和精神旨趣。"境界"范畴在形上之维的展开，可以对传统哲学以境界为旨归的理论特质作深度的解读与揭橥。以冯友兰为代表的现代新儒家纷纷以"境界"为核心范畴建构哲学理论体系，可以视之为儒学现代转型的基本路向之一。

宋志明对此指出："在冯友兰新理学思想体系中，境界说乃是重要组成部分，新儒学思想特色也最为鲜明。冯友兰把人生意义建立在对大全的哲学信仰之上，找到一种在现代语境中弘扬儒学的方式。……现代人效法圣人，就

---

① 冯友兰：《新原人》，《三松堂全集》（第四卷），第 627 页。
② 冯友兰：《新原人》，《三松堂全集》（第四卷），第 566 页。
③ 冯友兰：《新原人》，《三松堂全集》（第四卷），第 573 页。

可以建立高尚的意义世界，找到人生价值安顿之所，不必求助于任何宗教。冯友兰把儒学诠释为一种内在超越的精神生活方式，力求将其应用于现代社会生活，解决现代人价值迷失的问题，重新明确人生的意义及其归宿。"[①]

二　张岱年：人道主义的面向

张岱年先生对"万物一体"的精神境界持怀疑的态度，斥之为"神秘主义"。他评价张载所讲的"'民吾同胞'，所以应该爱人。'物吾与也'，所以也应该爱物。于是有大心体物之说……养成广大的心胸，以全世界为大我。这样他走向了'万物一体'的神秘主义"[②]。他进一步指出："与万物为一体的神秘境界，实并未有了不得的价值。人生的理想应是人的实生活之趋于圆满，应是生活与世界之客观地改变，不应是内在的经验上的改变。"[③]

人生理想，古代称为人道。张岱年在《中国哲学大纲》中特意说明第二部分之第三篇旧版题为"人生至道论"，后改为"人生理想论"。他指出中国哲学之中心部分是人生论，人生论之中心部分是人生理想论。人生理想论即是关于人生最高准则的理论。

张岱年认为张载"民胞物与"思想为中国近古时代人道主义思想确立了理论基础。他指出："横渠《西铭》提出'民吾同胞，物吾与也'的名言，以人民为同胞兄弟，以万物为人类的同伴侪辈。……横渠'民吾同胞'正是孔门思想的发展。《西铭》又云：'凡天下疲癃残疾惸独鳏寡，皆吾兄弟之颠连而无告者也。'这更表述了'民吾同胞'的深切含义。所有人民，健康的、残疾的、孤苦的，都是兄弟，都应予以爱助。这可以称为古代的人道主义。我们现在宣扬社会主义的人道主义，对于古代人道主义应予以历史的地位。"[④]

正是基于古代人道主义的定性，张岱年对张载学说持深厚的同情，认为不应一概抹杀其思想价值。他指出，在北宋理学家中，第一个提出宏大崇伟

① 宋志明：《从"照着讲"到"接着讲"——论冯友兰讲儒学的新思路》，《社会科学战线》2015 年第 2 期。
② 张岱年：《张横渠的哲学》，《张岱年全集》（第五卷），河北人民出版社，1996，第 40 页。
③ 张岱年：《辟"万物一体"》，《张岱年全集》（第一卷），第 82 页。
④ 张岱年：《张载哲学的理论贡献》，《宝鸡师院学报》（哲社版）1991 年第 4 期。

的人生理想的就是张载。张载在宇宙论和人性论的基础上建立其人生理想论。"人生之最高原则，即是泛爱所有之人，兼体所有之物，以达到天人内外合一无二之境界。"①

首先，古代人道主义的内容之一是博爱。《西铭》首先肯定人是天地所生成的，以比喻讲人生之道。以父喻天，以母喻地，以同胞兄弟喻人与人，以同类喻人与物之关系。张岱年指出，张载实际上提出了古代人道主义的基本原则："性者万物之一源，非有我之得私也。惟大人为能尽其道。是故立必俱立．知必周知，爱必兼爱，成不独成。"（《正蒙·诚明》）也就是说，大人就是能尽人道的人。立必"立已"而且"立人"，知必"周万物而知"，爱必爱己且兼爱别人，成必"成己"而且"成物"。②

其次，平等也是人道主义的题中应有之义。《西铭》还认为人人都是天地之子，君主是宗子即一切人的长兄。张岱年强调这种思想看起来平淡无奇，但和以前对于君主的观念比较起来，便显出其特异之处。在以前，唯有君主被认为天之子，同时被认为民之父母。人民是不配作为天之子的，君主与人民不是平辈的兄弟关系。把人民都看成天之子，把君主看成人民的长兄。这是对于传统观念的修改，因而是传统君民观念的重大进步。③

再次，生死是人道主义需要解决的难题。《西铭》说"存吾顺事，没吾宁也"，意为在活着的时候应积极有所作为，这样生命终结时无所恐惧，而以死为安息。张岱年认为这表明了宋明理学对于生死问题的基本观点，体现了儒家重视现实生活，不肯定灵魂不灭，否认所谓来世幸福的宗教信仰的基本特点，仍然贯穿了以"仁"为核心的人道主义的主题。

在张岱年看来，孔子所讲的"仁"是一个崇高而切实的人生理想原则，既在历史上产生了重要影响，在今天亦有其时代价值。"仁"的观念蕴含着人的自觉。所谓"己欲立""己欲达"就是肯定个人的主体意识；所谓"而立人""而达人"就是承认别人的主体意识。"仁"要求人我兼顾，彼此互助，这应是人际关系的一个根本原则。由此他指出，中国传统文化有一个显著的特点，就是以"人"为中心，这是儒家的特点。因为儒学在中国文化中居于主导地位，所以也成为传统文化的特点。可能受 20 世纪 80 年代人道主义讨

---

① 张岱年：《中国哲学大纲》，《张岱年全集》（第二卷），第 367 页。
② 张岱年：《张横渠的哲学》，《张岱年全集》（第五卷），第 40 页。
③ 张岱年：《张横渠的哲学》，《张岱年全集》（第五卷），第 43～44 页。

论的影响，张岱年比较了中西人道主义的不同。学界一般认为西方近代的人道主义指的是欧洲文艺复兴时期新兴资产阶级反对封建制度、否定宗教神学的一种思想文化运动，意味着主体性的觉醒，通常与阶级属性和意识形态相联系，在历史上曾经起过一定的进步作用。张岱年设问道：那么，人道主义是否仅有资产阶级人道主义与社会主义人道主义两种呢？他的回答是未必然。张岱年对人道主义作了宽泛化的理解和诠释，指出儒学向来以人为本位，以人为出发点，从人的问题出发，又以人的问题为归宿，主张维护人的尊严，重视人的价值，因而儒家思想是人本主义，是古代的人道主义。① 他明确指出孔子的仁，墨子的兼爱，韩愈的博爱，张载的民胞物与，以及其他的仁爱学说，承认人人有独立的人格，提倡普遍的人类之爱，因而可以称为古代人道主义，可能未必革命，但并不反动。②

他还指出，与西方重视个体生命不同，古代人道主义更强调群体生活，人道即是"人我和谐之道"，所以不应追求"与天为一"的神秘玄思，而是努力实践"与群为一"的生活理想，"必须能与群为一，然后一个人的人格，才可以说达到了圆满。在谋社会大众之整个的好生活之努力中，个人即获得了人格之最大扩展"③。通过这样的界定，儒学的思想价值，换言之，儒家哲学中"死的"和"活的"可以获得新的贞定和评价，从而作为一种思想文化资源为发展社会主义人道主义提供参照和借鉴作用。

归根结底，"中国哲学的最大贡献，在于生活准则论即人生理想论，而人生理想论之最大贡献是人我和谐之道之宣示"④。张岱年提出未来的新哲学不只是从西洋的最新潮流引介而来，更须是从中国本来的传统中生出的，因此"今后哲学之一个新路，当是将唯物、理想、解析，综合于一"⑤，在马克思主义唯物论基础上吸收中国哲学的"仁"（人道主义）和西方哲学"逻辑解析"，在内容上将现代唯物主义哲学和古代人道主义传统结合起来，在方法上将唯物辩证法和逻辑解析法结合起来，视之为未来新综合哲学的建构方向，诚属别具慧眼的真知灼见。

---

① 张岱年：《中国传统文化的形成演变及其发展规律》，《张岱年全集》（第六卷），第 353 页。
② 张岱年：《仁爱学说评析》，《孔子研究》1986 年第 2 期。
③ 张岱年：《生活理想之四原则》，《张岱年全集》（第一卷），第 284 页。
④ 张岱年：《中国哲学大纲》，《张岱年全集》（第二卷），第 616 页。
⑤ 张岱年：《哲学上一个可能的综合》，《张岱年全集》（第一卷），第 262 页。

三　蒙培元：生态伦理的面向

张岱年注意到了"物吾与也"命题所蕴含的生态思想的面向①，遗憾的是，张先生并未详细阐释这一观点。冯友兰、张岱年的学生蒙培元先生深刻揭示了《西铭》中所蕴含的生态伦理的面向，是当下新拓展的时代课题。

生态问题是一个随着工业革命和环境危机才出现的现代性问题，还是自从人类进入文明社会以后就面临的问题呢？蒙培元认为是后者。他指出只要存在人与自然关系的问题，"如何解决人与自然的关系，其中就有生态问题，或者说得更明白一点，人与自然关系问题本身就是生态问题"②。

蒙培元强调："张载直接从性命之学讲天人关系，而不是一般地讲所谓宇宙本体论哲学，而张载所说的性命之学本质上是一种德性学说。张载的德性之学不是建立在宗教神学之上的，也不是建立在纯粹自然主义之上的，而是建立在自然界的内在价值之上的。"③ 所谓自然界的内在价值是什么意思呢？质言之，自然界本身不仅是有价值的，而且有其内生性的价值。自然界的价值不是由人赋予的，也不是由超自然的绝对实体上帝赋予的，更不是由于人的需要才存在或被创造出来的，而是"本天之自然"的内在价值。人应当明白，"己亦是一物"，人与万物之"不齐"，不在于人能够主宰自然界，能够为自然界"立法"，而是能够实现"天德"，完成"天地之性"，即实现自然界的价值。

蒙培元具体解释道，乾坤就是天地自然界，只是更强调其作用、功能意义。而人则处于天地的中间，就如同幼小的孩子。"混然中处"则说明人与天地自然界是不可分的，同处于一个无限的生命整体之中。"天地之塞"显然是指气而言的，"塞"是充塞之义，又有空间意义，充塞于天地之间的是物质性的气，气之凝结便成人成物，这是指形体而言的。这里所说的"体"，是指形体。"天地之帅"则是指天德即性而言的，天地之性便是天地万物的统帅，此

---

① 例如他指出人类与草木鸟兽共同生存于地球之上，如果不加选择地消灭了所有草木鸟兽，那么人类也就将灭绝了。现在人们多已认识到保持生态平衡的重要性了。参见张岱年《张载哲学的理论贡献》，《宝鸡师院学报》（哲社版）1991年第4期。

② 蒙培元：《人与自然——中国哲学生态观》，人民出版社，2004，第1页。

③ 蒙培元：《张载天人合一说的生态意义》，《人文杂志》2002年第5期。

所谓统帅，是指生命价值而言的。以天德为吾人之性，就说明天地自然界是吾人的价值之源。无论从吾人之形体生命还是从吾人之内在价值而言，都是由天地自然界赋予的。正是在本体宇宙论意义上，可以说天地是吾人之父母。①

一方面，自然界是人的价值之源；另一方面，人又是自然界"内在价值"的实现者，即自然界有待于人实现其价值。人与自然界构成哲学层面上的双向互动关系。因此，"在'生命相通'的意义上，人与万物是平等的。因为人与万物都是自然界的儿女，人民是我的同胞兄弟，而万物是我的朋友伴侣（'民胞物与'）。"②扩展伦理关怀的范围是生态伦理的重要特征。蒙培元指出，从孔子开始儒家就形成了敬畏天命的思想，而张载则将其发展为乾父坤母学说，赋予了更浓厚的生命情感的意味，使得人类对于大自然犹如对待父母那样持一种亲近而敬畏之情。"这种亲近关系没有任何工具性的考虑与打算，它不是人类中心论的。这是一种真正意义上的生命关怀。"③

蒙培元反思，西方哲学提倡科学理性（认识理性），而中国哲学提倡情感理性，构成了中西哲学的一个重要区别。所谓科学理性，是以科学认识与方法为特征的理性，"求真"是它的根本精神，知识具有最高价值。但是，进入现代社会以后，这种科学理性精神已经工具化了，蜕变为以满足人的欲望为目的的工具理性。中国哲学所说的情感，是指人类共同的、具有道德意义的情感。情感理性是一种价值理性，因为价值正是由情感需要决定的。只有承认人类有共同的情感，才能建立起来共同的或普遍的价值理性。④

更为重要的是，情感理性不仅在人与人之间建立起普遍的伦理关系，而且在人与自然之间搭建起伦理关系，自然界成为人类伦理面对的重要对象，人类对自然界有伦理义务和责任。张载提出"天地之礼"的概念，将原本处理人与人之间关系的"礼"转而在人与天地之间搭建起伦理关系，"'礼即天

---

① 蒙培元：《人与自然——中国哲学生态观》，第269页。利奥波德在《沙乡年鉴》中提出"大地伦理（Land Ethic）"的概念，把维护生命共同体的完整、稳定和美丽作为最高伦理原则，我们也可以说中国古代哲学是"天地伦理"，以"与天地合其德"为最高伦理原则。

② 蒙培元：《人与自然——中国哲学生态观》，第10页。

③ 蒙培元：《人与自然——中国哲学生态观》，第281页。杜维明亦认为在《西铭》中，"作为一个个体的人，张载把自己与作为整体的宇宙联系起来，这种亲近意识反映了他深刻的道德生态学的意识"。（杜维明：《存有的连续性：中国人的自然观》，《世界哲学》2004年第1期。）

④ 蒙培元：《人与自然——中国哲学生态观》，第13页。

地之德'，所以对待自然万物也要'以礼性之'（《正蒙·至当》），那么维护'天地之礼'，当然就是履行天地的仁德，实现自然界的价值"①。

儒家为什么要提倡"仁民而爱物"（孟子语）、"民吾同胞物吾与"（张载语）呢？因为在"生"即生命的意义上，人与物都是值得尊重的。"仁民"是仁的发用，"爱物"也是仁的发用，差异性并不妨碍仁的普遍性。这里所说的普遍性，显然已经突破了人类的界限，扩大到一切生命之物。"现代的深层生态学，也是从这个意义上承认动植物的生存权利的。这是哲学层面上的生态学。"② 儒家的仁爱不仅仅是为了人类自身的利益，而且是尊重万物自身的价值与生存权利，是目的性的，不是工具性的。所谓"与天地合其德"的主体，不是以认识自然、主宰自然、征服自然为目的的知性主体，而是以实现自然界的内在价值为目的的德性主体。"人之所以为人之性，就在于'体万物'而无所遗，就在于对万物实行仁爱。这种宇宙关怀，实际上是生态哲学最伟大的精神遗产。"③

张世英认为："作为有自我意识的人应该首先以民胞物与的态度对待他人和他物。这不是施舍，而是一种责任感，是一种被要求的自我意识。"④ 现代生态哲学所理解的"自我"是与大自然融为一体的"大我"（Self），而不是狭隘的"自我"（self）或本我（ego）。人只是更大的整体的一部分，而不是与大自然隔膜疏离的、原子式的个体。人的本性不是由自身的本质力量所决定的，而是由人与自然所构成的共同体所决定的。正如克鲁奇所言："我们不仅一定要作为人类共同体中的一员，而且也一定要作为整个共同体中的一员；我们必须意识到，我们不仅与我们的邻居、我们的国人和我们的文明社会具有某种形式的同一性，而且我们也应对自然的人和人为的共同体一道给予尊敬。"⑤

在蒙培元看来，与西方哲学传统相比，中国哲学绝不是离开自然而谈论人文，更不是在人与自然的对立中形成所谓人文传统，恰恰相反，中国哲学

---

① 许宁：《物与之道——张载关学的生态哲学意蕴》，《陕西师范大学学报》（哲社版）2010年第2期。
② 蒙培元：《人与自然——中国哲学生态观》，第416页。
③ 蒙培元：《人与自然——中国哲学生态观》，第284页。
④ 张世英：《人类中心论和民胞物与说》，《江海学刊》2001年第4期。
⑤ 〔美〕唐纳德·沃斯特：《自然的经济体系：生态思想史》，商务印书馆，1999，第389~390页。

是在人与自然的和谐统一中发展出人文精神。中国哲学并不宣布"为自然立法",而是主张"为天地立心"。蒙培元在《西铭》的生态伦理面向中发现了中国哲学的特质,提出了中国哲学是深层生态学的创见。"在人与自然之间有一种内在的统一关系,这是中国哲学'天人合一论'的最核心的内容。一方面,'天地以生物为心';另一方面,'人为天地立心'。这种人与自然之间的互动的双向关系,构成人与自然之间的最基本的价值关系,即互为主体的关系,从而从根本上维持了生态系统的有序化的自然平衡。这就是我所说的'深层生态学'。"[1] 即中国哲学不是科学层面上的生态学,而是哲学、宗教层面上的生态学。由于它具有强烈的人文精神,又可称之为人文主义生态学。

综上所述,冯友兰、张岱年、蒙培元初步探讨了《西铭》现代诠释中所包含的三个面向,其中冯友兰所展开的精神境界面向指涉个体生命对宇宙人生的觉解和意义,并从其境界说诠释了《西铭》的天地境界内涵;张岱年所展开的人道主义面向突出了社会生活中的人际关系,进而分析了古代人道主义的博爱、平等、生死等观念,提倡建构唯物、理想、解析综合于一的新哲学体系;蒙培元所展开的生态伦理面向则彰显了人与自然的关系,认为中国哲学基于价值理性在人与自然之间搭建起伦理关系,因而是一种深层生态学。作为哲学家的个性化研究可能带有一定的偶然性,但从哲学史的发展进程看,《西铭》文本的时代诠释却带有逻辑上的必然性,对于张载哲学思想的深度解读无疑具有重要的启示意义。

---

[1] 蒙培元:《人与自然——中国哲学生态观》,第 420 页。

康有为大同说的人类理想

黄开国

摘　要：康有为的大同说建立在两个基石上，一是人皆有不忍人之心，二是人道以去苦求乐为终极追求。由对世界苦难根源的认识，康有为对历史与现实进行了激烈的批判，而国家、阶级、家族给人类社会带来的苦难是他批判的重点。康有为批判的武器主要是近代从西方传入的天赋人权的平等观。如何破除现实的不平等，通过何种途径来实现大同，是康有为大同说最重要的问题。康有为的大同理想虽然有时代局限，但是，他以平等为追求的大同理想在当时是有进步意义的。

关键词：康有为　大同理想　平等　批判

作　者：四川师范大学经学研究所研究员。

在康有为晚年的大同三世说中，据乱世、升平世都在他的批判之列，都不是康有为的归宿与理想所在，大同世界的实现才是他追求的终极目标。而康有为关于大同理想的设计，集中见于《大同书》。康有为在《大同书》中，用西方天赋人权批判以君主专制为主的各种不平等，构建起了以社会平等为核心内容的近代世界大同理想社会。

一　大同说的两个基石与出发点

康有为的大同学说的目标，是要建立一个没有国家、没有阶级、家庭，破除财产私有制，人人平等尤其是男女平等的人间极乐世界。在他看来，"孔子之太平世，佛之莲花世界，列子之甔甀山，达尔文之乌托邦，实境而非空想焉。"[①]

---

① 康有为：《大同书》乙部，华夏出版社，2002，第69页。

大同的目标不是不能实现的理想，而是完全可以兑现的现实。为此，康有为建立了一个严密的理论体系来论证。

康有为大同说建立在两个基石上，第一个基石是人皆有不忍人之心。人皆有不忍人之心，出自孟子，康有为将其与西方的"以太"、电的观念相附会：

> 不忍人之心，仁也、电也、以太也，人人皆有之，故谓人性皆善。既有此不忍人之心，发之于外既为不忍人之政。……一切仁政皆从不忍人之心生，为万化之海，为一切源。一核而成参天之树，一滴而成大海之水。人道之仁爱，人道之进化，至于太平大同，皆从此出。①

通过将不忍人之心与"以太"、电的观念合而为一，不忍人之心就成了具有西学与近代色彩的哲学观念。② 但康有为并没有以西学来替代、凌驾中学，而是紧扣儒学重道德主体的精神，以仁爱为不忍人之心的第一位与核心。梁启超曾论康有为的政治哲学说：

> 以故三教可以合一，孔子也，佛也，耶稣也，其立教之条目不同，而其以仁为主则一也。以故当博爱，当平等，人类皆同胞，而一国更不必论，而所亲更不必论。故先生之论政论学，皆发于不忍人之心。人人有不忍人之心，则其救国救天下也，欲已而不能自己。如左手有痛痒，右手从而煦之也；不然者，则麻木而已矣，不仁而已矣。其哲学之大本，盖在于是。③

这一仁爱的不忍人之心不仅是康有为哲学的根本观念，也是康有为政治学说的出发点。所以如此，是因为仁爱的不忍人之心在康有为的新经学中，被规定为人的本质，是人与禽兽的最本质区别："山绝气则崩，身绝脉则死，地绝气则散。然则人绝其不忍之爱质乎？人道将灭绝矣。灭绝者，断其文明而还于野蛮，断其野蛮而还于禽兽之本质也夫！"④ 不忍人之心的仁爱得以实

---

① 康有为：《孟子微》卷一，《康有为全集》第 5 集，中国人民大学出版社，2007，第 414 页。
② 关于这方面的详细论述，可参考有关《中国哲学史》的教科书中对康有为自然哲学的相关讨论。
③ 梁启超：《南海康先生传》，张品兴主编《梁启超全集》第 2 卷，北京出版社，1999，第 488 页。
④ 康有为：《大同书》甲部，第 7 页。

现，离不开智，以"不忍者，吸摄之力也，故仁智同藏而智为先，仁智同用而仁为贵矣。"① 康有为所说智，主要是指人的知觉，即人对仁爱的觉悟程度与主观能动性，是人的主观精神活动，他认为觉悟程度、主观能动性在不同的人那里，有大小多少之分，人的仁爱则与之成正比："其觉知少者，其爱心亦少；其觉知大者，其仁心亦大，其爱之无涯与觉之无涯，爱与觉之大小多少为比例焉。"② 康有为这一必仁且智之说，早在西汉时董仲舒就提出来了，但康有为作了引进西学的近代发挥。这一发挥清楚地表明，康有为大同说的基石是以传统儒家为本的，而不是西学。

第二个基石是人道以去苦求乐为终极追求。康有为认为人生不过苦乐而已，人道无非去苦求乐："故夫人道只有宜不宜，不宜者苦也，宜之又宜者乐也。故夫人道者，依人以为道。依人之道，苦乐而已。为人谋者，去苦以求乐而已，无他道矣。"③ 故康有为在初次出版该书的诗序，有"人道只求乐，天心惟有仁"一说。这一去苦求乐乃是出于人性："故普天之下，有生之徒，皆以求乐免苦而已，无他道矣。其有迂其途，假其道，曲折以赴，行苦而不厌者，亦以求乐而已。虽人之性有不同乎，而可断断言之曰，人道无求苦去乐者也。立法创教，令人有乐而无苦，善之善者也；能令人乐多苦少，善而未尽善者也；令人苦多乐少，不善者也。"④ 判定一个法令是否合乎人性，是善还是不善，就看它是否能够给人带来去苦求乐的效果。而去苦求乐的道路，必须靠先知先觉大知大觉的神圣来指引，孔子就是这样的神圣。但由于刘歆、郑玄、朱熹等人对孔子之道的蒙蔽，使中国人两千余年没有人知晓孔子这一指引人们去苦求乐的大同学说，现在终于出现了觉力最多、最大的康有为，能够真正知晓孔子之道，而发不忍人之心，来给全人类指引去苦求乐的道路。康有为的大同说，是以救世主的姿态，打着孔子的旗号，为人类社会的救苦救难来构建的。

以往的历史与现实的世界，是一个充满苦难的人间地狱，是康有为大同说的出发点。他通观各国历史与近代世界的各种苦难，将人类社会的苦难归纳为人生之苦、天灾之苦、人道之苦、人治之苦、人情之苦、人所尊尚之苦

① 康有为：《大同书》甲部，第 7 页。
② 康有为：《大同书》甲部，第 8 页。
③ 康有为：《大同书》甲部，第 9 页。
④ 康有为：《大同书》甲部，第 11 页。

六个方面，在这六个方面下又细分多项，如人生之苦分为投胎之苦、夭折之苦、废疾之苦、蛮野之苦、边地之苦、奴婢之苦、妇女之苦七项，天灾之苦分为水旱饥荒之苦、蝗虫之苦、火焚之苦、水灾之苦、火山地震之苦、屋坏之苦、车船碰撞之苦、疫疠之苦八项。为了说明这些苦难，康有为利用古今中外已经发生的相关历史事件与现实社会存在的相关各种现象，进行了详细的论述，勾画出一幅人间地狱的悲惨世界。康有为讲人类之苦，是将人类以往与现存的一切都作为苦难的表现，甚至于连人们所羡慕与追求的富贵长寿，甚至于神圣仙佛，在康有为看来都不是福，而是苦难。当然，康有为的这一观念与他对世界的发展正处于据乱阶段的认识有密切关系，如他关于神圣仙佛之苦说："故乱世之神圣仙佛，凡百教主，皆苦矣哉而尚未济也。岂若大同之世，太平之道，人人无苦患，不劳神圣仙佛之普度，亦人人皆仙佛神圣，不必复有神圣仙佛。故吾之言大同也，非徒救血肉之凡民，亦以救神圣仙佛舍身救度之苦焉。盖孔子无所用其周流削迹绝粮，耶稣无所用其钉十字架，索格拉底无待下狱，佛无待苦行出家，摩诃末无待其万死征伐，令诸圣皆优游大乐，岂不羡哉！"① 在人类没有进入大同以前，一切富贵长寿、神圣仙佛都不是乐，而只能是一种苦难，其余更不用说。所以，现实社会不过是一个充满苦难的社会。

康有为追溯苦难的原因，一小部分是由自然界的变异，如地震、水灾、瘟疫等造成的，而绝大部分则是由于人类社会的各种法制、法规所人为制定的各种界限所带来。《大同书》认为人类的界限划分主要有国界、级界、种界、形界、家界、业界、乱界、类界、苦界九大界限，而"救苦之道，即在破除九界而已"②。破除九界之道，也就是走向大同之路："遍观世法，舍大同之道而欲救生人之苦，求其大乐，殆无由也。大同之道，至平也，至公也，至仁也，治之至也，虽有善道，无以加此矣。"③ 九界所指虽然不同，但都是人类社会的不平等、不公正现象，康有为的破除九界，其实质就是要破除人类社会的不平等。本着不忍人之心，为着去苦求乐的追求，面对充满苦难的现实世界，康有为构建出了以批判社会不平等为主要内容，以大同极乐世界为理想的大同说。

---

① 康有为：《大同书》甲部，第 68 页。
② 康有为：《大同书》乙部，第 75 页。
③ 康有为：《大同书》甲部，第 12 页。

二　大同说的社会批判

由对世界苦难根源的认识，康有为对历史与现实进行了激烈的批判。康有为的批判，落实在人类社会的九界上，而批评的重点在国家、阶级、家族给人类社会带来的苦难。

批判国家，是康有为批判九界的开篇。人类自从脱离野蛮社会，产生国家以来，国家就对人的社会生活起着最直接与最重要的影响。康有为认识到国家是在家族、部落、邦国基础上发展而来，有其历史必然性："夫自有人民而成家族，积家族吞并而成部落，积部落吞并而成邦国，积邦国吞并而成一统大国。凡此吞小为大，皆由无量战争而来，涂炭无量人民而至，然后成今日大地之国势，此皆数千年来万国已然之事。"① 他也看到了国家在社会中的崇高地位："国者，人民团体之最高级也，自天帝外，其上无有法律制之也"②。但是，康有为更强调的是国家为人类社会最大苦难的根源，"故夫有国者，人道团体之始，必不得已，而于生人之害，未有宏巨硕大若斯之甚者也。愈文明则战祸愈烈。盖古之争杀以刃，一人仅杀一人；今之争杀以火以毒，故师丹数十万人可一夕而全焚。呜呼噫嘻，痛哉惨哉，国界之立也！"③ 所以，他将其列为批判的首位。

国家的职能分为对内与对外两个方面，康有为批判国家给人民带来的灾难，几乎没有国家对内职能方面也就是国家压迫、残害人民的内容，而是将重点放在国家的对外职能上。在国家对外职能的批判上，康有为又集中在指责国与国之间的战争对人民的危害。他说："人人自私其国而攻夺人之国，不至尽夺人之国而不止也。或以大国吞小，或以强国削弱，或连诸大国而已。然因相持之故，累千百年，其战争之祸以毒生民者，合大地数千年计之，遂不可数，不可议。"④ 他列举古今中外国与国之间的战争，历数其对人民带来的灾难，对社会的破坏，深恶痛绝因国家争夺而造成的对人民生命财产的危害，指责国与国之间的战争是人们苦难的最大也是最重要的根源，揭露国家

---

① 康有为：《大同书》乙部，第73页。
② 康有为：《大同书》乙部，第92页。
③ 康有为：《大同书》乙部，第87页。
④ 康有为：《大同书》乙部，第74页。

是历史上对人类社会摧残最大、对人性残毒最深的工具，这方面的内容构成康有为批判国家的主要内容。

批判阶级之分，是康有为社会批评的另一重要内容。从康有为所批判阶级的论述看，他所谓阶级是指社会中不平等的尊卑贵贱界限划分，他说："人类之苦不平等者，莫若无端立级哉！……夫不平之法，不独反于天之公理，实有害于人之发达。"① 人与人之间本来是天生平等的，尊卑贵贱的等级之别是违反公理的，是人类苦难的最大根源，有害于人类的进化发展。他举印度与美国为相反的例证说：

> 且以事势言之，凡多为阶级而人类不平等者，人必愚而苦，国必弱而亡，印度是矣；凡扫尽阶级而人类平等者，人必智而乐，国必盛而治，如美国是也。其他人民、国势之愚智、苦乐、强弱、盛衰，皆视其人民平等不平等之多少分数为之，平之为义大矣哉！故孔子之于天下，不言治而言平，而于《春秋》三世进化，特以升平、太平言之也。②

印度国家的贫弱，人民的困苦，根源于阶级划分太多，美国之所以成为世界最强大的国家，人民聪慧愉快，就在于没有阶级之分。不破除阶级的分别，人类就永远无法实现去苦求乐的理想："阶级之制，与平世之义至相碍者也。万义之戾，无有阶级为害之甚者，阶级之制不尽涤荡而汜除之，是下级人之苦恼无穷而人道终无由至极乐也。"③ 尊卑贵贱等级之别的阶级划分，与社会的发展成反比："大抵愈野蛮则阶级愈多，愈文明则阶级愈少，此其比例也。"④ 康有为通过古今中西的历史与现实观察，将阶级之分分为三大类："其大类有三：一曰贱族，二曰奴隶，三曰妇女。"⑤ 康有为批判阶级的危害，重点在贱族与对妇女的歧视。

《大同书》所谓贱族是指在等级制度下，居于社会被统治阶层的人民群众。中国从古代奴隶制到近代社会，都是等级制的社会，一直存在没有政治地位、经济地位的所谓贱族阶层，但康有为从迷信孔子的立场出发，认定贱

---

① 康有为：《大同书》丙部，第134页。
② 康有为：《大同书》丙部，第136页。
③ 康有为：《大同书》甲部，第59页。
④ 康有为：《大同书》甲部，第59页。
⑤ 康有为：《大同书》丙部，第134页。

族只存在春秋及其以前通行的世卿世禄制度中，中国包括贱族在内的阶级经孔子著《春秋》，就已经被扫除干净了。出于这样的误解，康有为在批评阶级的危害时，常常对中国自孔子之后存在的阶级之分，皆视而不见。

批评男女的等级不平等，是康有为批判阶级的重中之重。他认为，人类社会最大的不公、不平就是数千年来形成的对妇女的歧视，这也是人类最无人道的不平等，"斯尤无道之至甚者矣"①！他从妇女不得仕宦、不得科举、不得充议员、不得为公民、不得预公事、不得为学者六个方面，列举古今中外的人物与事实，对妇女在社会中受到的歧视迫害，进行了详细的揭露与指责，哀叹："极无量数之女子，其中才贤若敬姜、辛宪英、罗兰、苏菲亚之流何啻亿万，而未尝充一末秩"②；"以孝而论，孰若救父之缇萦；以廉而论，孰若挥金之柳氏母；以秀才而论，孰若邓后、班昭、谢道蕴；以贤良有道而论，仪法孰若钟、郝；以进士而论，诗词孰若李易安；以明经而论，经学孰若宋若荀"③，但她们因为是妇女的身份，尽管他们有比男人更高的德行、智慧、学问，不仅得不到社会应有的认可，反而受到歧视。

在批判妇女的悲惨遭遇时，康有为特别痛斥"夫为妻纲"：

> 其与男子之胖合也，则曰"适"，曰"归"，曰"嫁"，创其义曰"夫为妻纲"，女子乃至以一身从之，名其义曰"出嫁从夫"，以为至德，失自立之人权，悖平等之公理甚矣！今美国号称平等，而女子从夫之俗如故。一嫁则永归夫家，惟夫所之焉，夫贵则从而贵，夫贱则从而贱，盖为官为长皆无妇人，故不得不从男子也，谚所谓"嫁鸡从鸡，嫁狗从狗"焉。④

"夫为妻纲"是中国古代社会的政治制度，包括美国在内的西方社会，确有出嫁之后改从夫之姓的现象，但这不过是西方社会的习俗，二者的含义是不同的。康有为混为一谈，是不正确的，但从康有为的这一批判中可见，他批判男女不平等是以中国君主专制制度下的夫为妻纲为标的的，而批判的对象不限于中国，连被他视为最先进的美国也在其中，是对全世界歧视妇女的批判。

---

① 康有为：《大同书》戊部，第153页。
② 康有为：《大同书》丙部，第155页。
③ 康有为：《大同书》丙部，第156页。
④ 康有为：《大同书》戊部，第161页。

　　康有为批判家族，与对阶级的批判不同，他是在肯定家族对社会发展具有一定作用的基础上来批判家族的。康有为认为，家族的出现本于人的天性，在有血缘关系的父母、子女、兄弟之间，存在一种互爱的天性，禽兽也存在这一天性，但因禽兽没有人的知识，"不能推广其爱力以为固结"，人却因爱力强大，"故人能由父子、兄弟而推立宗族，禽兽久且并母子而不识之。人因爱家族而推爱及国种，故愈强愈大；禽兽并父母兄弟而不识，故愈独愈弱。人禽之强弱在此也。其推爱力愈广，其固结愈远。由此推之，故合群愈大，孳种愈繁者，其知识最大者也；其推爱力不甚广，固结不甚远，则合群不甚大，孳种不甚繁者，其知识不大者也。"① 在历史发展中家族为人类相保、人类强盛的良法，中国因其特殊的历史发展，而在世界各国中家族制度最为完备发达，这是形成中国人口众多、种族发达的根源所在：

　　　　盖大地族制之来至远，而至文、至备、至久且大，莫如吾中国矣，故中国人数四五万万，倍于欧洲，冠于万国，得大地人数三分之一，皆由夫妇、父子族制来也。②

　　在承认家族在据乱世必不可少，而且为中国的历史发展做出了贡献的同时，康有为更多的是对家族制的危害做出评判，为此他专门立论，阐发"因族制而生分疏之害""立家之益即因立家而有害""有家则有私以害性害种"等说。

　　在批判家族制时，康有为重点揭露了家族制的爱，不过是一种极其有害的同姓亲爱的狭隘之爱：

　　　　有所偏亲者即有所不亲，有所偏爱者即有所不爱。中国人以族姓之固结，故同姓则亲之，异姓则疏之；同姓则相收，异姓则不恤。于是两姓相斗，两姓相仇，习于一统之旧，则不知有国而惟知有姓，乃至群徙数万里之外若美国者，而分姓不相恤而相殴杀者比比也。盖于一国之中分万姓则如万国，即有富且仁者捐祖尝、义田、义庄以恤贫兴学，亦祇荫其宗族而他族不得被泽焉，于国人更无与也。……故其流弊，以一国

① 康有为：《大同书》己部，第206～207页。
② 康有为：《大同书》己部，第207页。

而分为千万亿国，反由大合而为微分焉。故四万万人手足不能相助，至以大地第一大国而至于寡弱，此既大地万国之所无，推其原因，亦由族姓土著积分之流弊也。①

家族制这种狭隘的爱不仅是中国古代家族之间争斗的根源，也是中国寡弱的根本原因。它使人们只知有家，不知有国，其结果是以一个中国，因家族而实际上分裂为千万国，有大一统之名，而无大一统之实。所以，康有为哀叹："其立家第一要因在于相收，而因一家相收之故殃遍天下！"② 他由此比较中西的差别：

> 中国敬宗收族之事至美，族人之所赖矣，然亦万国之所无也；而欧美之以文明称，以强大称，且过于中国也。欧美之捐千百万金钱，以为学院、医院、恤贫、养老院以泽被一国者，不可数也。就收族之道，则西不如中；就博遍之广，则中不如西。是二道者果孰愈乎？夫行仁者，小不如大，狭不如广；以是决之，则中国长于自殖其种，自亲其亲，然于行仁狭矣，不如欧美之广大矣。仁道既因族制而狭，至于家制则亦然。③

欧美无家族制，故能不囿于家族，广行仁爱，中国以家族为域，爱不出族。故仁道在欧美得以广大通行，而在中国只限于家族，这是欧美之所以强大，中国之所以弱小的根本原因。不仅如此，家族制还是败坏人性的重要原由：

> 且一家相收，既亲爱之极至，则必思所以富其家而传其后；夫家人之多寡至无定，欲富之心亦至无极矣。多人之用无尽而所入之资有限，既欲富而不得，则诡谋交至，欺诈并生，甚且不顾廉耻而盗窃，不顾行谊而贿赂矣；又甚且杀人夺货，作奸犯科，悯不畏死，以为常业矣。夫贪诡、欺诈、盗窃、作奸、杀夺，恶之大者也，而其原因皆由欲富其家为之。既种贪诡、欺诈、盗窃、作奸、杀夺之根，种种相传，世世交缠，杂沓变化，不可思议，故贪诡、欺诈、盗窃、作奸、杀夺之性愈布愈大，愈结愈深，人性愈恶，人道愈坏，相熏相习，无有穷已。④

---

① 康有为：《大同书》己部，第 208 页。
② 康有为：《大同书》己部，第 220 页。
③ 康有为：《大同书》己部，第 208 页。
④ 康有为：《大同书》己部，第 222 页。

人性的奸诈、贪婪等恶性，都与家族制有千丝万缕的联系。康有为列有家族之害 14 项，第一项即为："风俗不齐，教化不一，家自为俗，则传种多恶而人性不能善。"① 家族制简直就是祸国殃民之源，这就是康有为的结论。而中国君主专制时代是以家族制为基础的，康有为的这一批判抓住了君主专制的根基。

三 大同说社会批评的武器

康有为的社会批判，无论是对国家、阶级、家族的批判，还是对历史与现实不平等的批判，其批判的武器都主要是近代从西方传入的天赋人权的平等观。在康有为的《实理公法全书》中，就有以几何公理言平等的观念。他说："凡天下之大，不外义理制度两端。义理者何？曰实理，曰公理，曰私理是也。制度者何？曰公法，曰比例之法，私法是也。"② 无论是义理，还是制度，康有为都肯定公理、公法合于人道，以私理、私法不合人道，这是从公私的对立立论，来说明公理、公法的正当性。而公理、公法最重要的精神是讲平等，平等之所以被称为公理、公法，就在于平等具有几何学公理的性质："人类平等是几何公理"③。几何公理是几何学的法则，几何学属于自然科学，以几何公理推论平等具有公理的性质，带有以自然科学推论社会科学的局限，这是康有为早年的平等观。在《大同书》中，康有为讲的平等主要是以西方天赋人权为主的平等观，他说：

> 凡人皆天生，不论男女，人人皆有天与之体，即有自立之权，上隶于天，人尽平等，无形体之异也。④
>
> 人者天所生也，有是身体即有其权利，侵权者谓之侵天权，让权者谓之失天职。男与女虽异形，其为天民而共受天权一也；⑤
>
> 凡人皆天生，不论男女，人人皆有天与之体，即有自立之权，上隶

---

① 康有为：《大同书》己部，第 225 页。
② 康有为：《实理公法全书·凡例》，《康有为全集》第一集，中国人民大学出版社，2007，第 147 页。
③ 康有为：《实理公法全书·总论人类门》，《康有为全集》第一集，第 148 页。
④ 康有为：《大同书》戊部，第 161 页。
⑤ 康有为：《大同书》戊部，第 157 页。

于天，人尽平等，无形体之异也。①

人人有天授之体，即人人有天授自由之权。②

人皆天所生也，同为天之子，同此圆首方足之形，同在一种族之中，至平等也。③

夫人类之生，皆本于天，同为兄弟，实为平等，岂可妄分流品，而有所轻重，有所摈斥哉！④

《大同说》更是多次直接以平等为"天赋人权之理"⑤"天赋人权之义"⑥，并据以来抨击各种不平等之说。如他批判女子不得充议员时说："此其侵天界析夺人权，不公不平莫甚矣。"⑦批判压制之苦时说，"盖一人身有一人身之自立，无私属焉"，一切压制人的行为，"皆失人道独立之义而损天赋人权之理者也"⑧。从这些论述来看，康有为讲天赋人权说，并不是简单地照搬西方的学说，而是利用了经学的人为天生之说，来加以论证，就使得他的天赋人权说带有被经学化的特点。这实际上也是用西方的进步思想观念，对传统经学所做的近代改铸。

是否符合天赋人权的平等理念，成为康有为判断政治得失、社会文明野蛮的标准。在他看来，"人民、国势之愚智、苦乐、强弱、盛衰，皆视其人民平等不平等之多少分数为之，平之为义大矣哉！故孔子之于天下，不言治而言平，而于《春秋》三世进化，特以升平、太平言之也"⑨。人民、国家的状况，无不以平等不平等的发展状态为转移，一个国家是如此，全世界无不如此：

盖不平等之法，自弃其种族甚矣。自埃及、巴比伦、希腊皆有族级奴隶之别，东方亦然。欧洲中世有大僧、贵族、平民、奴隶之异，压制

---

① 康有为：《大同书》戊部，第 161 页。
② 康有为：《大同书》戊部，第 163 页。
③ 康有为：《大同书》甲部，第 58 页。
④ 康有为：《大同书》丙部，第 136 页。
⑤ 康有为：《大同书》甲部，第 58 页。
⑥ 康有为：《大同书》戊部，第 158 页。
⑦ 康有为：《大同书》戊部，第 158 页。
⑧ 康有为：《大同书》甲部，第 57 页。
⑨ 康有为：《大同书》丙部，第 136 页。

既甚，故以欧人之慧，千年黑暗，不能进化。法大革命，实为去此阶级，故各国效之而收大效。近百年则平民之权日兴，奴隶之制尽释，虽有贵族、大僧，而事权日落，与君权而并替。盖平等之理日明，故富强之效日著，此其大验矣。日本昔有封建，于是有王朝公卿，有藩侯，有士族，有平民，颇与春秋时相类；自维新后一扫而空，故能骤强。今埃及、突厥、波斯、俄罗斯有君主、大僧、世爵、平民、奴隶五等，故突厥弱，俄虽外强而中僵。美之人民至平等，既不立君主而为统领。自华盛顿立宪法，视世爵为叛逆，虽有大僧而不得入衙署、干公事。林肯之放黑奴也，动兵流血，力战而争之，故美国之人举国皆平民，至为平等，虽待黑人未平，亦升平世之先声矣，故至为治强富乐。①

且以事势言之，凡多为阶级而人类不平等者，人必愚而苦，国必弱而亡，印度是矣；凡扫尽阶级而人类平等者，人必智而乐，国必盛而治，如美国是也。其他人民、国势之愚智、苦乐、强弱、盛衰，皆视其人民平等不平等之多少分数为之，平之为义大矣哉！②

平等则国家富强、社会发达、人民幸福，反之则国家贫弱、社会落后、人民困苦，人民愚智、苦乐、国势的强弱、盛衰，皆与平等成正比，这是通行世界各国的法则。他以印度与美国为例子，作为不平等与平等的两个极端典型，以说明平等对国家、人民与社会发展的巨大意义。而美国、印度在当时代表的不仅是东西两个不同的国家，同时也是资本主义社会与封建社会两种不同的社会，康有为的美国、印度对比与优劣评价，肯定美国的进步文明，批判印度的落后野蛮，乃是对资本主义天赋人权平等观的赞歌。

可以毫不夸大地说，天赋人权的平等观是康有为晚年批判社会不平等的最有力思想武器。梁启超说："先生于耶教，亦独有所见。以为耶教言灵魂界之事，其圆满不如佛；言人间世之事，其精备不如孔子。然其所长者，在直捷，在专纯。单标一义，深切著明，曰人类同胞也，曰人类平等也，皆上原于真理，而下切于实用，于救众生最有效焉，佛氏所谓不二法门也。"③ 人类

<hr>

① 康有为：《大同书》丙部，第135页。
② 康有为：《大同书》丙部，第136页。
③ 梁启超：《南海康先生传》，张品兴主编《梁启超全集》第二卷，北京出版社，1999，第488页。

平等为救苦救难的不二法门，梁启超此说是对康有为大同说社会批判最深刻的说明。这一对天赋人权平等追求的理念，是康有为大同说社会批判的一条主线，这在《大同书》中比比皆是。他以九界为人类社会不平等的体现，而破除九界必以天赋人权的平等理念为武器：

> 故全世界人欲去家界之累乎，在明男女平等各有独立之权始矣，此天予人权也；全世界人欲去私产之害乎，在明男女平等各自独立始矣，此天予人之权也；全世界人欲去国之争乎，在明男女平等各自独立始矣，此天予人之权也；全世界人欲去种界之争乎，在明男女平等各自独立始矣，此天予人之权也；全世界人欲致大同之世、太平之境乎，在明男女平等各自独立始矣，此天予人之权也；全世界人欲致极乐之世、长生之道乎，在明男女平等各自独立始矣，此天予人之权也；全世界人欲炼魂养神、不生不灭、不增不减乎，在明男女平等各自独立始矣，此天予人之权也；欲神气遨游、行出诸天、不穷不尽、无量无极乎，在明男女平等各自独立始矣，此天予人之权也。吾采得大同、太平、极乐、长生、不生不灭、行游诸天、无量无极之术，欲以度我全世界之同胞而永救其疾苦焉，其惟天予人权、平等独立哉，其惟天予人权、平等独立哉！①

这段话说明，康有为的天赋人权不仅指平等，而且包括人的独立、自由等资本主义的价值观念。以平等为主要内容的天赋人权理念，既是康有为批判不平等的利器，也是是否能实现大同理想的标志。康有为一再肯定独立、自由、平等为天予人之权，从天人关系来言说天赋人权，就将天赋人权说变为经学天人关系的理论。

天赋人权的平等观是西方资本主义的时代理念，是西方资产阶级反对中世纪黑暗时代不平等的思想武器。在康有为的大同说中，他借天赋人权的平等观所要反对的不平等，是以九界为内容的不平等，包括历史与现实的人类社会方方面面不平等的全面批判，也包括对西方资本主义国家不平等的批判。所以，他常常有批判欧美资本主义社会不平等的论述，如他指责欧美不许妇女入仕说："今欧、美妇女不许为官，而借男子之供养，终日宴食，游谈嬉

---

① 康有为：《大同书》庚部，第296页。

戏，不事学业，无益公众，有损生民，是天生无数人而得半以为用也，其于公理亦大悖矣。盖既从夫姓，即坐受夫供，其为不平等则一也。"[①] 他还多次批判资本主义工业进步带来的两极分化，对工人阶级在资本主义社会的悲惨遭遇表示了极大的同情：

> 即欧、美者国近号升平，而吾见其工人取煤熏炭，则面黑如墨，沾体涂足，则于污若泥，自以其所耕之地大于中国。求肉不得，醉酒卧地，执妇女而牵笑。若爱尔兰之小儿，赤足卧地，杂于羊豕；伦敦乞妇，牵车索食，掷以皮肉，俯拾于地，甘之如饴。若德、俄、奥之北鄙，瑞典、那威之雪界，萄、班之穷民，此则与中国蒙古、东三省之穷民同其苦患。若西班牙之气他拿人今犹穴处于迦怜拿大（即 Granada，格拉纳达）故都也，盖可哀怜矣。夫满堂饮酒，一人向隅而泣则为之不乐，今向隅而泣者，不止居其大半，然则满堂饮酒者，其为乐耶，否耶？[②]

但是，康有为以天赋人权的平等观所要反对的不平等，主要的批判对象并不是西方资本主义社会的不平等，而重点在于反对中国君主专制等级制的不平等，蕴含着对近代平等观念的追求。

中国君主专制时代的社会基础是家族制，最核心的社会政治制度是三纲为主的等级制，而家族制、三纲都贯穿着讲求名分等差的不平等。康有为批判不平等就是以批判家族制为重点，梁启超论《大同书》说："全书数十万言，于人生苦乐之根源，善恶之标准，言之计强矣。……其最要关键，在毁灭家族。"[③] 对康有为颇有研究的马洪林教授也说："破家界为天民，是康有为大同思想的最重要理论。"[④] 同时，康有为还重点批判了君主专制的三纲中的君为臣纲、夫为妻纲，不过是君、夫为其"恣其残暴""恣其凌暴"，而人为制造出来的专制制度："君臣也，夫妇也，乱世人道所号为大经也，此非天之所立，人之所为也。而君之专制其国、鱼肉其臣民视若虫沙，恣其残暴。夫之专制其家，鱼肉其妻孥，视若奴婢，恣其凌暴。在为君为夫则乐矣，其

---

① 康有为：《大同书》丁部，第172页。
② 康有为：《大同书》甲部，第22页。
③ 梁启超：《清代学术概论》，《梁启超全集》第十卷，北京出版社，1999，第3099页。
④ 马洪林：《康有为大传》，辽宁人民出版社，1988，第458页，

如为臣民为妻者何?"① 这清楚地表明，康有为的批判不平等，虽然是世界眼光的批判，是包括西方资本主义在内的人类一切不平等的批判，但基本点还是立足于中国国情，而以中国君主专制的家族制、三纲为批判不平等的中心与重心，难怪康有为在《大同书》中批判不平等，多次点名"君主专制"对其进行直接批判。从社会批判的角度，可以清楚地看出康有为晚年的政治思想，主要还是以资本主义的天赋人权平等观为武器，来批判封建君主专制的等级制。

四　大同理想

康有为批判九界的不平等，为的是通过追寻人类世界苦难的原由，以说明消除不平等的九界的合理性，给实现大同的理想提供理论根据。康有为在《大同书》中，对这方面进行了充分的论述，占据了全书的大部分篇目，但它并不是康有为大同说追寻的目标。大同说追寻的目标在实现大同的理想蓝图，因此，如何破除九界的不平等，通过何种途径来实现大同，才是康有为大同说最重要的问题。

然而，康有为对这一最重要问题的论述，无论是从理论的完备性，还是从理论的时代进步性而言，反而不如对九界及其苦难的论说详细、具有理论性。当然，这并不否定康有为关于九界及其苦难的讨论，没有抓住九界的不平等形成的社会根源，尤其是没有从经济制度、社会制度来说明问题，这是康有为关于九界不平等的讨论不能深入的根本原因，也是他在关于如何破除九界、实现大同的问题上没有找到正确出路的根源所在。

从关于九界及其苦难的分析中可知，康有为关注的重心是以中国为代表的东方社会，这是康有为长期生活并真正熟知的国度，而中国等东方国家在很长一段历史时间中，处于君主专制的封建社会，在近代中国则变为半封建半殖民地，所以，他破除九界最直接的目标，是要消除君主专制、殖民地制度带来的不平等，而君主专制的人与人之间的不平等，只有通过革命或立宪的方式来解决，殖民地的不平等只有推翻殖民统治来实现。但由于康有为如何破除九界的不平等的讨论，没有关注到社会制度问题，所以，虽然有时也

---

① 康有为:《大同书》甲部，第 57 页。

谈到法国的大革命，并给予了一定程度的肯定，但他对革命的总体评价并不高，当涉及如何破除中国与东方君主专制的不平等时，则完全没有革命一说，虽然他肯定君主立宪的维新，推崇日本的明治维新，但在《大同书》中也没有对此做更多的发挥，至于如何推翻殖民统治的问题，更是没有涉及。所以，他关于如何实现大同的问题，并没有能够依据时代的发展，提出解决时代问题的可行方案。

由对九界不平等的批判以家族制为核心所决定，康有为认为大同的实现关键在于去家。他有"欲至太平大同必在去家"的专论，其中说：

> 夫欲人性皆善，人格皆齐，人体得养，人格皆具，人体皆健，人质皆和平广大，风俗道化皆美，所谓太平也；然欲致其道，舍去家无由。故家者，据乱世、升平世之要，而太平世最妨害之物也。以有家而欲至太平，是泛绝流断港而欲至于通津也。……故欲至太平独立性善之美，惟有去国而已，去家而已。①

家庭在据乱世、升平世有存在的理由，但又是实现大同的最大的阻碍。没有对问题起因的认识，就不可能找到解决问题的方法。由于他缺乏对家庭出现的科学认识，也自然不可能有如何才能去家的正确解答。可以说，对于男女不平等、阶级的不平等、国家的不平等的消除，康有为都没有做出理性的解答。在如何消除各种不平等，以实现大同的问题上，康有为谈论最多的是关于如何由人种的进化以到达大同的太平世。

康有为在游历国外时，目睹了世界人种在形色上的差异，他将其归纳为白种人、黄种人、棕色人、黑种人四大类。尽管他认识到人种不同形色的形成与地理、气候有密切关系，但他却将这一本来是人的生理自然属性问题，与人的善恶、人种的先进与落后等社会评价联系起来，而以形色的差异论说人种的文明与野蛮。他将黑种人视为行恶的野蛮人种：

> 然黑人之身，腥不可闻，则种界之难平，不独学识才能下者不能平等，即学识才能绝出，而以形色不同，犹共挤之。故大同之世，白人、黄人才能、形状相去不远，可以平等。其黑人之形状也，铁面银牙，斜

---

① 康有为：《大同书》己部，第226页。

颔若猪，直视若牛，满胸长毛，手足深黑，蠢若羊豕，望之生畏。此而欲窈窕白女与之相亲，同等同食，盖亦难矣。然则欲人类之平等大同，何可得哉！①

印度人种皆黑色，貌狞恶，以其地热；英人居者传种，皆变为黄蓝之色，故亦畏居之。印人贫者居宅卑狭秽臭，故每岁疫死者辄数十万，是岂能繁其类乎！②

在他的眼中，非洲与印度的黑种人不仅外形狰狞可怖，腥臭难近，而且智力低下，是人类中令人望而生畏的低劣种族，他们都是人类进化到大同的最大障碍。棕色人种，接近黑种人，也属于康有为排斥的对象，他们都没有资格进入太平世的大同社会。唯有黄种人、白种人才有进入大同世界的资格，其中又以白种人为最高等的人种。人类要进入大同世界，必须改造黑种人、棕色人种，使他们变为黄种人或白种人：

夫大同太平之世，人类平等，人类大同，此固公理也。然物之不齐，物之情也。凡言平等者，必其物之才性、知识、形状、体格有可以平等者，乃可以平等行之。非然者，虽强以国律，迫以君势，率以公理，亦有不能行者焉。夫见犬马而拜者，人必狂之；食鸡豕者无科以偿命之律，物之不平也久矣。惟人亦然。故放黑奴之高义，林肯能糜兵流血以为之；而至今美国之人，不肯与黑人齿，不许黑人同席而食，同席而坐，不许黑人入头等之舟车，不许黑人入客店。黑人之被选举为小吏者，美国人犹共挤；黑人之有学行者，总统礼之，美国人犹非笑之。③

出于对黑种人的歧视，康有为不仅否定林肯的解放黑奴的意义，甚至还正面肯定美国的种族歧视，将其视为理所当然，这是完全错误的人种观。事实证明，黑种人、棕色人与白种人、黄种人除了在形色上的差别，在人的道德人格、智力水平等方面并没有本质的差异，而且在某些方面还优胜于白种人、黄种人；历史与现实也证明，美国的种族歧视随着美国的社会进步，已经基本消失，在美国黑人与白人享有同样的政治、社会权利，已经成为不争

---

① 康有为：《大同书》丁部，第145页。
② 康有为：《大同书》丁部，第144页。
③ 康有为：《大同书》丁部，第145页。

的事实。康有为说"大同之世,只有白种、黄种之存,其黑人、棕种殆皆扫地尽矣"①,完全是是种族歧视的主观臆想。

出于人种形色的歧视理念,康有为将如何改造黑种人视为进化到大同的最重要问题,进行了详细的探讨。他提出从改变住地、奖励杂婚、改善饮食,三者齐头并进的方式来改造人种:

> 故欲致诸种人于大同,首在迁地而居之,次在杂婚而化之,末在饮食运动以养之,三者行而种人不化,种界不除,大同不致者,未之有也。当千数百年,黄人既与白人化为一矣,棕、黑人之淘汰变化,余亦无多。如大同之世,行沙汰恶种之方,奖励迁地杂婚之法,则致大同亦易易也。②

三者之中,康有为认为最难的是白种人与黑种人的杂婚,因为"以白女之都丽与黑人之怪丑,而欲交合以变种,此人情所万不愿者也"③。但人种进化必须通过杂婚来解决,所以,康有为极力鼓励白种人与黑人杂婚。在他看来:

> 大抵由非洲奇黑之人数百年可进为印度之黑人,由印度之黑人数百年可进为棕人,不二三百年可进为黄人,不百数十年可变为白人。由是推之,速则七百年,迟则千年,黑人亦可尽为白人矣。服食既美,教化既同,形貌亦改,头目自殊。虎入海而股化为翅,鱼入洞而目渐即盲,积世积年,移之以渐。故经大同后,行化千年,全地人种,颜色同一,状貌同一,长短同一,灵明同一,是为人种大同。合同而化,其在千年乎!其在千年乎!当是时也,全世界人皆美好,由今观之,望若神仙矣。④

只要经过白种人与黑种人的杂婚,人种间的差异就可以消除。为什么康有为如此自信呢?因为在他看来,人种的演变是根据优胜劣败的规律来进行的:

> 今全地之大,人类各自生发,种族无量,而以优胜劣败之理先后倾

---

① 康有为:《大同书》丁部,第144页。
② 康有为:《大同书》丁部,第148页。
③ 康有为:《大同书》丁部,第145~146页。
④ 康有为:《大同书》丙部,第143页。

覆，以迄于今，存者则欧洲之白种，亚洲之黄种，非洲之黑种，太平洋、南洋各岛之棕色种焉。是数者，虽于今有强弱，而亦最宜于其地者也。就优胜劣败天演之理论之，则我中国之南，旧为三苗之地，而为我黄帝种神明之裔所辟除；今之匿于湘、粤、滇、黔之苗、猺、狪、獐、黎、狑、狫等类，乃太古土著之民也，而今遁处深山，种类零落，几于尽矣。美洲烟剪之土人，今皆为白人所驱，所余不及百万；澳洲之土人，百年前数凡百万，今仅万数；檀香山之岛人，今亦零落余数万；即印度数千年前之土民，亦为亚利安族所夷灭。以此而推，今若非洲之黑人虽有万万，千数百年皆为白人所夷灭，否则白黑交种，同化于白人，此天演之无可逃者也。方今列国并争，必千数百年后乃渐入大同之域，而诸黑、棕种人，经此千数百年强弱之淘汰，耗矣哀哉，恐其不能遗种于大同之新世矣，即有遗种乎，存者无几矣。①

现在世界存在的黑种人、棕色人种、黄种人、白种人，是千万年人类人种优胜劣汰的结果。但白种人、黄种人在各方面优于黑种人、棕色人种，所以，千百年后的大同时代，只能存在优胜的黄种人、白种人。在康有为关于如何进入大同的讨论中，这一关于人种进化的说明是最有条理性的。但是，这一理论本身是以种族歧视为基本观念的，而白种人、黄种人一定会淘汰黑种人、棕色人种，则是康有为据优胜劣汰的社会达尔文主义得出的，但康有为对此是激烈批判的。用自己都极力反对的理论，怎么能够正面证明自己的观点？毛泽东说："康有为写了《大同书》，他没有也不可能找到一条到达大同的路。"② 这是对康有为大同说的准确评价。

康有为没有找到大同之路，于是只能借助春秋公羊学的三世说的理论，来解答这一时代课题。他认定破除人类社会的不平等，只能依靠孔子的三世说，通过新道德进化的三世发展。为此，他人为地制造了实现大同的三世发展道路，从破除据乱世的不平等，到实现太平世的平等发展，做出了相应的三世发展规定。如在他关于如何破除国界问题的讨论时，就列出《大同合国三世表》，分为六大目，一百零四小目，对人类社会如何从据乱世经过升平世，再到太平世的三世发展，做出了方方面面的规定，以说明如何由各国分

---

① 康有为：《大同书》丁部，第 144 ～ 145 页。
② 毛泽东：《论人民民主专政》，《毛泽东选集》第四卷，人民出版社，1960，第 1476 页。

立到公议政府，再到公政府的大同之路。如关于破除男女不平等，康有为说："治分三世，次第救援：囚奴者，刑禁者，先行解放，此为据乱；禁交接、宴会、出入、游观者，解同欧美之风，是谓升平；禁仕宦、选举、议员、公民者，许依男子之例，是谓太平。此孔子之垂教，实千圣之同心，以扫除千万年女子之害，置之平等，底之大同，然后无量年、无量数之女身者庶得免焉，科条如下。"① 就康有为所列出的妇女三世进化的具体科条，也不过是妇女在各个方面如何与男子平等的细节，如给予女子出入、交往、参与各种社会活动及其婚姻自由的权力等。很显然，康有为的这些说法带有不少主观设计的臆想。虽然带有不少臆想成分，但康有为坚信，通过所谓三世的发展，人类就可以进入大同社会。

经过新道德进化的三世发展，康有为认为就可以破除阻碍人类社会进步的九界束缚，进入一个没有阶级、没有家庭、没有国家、没有私有财产，人人快乐幸福的大同社会。有人根据康有为大同世界的这些描绘，而认定康有为的大同理想带有社会主义或共产主义的性质，如梁启超论《大同书》说：

> 全书数十万言，于人生苦乐之根源，善恶之标准，言之计强矣。……其最要关键，在毁灭家族。有为谓佛法出家，求脱苦也，不如使其无家可出；谓私有财产为争乱之源，无家族则谁复乐有私产？若夫国家，则又随家族而消灭者也。有为悬此鹄为人类进化之极轨，至其当由何道乃能致此？则未尝言。其第一眼目所谓男女同栖当立期限者，是否适于人性，则亦未甚能自完其说。……在三十年前，而其理想与今世所谓世界主义、社会主义者多合符契，而陈义之高且过之。呜呼！真可谓豪杰之士也已。②

1906 年出版的《新尔雅》说："废私有财产，使归公分配之主义，谓之共产主义，一名社会主义。"③ 根据此说，可见梁启超的这个说法，在当时是一种较为普遍的认识。但康有为的大同理想，绝不是社会主义或共产主义。

---

① 康有为：《大同书》戊部，第 196 页。
② 梁启超：《清代学术概论》，《梁启超全集》第十卷，北京出版社，1999，第 3099 页。
③ 汪荣宝：《新尔雅》，上海文明书局出版，1906，第 64 页。

不可否认，在《大同书》写作的过程中，康有为已经知道西方的空想社会主义学说等理论，在《大同书》出版前，马克思主义、共产主义学说也已经在中国大地传播。1899 年 2 月，上海广学会出版的 122 号《万国公报》上，就已经刊载了由李提摩太译、中国教士蔡尔康撰的《大同学》，提到"德国讲求养民学者有名人焉，一曰马克思。一曰恩格思（即恩格斯）"。康有为在《大同书》中，没有提到马克思、恩格斯，也没有涉及共产主义学说，只是论及空想社会主义者"傅里叶"等人的学说，但他并不同意傅里叶的设想。① 他的财产公有的主张，形式上与社会主义相近，但性质有很大不同。它更多的是《礼运》以公私区分小康、大同，在大同说中的反映。《礼运》以公天下为大同的最根本特征，康有为的财产公有等设计，尽管也参照了近代西方的一些观念，但就其改变而言，不过是《礼运》公天下在近代的发挥。

思想家的思想可以有空想、理想的成分，但却永远不能脱离现实社会的基础。近代中国半封建半殖民地的社会性质，是康有为的大同理想形成的基础。康有为的大同书，是为了解答近代中国向何处去的问题而做的理论设计。以此来认识康有为的大同理想，就可以看出，他的大同理想尽管有类似社会主义的公有制观念，也有消灭阶级、国家的近似共产主义理念，还有类似佛教、道教的成仙成佛的思想，但他的大同理想世界就其本质而言，主要还是对西方资本主义平等观念的追求。他说：

> 大同之道，至平也，至公也，至仁也，治之至也，虽有善道，无以加此矣。②
> 大同之世，男女平权，男女齐等。③

在《大同书》中，平等观念不仅是康有为批评现实不平等的武器，更是大同的理想追求。他甚至将 1920 年国际联盟的成立，视为大同理想的实现："吾年二十七岁，当光绪甲申，清兵震羊城，吾避兵居西樵山北银塘乡之七桧

---

① 参见何金彝《傅立叶〈新世界〉与康有为〈大同书〉之比较》，《上海师范大学学报》1996 年第 1 期，第 113~119 页。但该文说康有为"描绘出一幅公有制下按劳分配的计划经济运行图"（该文第 117 页），似乎与康有为本义不符。
② 康有为：《大同书》甲部，第 12 页。
③ 康有为：《大同书》己部，第 240 页。

园澹如楼，感国难，哀民生，著大同书。以为待之百年，不意卅五载而国际联盟成，身亲见大同之行也。"① 由此可见，康有为的大同理想并不高明。但是，他以平等为追求的大同理想，也确实"表述了中国先进人士和人民群众对幸福生活的渴望和对人权民主的要求，在当时是有进步意义的"②。特别是，康有为以中国传统文化重视道德为根本，批判地吸收西方进化论而形成的新道德进化论，不仅对当代文化的发展，也对实现人类平等的世界理想具有积极的启迪意义。

---

① 康有为：《大同书》编者按，《康有为全集》第七集，中国人民大学出版社，2007，第2页。
② 李泽厚：《论康有为的"大同书"》，《文史哲》1955年第2期，第1514页。

家、国、天下之间

——熊十力的《孝经》观和孝论

刘增光

摘　要： 熊十力在其著作中屡屡申发自己的孝论，他的《孝经》观、孝论与他对孔子儒学和六经旨意的理解紧密相关。熊十力对孝的理解和批判所触及的更为根本的问题实则是如何理解儒家对于家庭与天下关系的处理问题，同时也是涉及人之道德心性与政治生活的根本问题。故不论是熊十力本人的孝论还是当时人对他的批评，在古今中西之辩的语境中更有深层的含义存焉。他以心学为资源所阐发的天下理论值得我们今天认真对待。

关键词： 熊十力　《孝经》　家庭　天下

作　者： 中国人民大学副教授。

熊十力在建国前后的著作，《中国历史讲话》（1938）、《读经示要》（1945）、《论六经》（1951）、《原儒》（1956）等中都多次谈及自己对《孝经》的看法，申发自己的孝论，他甚至想要写一部《孝经疏辨》的书①。由此亦可见，他的《孝经》观、孝论与他对孔子儒学和六经旨意的理解紧密相关，前者是后者的一部分。熊十力曾自言当时学者批评他"毁孝"，而他感到非常冤枉，于是在《原儒》一书的序文末尾特意附上一段辩解文字，谓："余谈历史事实，与毁孝何关？人类一日存在，即孝德自然不容毁也。"② 我们不禁感到好奇：他如此坚定地主张孝德的存在，那为何当时人还要批评他毁孝，导致他要特意辩诬一番呢？这当然要从熊十力本人对孝的理解上着眼。熊氏的基本观点是：1.《孝经》非孔子所作，乃源出于曾、孟孝治派，与孔子之

---

① 熊十力：《读经示要》，上海书店出版社，2009，第160页。
② 熊十力：《原儒》，岳麓书社，2013，第3页。

说有背。2. 孝治天下与移孝作忠的孝观念皆非孔子所主张，这种孝观念是两千年帝制的维持工具。不难看出，熊十力批判孝论的触角甚至延伸到了宗圣曾子与亚圣孟子，难怪当时人会以熊十力为毁孝论者。但实则熊十力对孝的理解所触及的更为根本的问题则是如何理解儒家对于家庭与天下关系的处理问题，同时也是涉及人之道德心性与政治生活的根本问题。故不论是熊十力本人的孝论还是当时人对他的批评，在古今中西之辩的语境中更有深层的含义存焉。本文即尝试对这一问题进行探究并揭示其现实意义。

一　道德之孝与政治之孝

孝究竟是仅仅限于家庭之内的事亲养亲，还是可以施之于天下的孝治，这是儒家一直思考的问题。《论语·为政篇》就有一条谈及孝弟与为政的关系："或谓孔子曰：子奚不为政？子曰：《书》云：'孝乎惟孝，友于兄弟。施于有政'，是亦为政，奚其为为政？"而后来的孟子更是重孝，阐发"亲亲长长而天下平"的理念。但熊十力截然断定，孝弟与政治没有关系，孝弟不能政治化。故而他反对"移孝作忠"与"孝治天下"的观念，他说：

> 儒家重孝弟，此理不可易。但以孝亲与忠君结合为一，甚至忠孝不两全时可以移孝作忠，如亲老而可为君死难之类，因此，便视忠君为人道之极，更不敢于政治上考虑君权之问题，此等谬误观念，实自汉人启之。《论语》记孔子言孝，皆恰到好处，皆令人于自家性情上加意培养，至《孝经》便不能无失。于是帝者利用之，居然以孝弟之教为奴化斯民之良好政策矣。①
>
> 《论语》记孔子言孝，皆就人情恻然不容已处指点，令其培养德本，勿流凉薄。（德本者，孝为一切道德之本源。人未有薄其亲而能爱众者也。）至《孝经》一书，便务为肤阔语，（肤泛、阔大而不切于人事，非所以教孝也。）以与政治相结合，而后之帝者"孝治天下"与"移孝作忠"等教条，皆缘《孝经》而立。②

---

① 熊十力：《读经示要》，第 159~160 页。
② 熊十力：《原儒》，第 59 页。

　　可见，熊十力区分道德心性化的孝与政治化的孝正是通过分判《论语》论孝与《孝经》论孝之不同。前者论孝亲切，后者肤阔；前者是言性情，后者则是言政治。以孔子为论孝之标尺，这自然就取消了《孝经》论孝之合法性。而为何要这样做，则与熊十力反对帝制的革命性思想有关。反对帝制，自然就要反对忠君，而在熊十力看来，尧舜以来传至孔子所定之六经正是反对忠君与帝制而主张民主自由的。这便关涉熊十力的经学思想。

　　熊十力晚年转向经学，认为自汉儒开始，便歪曲了孔子六经之学真意，而之后的两千年中国实行帝制而非民主皆是缘此而来。他为了说明这一点，在《论六经》一书中对六经之"微言"与"大义"做了区分："微言有二：一者，理究其极，所谓无上甚深微妙之蕴。六经时引而不发，是微言也。二者，于群化、政制不主故常，示人以立本造实通变之宜。如《春秋》为万世致太平之道，必为据乱世专制之主所不能容……亦微言也。大义者，随顺时主，明尊卑贵贱之等，张名分以定民志，如今云封建思想是也。"① 熊十力经学的主要精神即萃于此语，其以孔子六经之微言分为两部分之意涵，后文详说。微言之第二义即是他所阐发的革命通变的"天下为公"思想。故在《原儒》中，他进一步明确地认为微言"即《礼运》大同之说，与《春秋》太平义通，皆隐微之言也"，而"大义者，即小康之礼教"。② 而不论是在《论六经》还是《原儒》中，他都一以贯之地坚持认为孔子六经之旨仅道"微言"，不涉及"大义"。凡是言及"大义"者，均非孔子之本旨。既然熊十力以大义为明尊卑贵贱之等的礼教思想，那么，"移孝作忠""孝治天下"的理念自然要被他所否定。

　　熊十力认为，汉儒将孔子的微言隐没于他们所阐述的忠君之"大义"之中③，而两千年的帝制政治也正是由于汉儒隐没了孔子之微言所导致，而被歪曲的孝观念正是帝制的理论工具，对这种他所认为的歪曲后的孝观念及其政治实践，熊十力都一一做了批判。

　　第一，汉儒将孝政治化为三纲五常，熊十力谓："三纲者，君为臣纲，父为子纲，夫为妻纲，其本意在尊君，而以父尊于子、夫尊于妻配合之，于是人皆视为天理当然，无敢妄疑者。夫父道尊而子当孝，天地可毁，斯理不易

---

① 熊十力：《论六经》，中国人民大学出版社，2006，第6～7页。
② 熊十力：《原儒》，第106页。
③ 熊十力：《论六经》，第7页。

也，虎狼有父子，而况于人乎？但以父道配君道，无端加上政治意义，定为名教，由此有'王者以孝治天下'与'移孝作忠'等教条，使孝道成为大盗盗国之工具，此害可胜言乎？"① 在他看来，三纲五常将人伦关系绝对化，失却了孔子原有的自由平等之义，更根本的是，三纲"只以父子说成名教关系，而性情之真乃戕贼无余矣"，而"五常连属于三纲，则五常亦变成名教，将矫揉造作而不出于本性之自然矣"。②

第二，汉代的孝弟力田政策。熊十力批评说："汉人说经无往不是纲常大义贯注弥满，其政策则以孝弟力田风示群众。奖孝弟，使文化归本忠孝，不尚学术。奖力田，使生产专归农业，排斥工商。其愚民政策，曲顺人情，二千余年帝者行之无改，虽收统治之效而中国自是无进步。"③ 所谓不尚学术，就导致中国之科学不发达；愚民政策，则导致中国不能实现民主。

而归结言之，这种歪曲的孝观念最大的危害就是培养了人们的奴性思想，安于忠君的礼教与帝制，而"不敢于政治上考虑君权之问题"④，因而也就从根本上违背了孔子之微言——主张民治与革命，以达到大同太平世。为了从根本上廓清孝治的问题，熊十力追究其根源，认为源于孔子之弟子。如上所引，在《读经示要》中，他认为"《孝经》当出于曾子、有子之后学"⑤。到了《原儒》中，他则认为是出自孔门的孝治派，以曾子、孟子为代表。他找到的文献根据即是《汉书·艺文志》所言："《孝经》者，孔子为曾子陈孝道也。"然后说：

> 《戴记》中言孝道，亦多出于曾子，吾不知孝治之论果自曾子发之欤？抑其门人后学假托之欤？今无从考辨，姑承认曾子为孝治论之宗师。孟子言"尧舜之道，孝弟而已矣"，（《孟子·告子篇》）又曰："人人亲其亲，长其长，而天下平。"（《孟子·离娄篇》）其为曾子学派决无疑。……曾、孟之孝治论，本非出于孔子六经，而实曾子之说，不幸采用于汉，流弊久长，极可叹也。⑥

---

① 熊十力：《论六经》，第 105～106 页。
② 熊十力：《论六经》，第 106 页。
③ 熊十力：《原儒》，第 59 页。
④ 熊十力：《读经示要》，第 159 页。
⑤ 熊十力：《读经示要》，第 159 页。可以想见，熊十力认为《孝经》与有子有关，这主要是因为《论语·学而》第二章所记载有子所说："孝弟也者，其为仁之本欤。其为人也孝弟，而好犯上作乱者鲜矣。"其中有将孝弟与忠君相结合的意味。
⑥ 熊十力：《原儒》，第 59 页。

　　而正是出于曾、孟的孝治论被汉代儒者所利用①，孝治论与汉儒主张的天人感应论、三纲五常论、阴阳术数论相互结合起来，成为帝制的工具。不宁唯是，以朱熹为代表的宋明理学家也承继了汉儒的这种做法，"曾、孟之孝治思想则宋学派奉持之严，宣传之力，视汉学派且有过之无不及也。"②

　　而正如他所说，他不能确定曾子的孝治论是出自何处③，而孟子的孝治思想却是无疑的，且孟子言及寓含孔子微言的《春秋》，故孟子即成为他着力处理的对象，孟子遭受其严苛的评语自然无足怪了，熊氏谓：

　　《春秋》窜乱不始于汉，七十子后学，如曾、孟派之孝治思想早已改窜《春秋》。余已于前文言之，今更就《孟子》举证。《孟子·滕文公篇》有云："世衰道微，邪说暴行有作，臣弑其君者有之，子弑其父者有之。孔子惧，作《春秋》。《春秋》，天子之事也。是故孔子曰：'知我者其惟《春秋》乎，罪我者其惟《春秋》乎。'"又曰："《春秋》成而乱臣贼子惧。"据此，则孔子作《春秋》只是以刀简诛伐乱臣贼子，而乱贼果然由此恐惧。……《春秋》本为贬天子之事，而孟子乃误解为孔子是窃天子职权，以诛乱贼之事。其误解孔子之言，以为孔子虑人之将罪我者，为其窃天子职权也。孟子竟以迁想妄测圣心，亦足惊异。④

　　也就是说，孔子作《春秋》主旨是"讨天子"，实现不分阶级与尊卑的太平世，但孟子却以孝治思想改窜《春秋》，使其旨意变成了诛杀乱臣贼子以卫护君权。换言之，孟子所讲的孝仍然是附加了政治意义的孝，非道德心性的孝。可见，他对孟子的批评仍然紧扣是否含有推翻君主制的革命思想为准绳。这就将孟子的《春秋》学与孔子本人的《春秋》区分了开来。⑤　由此，我们即可看到熊十力的《孝经》观相较于传统的特异之处，我们知道"《春秋》与《孝经》相表里"的观念在汉代以降深入人心，这一观念以《纬书》"吾志在《春秋》，行在《孝经》"为标语，而熊十力显然是不能认同这一观念的。因

---

①　在《论六经》中，熊十力说："汉以后之儒者皆近孟氏……孟子之学源出曾子而稍参《公羊》。"见《论六经》，第66页。

②　熊十力：《原儒》，第60～61页。

③　在他看来，肯定不能是出自孔子。

④　熊十力：《原儒》，第88～89页。

⑤　熊十力也正是依此对何休、董仲舒做了批评。

为《孝经》是"大义",而《春秋》是"微言",两者如方枘圆凿不能相合。相应地,"大义"如果是为汉制法,那么"微言"就是为万世制法。①

二　旧道德与新道德

既然熊十力不能同意政治化的孝,那么,他是在何种意义上肯定孝的呢?这就与熊十力所认为的孔子六经"微言"的第一个含义有关。熊十力说:"理究其极,所谓无上甚深微妙之蕴。六经时引而不发,是微言也。"他自己解释说:"无上者,如穷究道体或性命处,是理之极至,更无有上。甚深微妙者,非测度所及故,毕竟离思议故。"② 正是在此意义上,熊十力认为经学就是哲学,就是心性之学。他在《读经示要》中就说经学是"哲学之极诣","夫哲学若止于理智或知识之域,不能超理智而尽性至命。……余以为经学要归穷理尽性至命,方是哲学之极诣。"③ 心性之学就是他所说的"甚深微妙"之学④,所谓"离思议"是说体认道体或性命之极要"反求诸己",如孔子所说的"默而识之"。

从上节所称引熊十力关于孝的论述中可以看到,熊十力反对三纲五常,反对将孝政治化,正是意识到了这种僵化的礼、政治化的孝会扭曲人的本性,不但不能使人孝,反而是对孝和人性的戕害。不仅孝如此,仁、义、礼、智、信五常也是如此,他说:

> 汉、宋群儒以五常连属于三纲,即五常亦变成名教,而人乃徇仁义之名,不出于本性之自然矣。如孝德在五常中是仁之端也,为子者以束于名教而为孝,则非出于至性之不容已,其贼人不已甚乎!又如夫妇有别是义之端也,今束于名教而始为有别,是使天下之为夫妇者皆丧其情义之真也。五代梁人有初除丧入朝,以椒抹涂眼出泪者,盖惮丧礼之名教伪作戚容,而礼亡矣。自汉世张名教,皇帝专政之局垂二千数百年,无有辨其非者。人性虽有智德,竟以束于名教而亡之矣。⑤

---

① 熊十力:《论六经》,第35页。
② 熊十力:《论六经》,第6页。
③ 熊十力:《读经示要》,第134页。
④ 熊十力:《读经示要》,第196页。
⑤ 熊十力:《原儒》,第61页。

正因此，他强调《论语》讲孝不是政治化的，而是"令人于自家性情上加意培养"或"就至性至情不容已处启发之"，如"父母唯其疾之忧""至于犬马皆能有养，不敬，何以别乎？"之类。① 在他看来，孔子是要人反己体道，超离实际生活，而过"灵性生活"。此"灵性生活"在熊氏看来正是太平大同世人人应当过的德福一致的生活。因此，熊十力所谓"微言"的两层含义也正是相互贯通的，正如他所认为的孔子之学是内圣外王贯通的一样。熊十力所说的"天性""至情至性"也就是这里的"灵性"，他正是以此定义人的：

> 人者，有灵性生活之动物也，有无限创造功能也，如政治创造功能、经济创造功能、文化创造功能乃至种种创造功能，皆人之所与生具有也。②

换言之，不论是政治、经济，还是文化都仅仅是人性表现于现实世界的某个方面，任何一方面都不是人的全部，因此，"忠君"绝对不可能是"人道之极"。熊十力认为，人与天地万物本来同体，但是唯一的差别就在于人能尽性至命，能体认心体，显露灵性。类似的论说亦见于《原儒》下卷《原内圣》中。③ 人性如此，不论是孝弟，还是仁义礼智信等道德都是人之天性的显露。正是在此意义上，任何将人之道德政治化，或者经济化的做法都是违背人之天性的，都不能促成人之灵性生活，制度与规范皆是为了成就人之真性与"灵性生活"④，若成为束缚人之真性的枷锁，这就成了僵死之物。这与人之生生不息的追求向上超越的生命是根本相悖的。

此处值得注意的是熊十力对孝弟与其他德目关系之处理。熊十力反对"移孝作忠"，反对以忠君为人道之极，他正是反对将孝推扩至家庭外的政治社会，即从私领域推移至公领域。他批评孟子所说的"尧舜之道，孝弟而已

---

① 熊十力：《论六经》，第106页。关于《论语》与《孝经》言孝之差别，黄开国有精彩的论述，他区分了道德化的孝与政治化的孝。这与熊十力的区分类似，但仍有不同，熊十力强调的是"孝弟"是人之真性。参见黄开国《论儒家的孝道学派——兼论儒家孝道派与孝治派的区别》，《哲学研究》2003年第3期。
② 熊十力：《论六经》，中国人民大学出版社，2006，第56页。
③ 熊十力：《原儒》，第199~200页。
④ 熊十力：《论六经》，第50页。

矣"与"人人亲其亲，长其长，而天下平"，① 也正是批评了从亲亲到仁民再到爱物的推扩理路。从上节所引熊十力关于人之天性的论述来看，孝弟与其他的仁义礼智信都是人之天性所含，并非如《孝经》所说的"父子之道，天性也"，仅以孝属天性。我们知道，熊十力以经学为反求诸己以体认"与天地万物为一体"的心性之学，这正是以阳明心学为根基，其言"灵性""天性"即脱胎于王阳明所说的良知心体。② 而他对孝的理解也深受阳明影响。熊十力反对孟子所说的"尧舜之道，孝弟而已"，而王阳明也曾对孟子此语做过一番新的诠释，分析阳明的这段话对理解熊十力如何处理孝与其他德目之关系至关重要。王阳明在与弟子聂文蔚谈及孝与良知的关系时说：

> 故致此良知之真诚恻怛以事亲便是孝；致此良知之真诚恻怛以从兄便是弟；致此良知之真诚恻怛以事君便是忠：只是一个良知，一个真诚恻怛。若是从兄的良知不能致其真诚恻怛，即是事亲的良知不能致其真诚恻怛矣；事君的良知不能致其真诚恻怛，即是从兄的良知不能致其真诚恻怛矣。故致得事君的良知，便是致却从兄的良知；致得从兄的良知，便是致却事亲的良知；不是事君的良知不能致，却须又从事亲的良知上去扩充将来，如此又是脱却本原，著在枝节上求了。良知只是一个。随他发见流行处当下具足，更无去求，不须假借。然其发见流行处却自有轻重厚薄，毫发不容增减者，所谓天然自有之中也。……若可得增减，若须假借，即已非其真诚恻怛之本体矣。此良知之妙用，所以无方体，无穷尽，语大天下莫能载，语小天下莫能破者也。孟氏"尧、舜之道，孝弟而已"者，是就人之良知发见得最真切笃厚、不容蔽昧处提省人，使人于事君、处友、仁民、爱物，与凡动静语默间，皆只是致他那一念事亲从兄真诚恻怛的良知，即自然无不是道。盖天下之事虽千变万化，至于不可穷诘，而但惟致此事亲从兄、一念真诚恻怛之良知以应之，则更无有遗缺渗漏者，正谓其只有此一个良知故也。③

王阳明的解释发人深省。他认为孟子并不是说从孝弟推扩至忠君、爱民、

---

① 熊十力：《论六经》，第 28 页；《原儒》，第 59 页。
② 在心性之学中，熊十力最为服膺王阳明，从早期的《新唯识论》到后期的《原儒》从未改变。而对于朱熹他则多有批评。
③ 《王阳明全集》，上海古籍出版社，2006，第 84～85 页。

处友等，而是以孝弟提醒人之良知，因为孝弟是良知发见得最为真切笃厚之处。作为本体，良知只有一个，并不是存在事亲的良知、忠君的良知、处友的良知、仁民的良知等等，更不是从事亲的良知可以"推扩"出其他良知，也不是由事亲的良知那里可以"假借"得来其他良知，等等。事亲、忠君、仁民之间是平行的关系，而不是假借推移的关系。据此，我们即可知熊十力反对《孝经》之"移孝作忠"，其根本原因正在于此。《孝经》首章所言"夫孝，始于事亲，中于事君，终于立身"正有着推扩假借的嫌疑，而这种嫌疑在其后的《士章》和《广扬名章》则确然无疑地落于实处。① 熊十力显然是意识到了这个问题。他以孝弟与五常之德皆出于人性之不容已，正是以不同的德为性体感应外界所发见之表现。② 正如同王阳明所说："以此纯乎天理之心，发之事父便是孝，发之事君便是忠，发之交友治民便是信与仁。"③

正是基于对性体与道德关系的这种理解，熊十力才能以"灵性"收摄"新道德"。他认为独立、自尊、自觉、公共心、责任心、平等、自由、博爱等新道德仅仅是新时代所产生的不同于"亲义序别信"五伦之道德：

> 今之言道德者，以为亲义序别信不适于新时代也，不知道德的表现，随伦类关系扩大而有新的形式。如旧言伦类，只有五品。今则不当限于此五，而有个人对社会之伦焉。独立、自尊、自觉、公共心、责任心、平等、自由、博爱，皆今之所谓新道德也。与旧云五品中之亲义序别信，异其形式矣。然而道德的本质，即所谓天性是也。此乃恒常不变，无新旧异也。亲义序别信，皆出于本心之不容已，皆天性也。独立、自尊，乃至自由、博爱，又何一而非出于本心之不容已，何一而非天性流行乎？（1）人类的天性，本是无待无倚的，（不待他有，曰无待……）故独立不羁者，天性然也。（2）自尊而不肯妄自菲薄者，天性然也。（3）本心之明（即天性固具），常惧为一己平生染污结习，与社会不良习俗等等之所缠固蔽缚，而求反诸良知之鉴照，以适于事理之当然，是谓自觉。此非本心之不容已而何，非天性而何？（4）天性上本无物我之分，故公共

---

① 《士章》："故以孝事君则忠，以敬事长则顺。忠顺不失，以事其上，然后能保其禄位，而守其祭祀。盖士之孝也。"《广扬名章》则谓："君子之事亲孝，故忠可移于君。事兄悌，故顺可移于长。居家理，故治可移于官。是以行成于内，而名立于后世矣。"

② 熊十力：《中国历史讲话》，中国人民大学出版社，2006，第166页。

③ 《王阳明全集》，第2页。

心即天性之流行而不容已也。（5）天性至诚无息，其视天下事，无小无大莫非己份内事，直下承担，无有厌舍，无或敷衍。故责任心，即是本心不容已处，亦即天性也。（6）天性上无物我之分，故无恃己侵物（此待物平等），亦无蔑己毁性。① （不自轻蔑，故不至为恶以毁伤天性，即自性平等）故平等者，发于本心之不容已也，天性也。（7）天性本来自在，本来洒脱，于一切时，于一切处，无有曲挠，是谓自由。自由正是天性，不待防检。盖自由与放纵异，才放纵时，便违天性，便已不是自由也。西谚曰，人得自由，而必以他人之自由为界，此非真知自由义者。真正自由，唯是天性流行，自然恰到好处，何至侵犯他人？（8）天性上本无物我之分，自然泛爱万物，故博爱者，本心之不容已也，天性也。②

在熊十力的论述中，至少有以下四方面需要注意：第一，他对新道德的解释，都具有强烈的阳明学意味。独立、自尊即是阳明学所说的"良知自作主宰"，自觉、自由，也都可以从阳明学的"良知自知"理论获得理解，平等、博爱、责任心、公共心则皆可以从万物一体观获得理解。第二，自由、自尊、平等、博爱等新道德也皆是天性，并不是说古代人的天性就与现代人不同。正如阳明言良知虚灵明觉而应感无方、妙用无穷一样，熊十力的"灵性"本体亦是如此。无论古代、现代，不管时空如何转变，人性都能发见出相应于那个时代生活的道德，"德者，人性之流也"③，其本体论根据就是：人之本性是"与天地万物为一体"的性体。第三，熊十力对新道德的看法表明，在他看来，新道德与旧道德之间并没有本质的差异，仅是形式上的不同，它们都源于人之本性。他说："道德有其内在的源泉，即本心不容已处是也，即天性是也。若不于此处用力，只在伦类间的关系上讲求种种规范，谓之道德，仍是外面强作安排，非真道德也。"④ 故熊十力批评佛教为反人生，他还批评墨家的兼爱、基督教的博爱皆是在外面讲规范，而不明了道德之根源。⑤

---

① 此处"蔑己毁性"一语正是出自《孝经》"毁不灭性，教民无以死伤生也"。《礼记》中亦多次言及此。

② 熊十力：《中国历史讲话》，第 168～169 页。段落中的序号为笔者所加。

③ 熊十力：《原儒》，第 200 页。

④ 熊十力：《中国历史讲话》，第 169 页。

⑤ 《十力语要》卷一《谈墨子》，见《熊十力全集》第四卷，湖北教育出版社，2001，第 145～146 页。

他对西化派的批评也正与此有关。① 第四，熊十力并未如清末以来流行的那样截然区分公德与私德，如他说的"自尊""独立"等皆可视为私德。熊十力的这一道德观与新文化运动如陈独秀之主张"伦理的觉悟为吾人最后之觉悟"以及梁启超早期提倡的以新道德、公德代替旧道德、私德的观点截然异趣。

至此，熊十力的道德论说实则仍提醒我们要回顾他所理解的孔子"微言"，人与天地万物为一体，人与人、人与万物其本体是一，"一味平等，无有差别。"② 若人人皆能充养此性体，则"《春秋》太平、《礼运》天下一家之道由斯而可大可久也。"③ 在此意义上，我们也可以说他强调了公德，但熊十力的公德并非如清末以来大多数人所理解的限于社会或民族国家的道德，而是天下的或世界的道德，他所说的"与天地万物为一体"的人就是"天下人"，因而熊十力是超越现代西方民族国家之视野，而从儒家的角度对天下观做了新阐发。

三　民之父母与天下大同

在诸多新道德中，熊十力最为看重的就是博爱的道德。当然，他理解的博爱并非基督教的博爱或墨家的兼爱，而是孔子"微言"意义上的与天地万物为一体的"仁爱"，这与他对现代社会"孝弟观念渐趋薄弱"的观察有关，而更是因为他欲以儒家的大同理想与忠恕均平之道建立一种天下理论，不但解决中国的问题，而且回应帝国主义、国际冲突的问题。正因此，他对孝亲之爱持有警惕心理，担心孝亲会流于私爱。

熊十力所认为的大同世界的灵性生活，就是人人循"与天地万物为一体"之本性，"融己入群，会群为己"，实现天下为公、社会主义的群体生活。④ 这样一种生活必然要求人们克己为仁，克私为公。故熊十力极为看重中国传统中的博爱思想资源，如他认为孟子批评墨子之兼爱有失偏颇：

> 孟氏民主意义固多，如曰"民为贵"，曰"闻诛一夫纣矣，未闻弑君

---

① 这一点与章太炎相似，章太炎反对将《大学》的"亲民"解为"新民"，并以此批评当时的西化派和新民说。
② 熊十力：《原儒》，第199页。
③ 熊十力：《原儒》，第203页。
④ 熊十力：《论六经》，第55页。

也",大义炳如日星矣,但宗法社会思想亦甚深,如曰"学则三代共之,皆所以明人伦也",曰"尧舜之道,孝弟而已矣"。其明人伦,即以孝弟为德之基,宋明儒所宗主者在是。然专以孝弟言教言治,终不无偏。……孟氏似未免为宗法社会之道德训条所拘束,守其义而莫能推,则家庭私恩过重而"泛爱众"之普感易受阻遏。孟氏极反墨翟兼爱,实则人鲜能兼爱也,而更反之,其忍乎?孝弟诚不可薄,而格物之学不讲,兼爱兼利之道未宏,则新社会制度将莫由创建,民主政治何可企及?孟氏似未免为宗法所拘也,宋明儒传孟学者,于此鲜能了悟。然则孝弟可毁乎?曰:恶,是何言。要在本《公羊》与《礼运》改革家庭制度耳。①

在熊十力看来,人之为己爱已是自然之情,兼爱才是人最难做到的。所谓"新社会制度"即指社会主义。就此而言,移孝作忠的帝制中国与强调家庭或宗族之孝的宗法中国,均为熊十力所批评。因为这些都不合于孔子之微言,故需要做的就是按照孔子之微言来改革帝制与家庭制度。"社会主义之实现,必易家庭生活而为群体生活。"②但熊十力并不因为要实现群体生活就要完全废弃个体或孝亲之爱,群体生活并不意味着个体完全淹没于群体中,相反群体生活正是由完全尽性至命、人人皆可为君子的个人所组成的。熊十力意识到了片面地强调博爱和群体生活会导致对个体性灵之不关心,甚至会打着博爱之名而行对外侵略之实,这样的博爱就是假博爱。熊十力亦曾就墨子之兼爱说道:

> 墨子生竞争之世,悼人相食之祸,而谋全人类之安宁,固承孔子《春秋》太平、《礼运》大同之旨而发挥之。……儒家以孝弟为天性之发端处特别着重,养得此端倪,方可扩而充之,仁民爱物,以至通神明光四海之盛。若将父兄与民物看作一例而谈兼爱,则恐爱根已薄,非从人情自然之节文上涵养扩充去。而兼爱只是知解上认为理当如此,却未涵养得真情出,如何济得事?不唯不济事,且将以兼爱之名而为祸人之实矣。世界上服膺博爱教义之民族,何尝稍抑其侵略之雄心耶?③

---

① 熊十力:《论六经》,第 27~28 页。熊十力在早年的《心书》中就认为孟子"攻墨为过"。见《新唯识论》,中华书局,1985,第 23 页。
② 熊十力:《论六经》,第 77 页。
③ 《十力语要》卷一《谈墨子》,见《熊十力全集》第 4 卷,湖北教育出版社,2001,第 145~146 页。

可以看到，熊十力所设想的群体生活是个体性灵与群体生活互相平衡的理想生活。而孝弟则是培养人之性灵的基础，故而"人类一日存在，孝德便不可毁"（《原儒序》）。① 这样，家庭也不能尽废：

> 或曰：何不将小家庭与私有制根本铲绝之乎？曰：此恐未易行，而亦不必然也。人类之道德，发源于亲子之爱。若废小家庭制，则婴儿初生，即归公育，亲可不过问，而亲子之爱绝矣。父母老而公养，子可不过问，而亲子之爱又绝矣。天属之地，已绝爱源。而高谈博爱，恐人情日益浇薄，无以复其性也。儒家言道德，必由亲亲，而扩充之为仁民爱物。此其根本大义，不容变革者也。……故小家庭，未可全废。小家庭既许存在，则极小限度之私有财力制，亦当予以并有。……然则，利用小家庭与小限度之私有制，而导之于社会公同生活之中，使之化私为公，渐破除其种界国界之恶习，则全人类相亲如一体，而天下为公之治，可以期必，非臆想已。②

其实，按照熊十力对人之天性的理解，他既以孝与其他道德皆是发于人性之不容已，那么孝就必然是不会毁弃的了，否则就是毁灭人性了。依上所述，小家庭要存在，而小限度之私有制也要存在。那么，他所说的社会主义的群体生活究竟如何能实现呢，究竟如何"化私为公"呢？熊十力所寻找到的正是先秦儒家典籍中所常道的"民之父母"观念，这一观念亦见于《孝经·广至德章》。③ 熊十力认为"民之父母"所体现的是儒家的保育主义思想，他说：

> 儒家经典谓"王者为民之父母"，此中意义深远……父母于子无彼我之分，爱护之如其自护自爱也。唯然，故父母教养其子，尽心调顺扶导，时或不便调柔，不堪随顺，则严加禁戒，纳之正道。……其所以如此者，则父母于子无有我与非我之对峙观念，非若霸者视天下群众为自我以之

---

① 熊十力：《原儒序》，第 2 页。
② 熊十力：《读经示要》，第 50 页。
③ 《诗经·大雅·泂酌》："恺悌君子，民之父母。"关于儒家"民之父母"观念的政治含义，可参看荆雨《儒家"道德的政治"之当代重探：以民之父母为例》，载《社会科学战线》2012年第 10 期。

物也。既无我、非我对峙，即无自视为统治者之观念。无自视为统治者之观念，即无宰制其子之观念。无宰制其子之观念，故有调柔随顺，有扶持引导，皆所以养成其子之独立自由与发展其子之天赋良知良能。何则？父母之禁戒其子，本于一体不容已之爱护，非有宰割劫制之意欲存于其间，故其子于精神物质任何方面不唯无压抑之感，而只觉严父慈母春温秋肃气象，其感发兴起于无形，不能自明所以。①

他期望的君主与民众之关系不是统治与被统治的关系，而是父母与子女的关系，而且是平等的关系。他认为此关系无物我之对待，正是依人之本性为"与天地万物为一体"来说的。在熊十力看来，只有人人皆有士君子之行，才能实现真正的民主自由与社会主义，而在此之前，就只能实行保育主义，使圣王如父母般教养民众，以培养扩充民众的灵性，最后实现社会主义。可以看到，不论是此处"为民父母"的圣王，还是人人皆有士君子之行，都含有浓厚的儒家理想色彩。

虽然是理想，但这不代表理想作为一种观念就没有意义，如共产主义理想之于我们。职是之故，我们有必要对熊十力的天下观念做如下归纳：第一，天下是个政治单位，全世界都实行的是社会主义和民主政治；第二，天下指称最大范围的群体生活，民主政治、均平经济皆是为了实现人之灵性生活而设，这一点也是天下之成立的伦理合法性所在；第三，天下制度的建立要先经由有限度的家庭生活和保育主义；第四，只有中国文化、中国哲学才能成就灵性生活，故天下的建立要以中国文化为引导，唯孔子可以拯救世界。

前文对前三点都有比较充分的说明，而对第四点，此处需要再做申论，熊十力在《读经示要》和《中国历史讲话》二书中一再致意说，中国之国家组织，是要成就一"文化团体"，他说：

> 关于国家观念，一般人以我国人向来没有此等观念，其实不然。据实言之，我们所谓国家，与西洋列强所谓国家，根本不是一回事。西洋现代的国家，对内则常为一特殊阶级操持的工具，以镇压其他阶级；对于外则常为抢夺他国他族的工具。他们的国家是这样的恶东西，列强之间彼此都持着这样的恶东西相对待。不知将来如何得了。我们的国家，

---

① 熊十力：《韩非子评论》，上海书店出版社，2007，第39～40页。

绝不同他们一样。我欲说明他，却难措辞。我听说英国罗素先生曾有一句话，他说，中国并不是一个现代国家，而是最高的文化团体。① 这话说得好，用不着多敷说。我国……无阶级于内，无抢夺于外，就因为他常有维持最高文化团体的观念。这便是他的国家观念。由中国人这种观念扩充出去，人类都依着至诚、至信、至公、至善的方向去努力，可使全世界成一个最高的文化团体。……我们今日要维持民族的生命，为宇宙真理计，为全人类谋幸福计，我们都得要保全我固有的高尚文化。……我们诚然不能不改造我们国家的机构，以应付非常时局，但并不要变我们固有的国家观念，即始终是保持一个最高文化团体，决不拿来做毁坏人类的工具。②

熊十力认为中国的"国家"理念不同于"民族国家"，也不同于"阶级国家"，前者会导致对外侵略，而后者则会导致对内专制。用学界术语来说，"文化团体"就是"文明国家"，③ 这可以作为熊十力天下理论的第五点。而他认为作为中华民族"立国立人之特殊精神"④ 的孔学可以拯救世界的根据正在于此。因此，中华民族的"特殊精神"也就具有普遍意义。熊十力在《读经示要》与《中国历史讲话》的末尾均强调"文化团体"这一观念，这本身就值得人深思，这至少表明，他对中华民族精神与未来的思考，最终都自然而然地走向了对世界和天下的思考。

学界在言及天下观念时，往往会提及梁漱溟，但对其他的现代新儒家则甚少关注，如赵汀阳在其影响甚大的《天下体系》一书中就仅仅注意到梁，认为"梁漱溟往往被认为是新儒家，但其实他比新儒家在思想上要广阔得多。后来的现代新儒家运动也力推中国思想，但是现代新儒家团体在理解中国思想上视野过于狭隘……"⑤ 在笔者看来，熊十力立足于六经所阐发的天下观

---

① 对于罗素的说法我们也许不太熟悉，但是美国汉学家白鲁恂以中国为"文明国家"的说法，则为人所熟知，他说："中国是一个文化，却假装是个国家，而且是个古怪的国家（Erratic State）"。罗素之说，笔者尚未找到出处，待查。

② 熊十力：《中国历史讲话》，第 154～155 页。

③ 孙向晨：《民族国家、文明国家与天下意识》，《探索与争鸣》2014 年第 9 期。

④ 熊十力：《论六经》，第 11 页。

⑤ 赵汀阳：《天下体系：世界制度哲学导论》，中国人民大学出版社，2011，第 5 页。孙向晨论文中亦言及梁漱溟。赵汀阳在书中以自己所持天下观为"文化自由主义"，也许这反映出他认为现代新儒家并不是文化自由主义，而是狭隘的文化民族主义。笔者已比对了赵汀阳与熊十力的天下观念，二人所见相同处多，相异处少。相异者主要集中在对家庭和民主政治的看法上，对此，当另撰文详述。

念，是非常系统的、全面的，其思想的原创性与丰富性于此可见一斑，忽视他在这一问题上的探讨是我们今人视野上的缺陷。

余论　家庭与天下之间

近代中国在西方文化传入后遭遇到深重危机，而这一危机在理论上最为极致的体现，大概就是入室操戈的西化派对传统孝文化的批判，甚至称之为孝的宗教。[①] 熊十力虽未持这种看法，也绝非西化派，但他认为孝弟导致专制，这一看法也正是那一时代很多人的共识。熊十力欲恢复他所认为的孔子的孝观念，但其对孝的论述从来都是在个体—家庭—天下的结构中，他对孝的思考，不论是肯定还是否定，都可以说是他天下理论的一部分。

我们可以看到熊十力论述中的矛盾以及难以自洽之处：第一，他区分道德化的孝与政治化的孝，认为曾子、孟子是孝治派，那么，试问曾子的孝观念是从哪里来的，难道与孔子无关吗？他反对在孝之上附加政治意义，但是他关于"民之父母"的论述中又无疑有着政治意义。第二，他的论述中亦有极为理想的成分，如他认为孔子之"微言"是实现大同社会，但是人人都成为圣贤君子是不可能的，于是他又认为家庭不可骤然废除。但是家庭的存在却是属于他所说的"大义"，那么孔子的思想中难道就真的只有所谓微言，而无大义吗？微言与大义就不能并存吗？与将《大同书》秘不示人的康有为相较，或许可以说，熊十力正是将大同理论过早地拿以示人了，反而忽视了必然要经历的小康阶段。而且他不仅是拿以示人，而且是欲上呈给当时甫建的共和国政府，理想的思想与急切的心态溢于言外。

返回头说，熊十力思想中的并不融贯之处、理想之处，也可以说是他思想中必然的留存。学界公认熊十力是哲学大家，但熊十力之转向经学却是以对历史的关切为契机，此于其抗日战争爆发后撰定的《中国历史讲话》中即有明示，我们大概不会想到：一本题为谈论中国历史的书却用大量篇幅来谈孔子与六经！随着其思想的转向，也就从"发扬民族精神，莫切于史"[②] 转变为"求中国之特殊精神，莫若求之于哲学思想"[③]。可以看到，他对经学史

---

① 胡适在《中国哲学史大纲》中的说法。
② 熊十力：《中国历史讲话》，第 128 页。
③ 熊十力：《论六经》，第 10 页。

的理解、对古代哲学思想的采择都是经过过滤的，这与他对自汉至宋的历史之不满一脉相承。这并不意味着熊十力是历史虚无主义，就像宋代理学家亦以汉唐之间唯无道之天下，但熊氏哲学化的历史观所引生的就是一种从历史语境中抽象出来的哲学以及裁切后的儒学，而我们不难看出其背后所蕴藏的对西方民主自由的推崇。也许，正如熊十力所说："儒家本持世界主义，不限于自理其国而已"①，他对"微言"与"大义"的切割，正是其以"本心"涵容中西文化的缩影。欲容纳另一种文化，原有的文化必然要有所牺牲。从根本上来说，这是中国知识分子在面对现代性时试图将其本土化的处置策略，而"本土化的过程显示，想要维持特定的、整体性的传统是不可能的，因为传统已经被现代性所塑形，它最终只能成为不同社会利益与不同现代性概念之间相互冲突的场所"②，因此，一个春秋时期的孔子必然要被塑形为一个现代性的孔子。"改造孔子"的工作，我们一直在做。熊十力在家、国、天下之间的徘徊也正体现出了一代儒宗所传承的儒家之天下关怀。而他以阳明心学为思想资源来阐发天下理论，这一点尤其值得我们今天认真省思，一种作为生活世界的天下能够成立的根基是否正有赖于"人同此心，心同此理"的心性天下或道德天下的成立呢？这也是熊十力对孔子"微言"最为极致的阐发。

纵观熊十力个人思想的发展历程，其言民族精神、中华民族之立国精神、中国之特殊精神，都显现出他是在"民族国家"的视野上来看待现代中国的建立和形塑的。他说"发扬民族精神，莫切于史"即是"历史的民族化"，通过回溯历史和重新叙述历史来建构中华民族。借用德里克的话来说，这是在从历史中拯救民族国家。③ 但是他在触及六经与孔子的问题时，却回到了经学并最终回到哲学的普遍主义立场。我们知道以欧美为主导的现代性本就是以普遍主义的姿态自居，认为欧美的资本现代性及其相关的制度和文化将推行于全世界。熊十力也认为民族自由将是普遍的，但他回到哲学的普遍主义立场后，以孔子开创的儒学为拯救世界的普遍主义良药。这也正是现代性的一个悖论，当现代性以民族国家的形式展开时，又催生出了多元的现代性，"将现代性结构于特定的文化实体中，不仅滋生了现代性最为保守的文化主

---

① 熊十力：《中国历史讲话》，第192页。
② 〔美〕阿里夫·德里克：《后革命时代的中国》，上海人民出版社，2015，第63页。
③ 〔美〕阿里夫·德里克：《后革命时代的中国》，第29页。

张，并且转而对其加以合法化。"① 熊十力的文化保守主义论述正有着这样的逻辑。

又就现代性而言，民族国家只是欧洲现代性发展的一个阶段。在此之后，如影响较大的德里克的"三种现代性"理论所言，是全球现代性。大致可以说，熊十力一方面持有民族国家的现代性，另一方面则持有全球现代性的观念。前者是拜西方所赐，而后者则是根源于中国儒家传统的大同理想与天下观念。可以说，熊十力从民族国家的现代性观念滑到了全球现代性。就中国近代而言，并没有形成完整的、健全的国家观念，在这样的形势下，破除家庭观念，天下观念过盛，以为家庭和国家都是"私"的体现，而不是"仁"与"公心"的体现，这恰恰会进一步削弱国家观念。换句话说，家庭意识或许正是国家意识的前提。从另一方面说，熊十力所持的全球现代性却是同质的现代性，但是现代性并不意味着同质性、一致性。没有理由可以假设不同文明的差异会自然消失。② 所以不论是熊十力说的民主自由还是孔子儒学遍及天下，这都是一厢情愿的理想化。这大概有助于我们理解熊十力在家庭和天下之间的徘徊。

---

① 〔美〕阿里夫·德里克：《后革命时代的中国》，第 58 页。
② 〔美〕阿里夫·德里克：《后革命时代的中国》，第 48～49 页。

儒学评论

国家治理

孟子与"救"的哲学

杨海文

摘　要：孟子通过三个故事——救小孩、救嫂子、救父亲，以及两种分析——救天下、救自己，阐释并敞开了"救"的哲学。特殊情形下，生命第一，人性第一，人人都应该救别人。一般情形下，修身养性，做好自己，才有能力救别人、救天下。救自己是内圣，救别人、救天下是外王。孟子"救"的哲学既是外王的政治哲学，更是内圣的心性哲学，实质是以内圣统摄外王的道德理想主义，具有深邃的理论价值与真切的现实意义。只要理想社会尚未来临，人们就永远走在"救"的路上。

关键词：孟子　救　道德

作　者：中山大学学报编辑部编审，中国孟子研究院尼山学者特聘专家。

《孟子》有三万多字，"救"字只出现九次（1·7、2·11、2·12、6·5、8·29、8·29、8·29、9·7、11·18①）。我们为什么要从"救"的角度讲孟子哲学呢？这是因为："理论在一个国家的实现程度，决定于理论满足这个国家的需要的程度。"② 下面从五个方面讨论，前三个方面是讲故事，后两个方面是讲哲理，从中可见孟子"救"的哲学不仅具有深邃的理论价值，而且具有真切的现实意义。

一　将入于井：要不要救小孩？

第一个故事的原文是：

---

① 此种序号注释，以杨伯峻译注《孟子译注》（中华书局，2010 年第 3 版）为据，下同。
② 〔德〕马克思：《〈黑格尔法哲学批判〉导言》，《马克思恩格斯选集》第 1 卷，人民出版社，1972，第 10 页。

所以谓人皆有不忍人之心者，今人乍见孺子将入于井，皆有怵惕恻隐之心——非所以内交于孺子之父母也，非所以要誉于乡党朋友也，非恶其声而然也。（3·6）

假如有个小孩即将掉进井里，你会不会救他？孟子认为：任何人略加思考甚至不用思考，就会做出肯定要救的决定。有人认为他不会救吗？他有这个想法，是现场就有，还是事后才有呢？如果是事后的想法，这好理解。如果是现场的想法，那就背离了孟子对于人之所以为人的最基本的规定。

救小孩的现场情境是：刚一看到小孩即将掉到井里，我马上就会去救；我救他的那一瞬间，脑子里没有想过任何东西，就是不假思索、义无反顾。直到把小孩救起来了，孟子开始追问我在那个瞬间为什么要救小孩。他不是用肯定的方式说的，而是用否定的方式说的。

孟子说：我之所以要救小孩，与三种情形毫不相干。第一种情形是小孩的父母有钱有势。我救了小孩，就可以与小孩的父母认识。他们为了感恩，以后就会帮我。第二种情形是我想在地方上搏个好名声。我平时为人不怎么样，但现在救了小孩，地方上的人会认为我还不错。第三种情形是小孩的哭声很难听，我讨厌小孩哭，才去救他。孟子认为，我在那个瞬间救小孩，一不是为了结识小孩的父母，二不是为了在乡亲们那里有个好名声，三不是因为厌恶小孩的哭声。这三个理由都被否定了，再有更多类似的理由同样会被否定。

我在那个瞬间救小孩的原因，到底是什么呢？孟子说：最根本、最形上的理由，在于你有恻隐、同情的不忍人之心。看到别人陷入困境，就忍不住想帮助别人摆脱困境；看到别人受苦受难，就忍不住想帮助别人摆脱苦难。我也会像别人那样陷入困境、受苦受难，所以，别人的困境、苦难其实就是我自己的困境、苦难。将心比心，我有恻隐、同情的不忍人之心，别人同样有恻隐、同情的不忍人之心，我们每个人都有恻隐、同情的不忍人之心。因为我有恻隐、同情的不忍人之心，所以，我会不假思索、义无反顾地救小孩。因为我们都有恻隐、同情的不忍人之心，所以，我们都会不假思索、义无反顾地救小孩。

先秦两汉时期，思想家以善、恶为关键词，形成三种关于人性的观点：第一种是孟子提出的性善论。小孩即将掉到井里，我会不假思索、义无反顾地去救他，所以人性是善的。换句话说，孟子用救小孩的故事，推出并证明了性善论。第二种是荀子提出的性恶论。与孟子针锋相对，荀子认为人性不是善的，而是恶的。第三种是汉代一些思想家提出的人性善恶混的观点，它是在综合孟、荀的基础上提出来的。后两种观点举不出救小孩那样直逼人心、当下证成的事例，性善论是中国传统人性论的主流。

以前，小孩子读的《三字经》，开头就说"人之初，性本善"，是说人一生下来，本性是善良的。有人重新打了一下标点，变成"人之初，性，本善"。意思是说：对于小伙子、大姑娘来说，性爱是多么美好的事情。这个解释也有道理，它补充了我们的哲学应当思考的另外一个方面的问题。如果只是把人性归结为道德、形上的东西，那肯定是片面的。把人性分为形上、形下两个方面，它才是完整的。① 如果从抽象与具体加在一块的角度来看人性，我们的绝大部分时间难道不是与具体的东西打交道吗？一天当中，究竟唯心的时候多，还是唯物的时候多呢？你在唯物的时候是否也在唯心，你在唯心的时候是否也在唯物呢？这都是值得我们思考的。

但是，看看现实生活，不救小孩的事情有很多。举个例子，就是 2011 年 10 月 13 日发生在佛山的小悦悦事件。那天晚上，两岁的小悦悦（本名王悦）相继被两辆车碾压，七分钟内有 18 个人经过那里，但都视而不见、漠然而去；最后，捡垃圾的老人陈贤妹看到了，她把小悦悦送到了医院。尽管小悦悦的生命最终没有被抢救过来，但陈贤妹的所作所为足以促使我们对这个时代做出深刻的反省。

我一直在思考：我们今天这个时代，真正的良知与最温馨、最感人的道德，到底存在于哪些人身上？最近"打老虎"，媒体统计出不少贪官是有博士学位的。问题来了：知识、权力与道德是不是一回事？你有知识，难道你就有道德吗？你有权力，难道你就是精神导师吗？知识、权力与道德是相得益彰的关系吗？说句心里话，老百姓希望你知识越多、权力越大，随之而来的是道德修养越高，为社会服务的意识越强。

许多关键时刻，恰恰是那些文化水平不高甚至没有文化的人，体现出人类最大的博爱、人之为人的最高道德境界。比如小悦悦事件当中，难道 18 个

---

① 有关孟子主张整全人性论的详细讨论，参见杨海文《孟子心性论的逻辑架构》，《南昌大学学报》（人文社会科学版）2002 年第 3 期，第 6～11 页。

路人有比陈贤妹的文化水平更低的吗？我没有做过调查，但我觉得他们的文化水平肯定都比陈贤妹高。他们一个个视而不见、漠然而去，只有陈贤妹救了小悦悦。所以，我读陈贤妹的事迹，觉得感人，更觉得悲哀。

同样是讲救人，我们再看一看 2006 年 11 月 20 日发生在南京的彭宇案。人们最初知道的案情是：有个老太太等候公共汽车，人来人往，被人撞倒。年轻人彭宇见状，把她扶了起来。结果，老太太说你这个小伙子不是来扶我，是你把我撞成骨折的。法院让彭宇赔了老太太一部分医疗费。彭宇觉得很委屈：为什么做了好事，反而惹上官司，还赔了钱呢？谁以后还敢做好事呢？2012 年 1 月，案情惊天逆转，说彭宇不是见义勇为，而是确实撞伤了老太太。

彭宇案到底是怎么一回事，我们不讨论。但是，由这个案子引发的社会后果是：我们走在路上，一看到有老人，就会尽量躲远一些。为什么呢？说不定老人一下子摔倒了，然后他说是你撞倒的。甚而至于，真的有人跌倒在地，即使只是举手之劳，现在也没有几个人敢去施救。这难道不是彭宇案带来的最恶劣的社会影响吗？俄罗斯小说《罪与罚》里面有个放高利贷的老太婆，后来被人杀死了。杀人之后，罪犯紧张而激动地说："我杀死的不是一个人，而是一个原则！"① 因为她放高利贷，所以我要杀死她；我这不是在杀某一个人，而是在消灭放高利贷的原则。彭宇案同样不是一个老太太与一个年轻人之间的事，它实际上把我们以前看到别人有难、就去帮一把的好传统彻底颠覆了。

在孟子讲的这个故事里，小孩没有名字，没有性别，我们用"他"表述，只是为了行文的方便；我与小孩未必有太密切的关系，甚至就是陌生人；把他救起来后，我与他极有可能不再发生别的关系。简单地说，这个小孩是抽象的人，是尚未展开的人；把他救起来的人则是具体的人，正在社会化的人，就是你、我、他这样的人。人在江湖，身不由己，会遇到比救小孩更复杂的事，所以，孟子"救"的哲学还得继续讲下来。

二　授受不亲：要不要救嫂子？

第二个故事的原文是：

---

① 〔俄〕陀思妥耶夫斯基：《罪与罚》，岳麟译，上海译文出版社，1979，第 320 页。

淳于髡曰:"男女授受不亲,礼与?"

孟子曰:"礼也。"

曰:"嫂溺,则援之以手乎?"

曰:"嫂溺不援,是豺狼也。男女授受不亲,礼也;嫂溺,援之以手者,权也。"(7·17)

中国古代社会规定男女授受不亲:小叔子不能与大嫂有身体上的任何接触,否则就是违礼。有人问孟子:"男女授受不亲,这是我们必须遵守的规定吗?"孟子说:"是的。"那人又问:"假设大嫂掉进了水里,生命危在旦夕,小叔子该不该救她呢?"孟子说:"小叔子肯定得救大嫂。如果不救,小叔子就是豺狼,就是禽兽。只有救了大嫂,小叔子的内心才会安宁。"大嫂掉进水里了,她的生命马上就会被无情的水流吞噬,你难道不去救她吗?小叔子说:我一定不能死守男女授受不亲的规定,我一定要救嫂子。

这个故事的意义在哪里呢?现实生活当中有很多规定,这些规定的制定肯定有自身的合理性,但你能说它们全部具有合理性吗?一条规定在某个地方、某个时间、某个具体情况下是合理的,但你能说它在所有地方、所有时间、所有情况下都是合理的吗?并不是这样的。有些规定只在特定条件下是合理的。一旦超出特定的条件,它就会变得不合理。打个比方:不同的脚穿不同的鞋子,绝不能削足适履;同样,如果活生生的、崭新的现实出现了,我们就不能死守旧的规定,而是要创造性地把旧的规定打破。

嫂子掉进水里,要不要救她?必须救她!在旧的规定与新的现实产生矛盾的情形下,我们要讲的最大原则是生命第一、人性第一的原则。假如旧的规定妨害了我们对于生命的爱,对于生命的尊重,它肯定就是错误的,这一时刻我们必须违背这条规定、超越这条规定。在生命第一、人性第一的前提下,所有的规定,哪怕是圣旨,我们都可以违背它、超越它。

一条规定在大多数场合下是合理的,只在个别场合下是不合理的。前者要求人们守经,后者要求人们行权①。在孟子眼里,如果不是嫂子掉进水里,小叔子平时是必须恪守男女授受不亲的。所以,男女授受不亲始终是中国古

① 有关孟子经权思想的详细讨论,参见杨海文《有一种人生智慧叫权变——孟子经权之辨的生存哲学阐释》,《现代哲学》2008 年第 1 期,第 117~123 页;杨海文:《激进权智与温和权慧:孟子经权观新论》,《中山大学学报》(社会科学版) 2011 年第 4 期,第 114~137 页。

代社会基本的伦理道德规定。

讲个有名的故事——海瑞杀女。海瑞（1514～1587）是明朝的大清官，他有个五岁的女儿。有一天，海瑞看到女儿正在吃糕饼，就问糕饼是哪里来的。女儿说是家里的小奴仆给的。海瑞十分气愤地说："男女授受不亲！你是女孩子，怎么能从男奴仆手里拿糕饼吃呢？假如你还要做我的女儿，你就不要吃饭了，你就饿死吧！"女儿果然不吃饭了，七天后活活被饿死。[1]

为什么男女授受不亲这个传统能够一直维持下来？只有嫂子掉进水里的时候，你才可以违背这条规定，其他情况下你还得遵守它。我们这里不谈男女授受不亲这类具体的规定以及它的时代局限性，就讲规定本身。规定要不要遵守呢？任何规定一旦被确立，就已显示它是有合理性的。家有家规，国有国法。我们无论作为父亲、儿子，还是作为领导、部下，都应当自觉地遵守特定角色下的相关规定。一般情况下，守国法、讲家规是我们的责任与义务。只有特殊情况下，我们才可以灵活地对原则、规定进行变更。已经确立起来的规定，可以帮助我们解决大部分问题；但对于有些突发性问题，没有规定能够帮我们，我们只能依据生命第一、人性第一的原则当机立断。

嫂子掉进水里这类事，你遇到过吗？比如你老婆问你：你妈与我同时掉进水里，你先救谁？同样是至亲至爱之人，老婆、老妈都掉进水里了，先救哪一个？有人俏皮地说：假如由老婆提出这个问题，表明她的素质根本不适合做人家的媳妇；假如由男人提出这个问题，那它根本就不是男人应该提的问题。所以，先要救母亲，因为母亲是天下最伟大的人；至于老婆，等儿子去救，不就可以了吗？

老婆、老妈同时掉进水里，你先救哪一个，谁能给出标准答案？有人说："我肯定会救的，但究竟先救哪一个，要看当时的感觉。人的感觉是一刹那、几秒钟的事，当时的行动和行动之前的感觉是最重要的。"这一理解相当符合孟子的精神。生死关头，人性本善，那一瞬间的感觉就是生命第一、人性第一的不忍人之心。根源于这一片刻闪亮起来的不忍人之心，小叔子冲破规定的桎梏，不假思索、义无反顾地救了嫂子。虽然救老妈还是救老婆让人更为棘手，但只要你不假思索、义无反顾，无论先把谁救起，都是不忍人之心的体现。

---

[1] 有关这个故事的文献来源，参见杨海文《"海瑞杀女"与"百度百科"》，《社会科学论坛》2014年第12期，第169～172页。

三 瞽瞍杀人：要不要救父亲？

第三个故事的原文是：

> 桃应问曰："舜为天子，皋陶为士，瞽瞍杀人，则如之何？"
>
> 孟子曰："执之而已矣。"
>
> "然则舜不禁与？"
>
> 曰："夫舜恶得而禁之？夫有所受之也。"
>
> "然则舜如之何？"
>
> 曰："舜视弃天下犹弃敝蹝也。窃负而逃，遵海滨而处，终身诉然，乐而忘天下。"（13·35）

这个故事讲舜为什么要救父亲瞽瞍。即将掉到井里的小孩与我可能是陌生人，大嫂应该与我没有血缘关系，父亲与我是有血缘关系的。从小孩、大嫂到父亲，他们与我的关系越来越密切。舜是圣人，瞽瞍是恶人。从救小孩、救嫂子到救父亲，故事的情节越来越复杂。

有人问："舜做天子，皋陶做法官。如果瞽瞍杀了人，皋陶该怎么办？"意思是说：假如天子的父亲杀了人，法官该怎么办？孟子说："法官得把他抓起来。"那人又问："法官抓起来后，天子该怎么办？"孟子说："那就不做天子了，把天子之位当作破鞋一样扔掉。然后，从监狱里偷偷救出父亲，一起逃到海边，快快乐乐生活一辈子，把做过天子的事忘个一干二净。"

舜的家庭主要成员有父亲瞽瞍、继母、同父异母的弟弟。父亲极其顽固，继母不近人情，同父异母的弟弟也坏。他们对舜都不好，想方设法置舜于死地。回到古代，一个人为什么能够成为圣人？标准很多，有一条绝对不能违背，那就是尽孝道、做孝子。舜生活在恶劣的家庭环境中，却竭尽为子之道，千方百计让顽固不化的父亲以及继母、弟弟过得好好的。舜是大孝子，是大圣人。

现在的情况是：父亲杀了人，舜该怎么办？舜是大孝子，又是天子，这是两个会打架的角色。从天子的角色看，舜不能阻止法官把父亲抓进牢里。接下来，走司法程序，一命偿一命。这是舜作为大孝子绝不能接受的结果。所以，从大孝子的角色看，舜不做天子了，成了劫狱犯，他把父亲从牢里救了出来，父子两人逃到海边住了下来。

舜窃负而逃是历史上的经典故事。为了救父亲，舜连天子之位都不要了，一般人做得到吗？在天子之位与大孝子之间，舜为什么抛弃天子之位，要做大孝子呢？父亲杀了人，法官抓起来了，而舜劫狱，这不是在与法律对着干吗？礼与法有矛盾，这是事实；如何处理两者的关系，才能既问心无愧又于理不亏呢？孟子设计的方案不是搞调和、折中，而是让舜破坏既定的法律，以礼抗法，做了劫狱犯角色下的大孝子、大孝子角色下的劫狱犯。孟子的方案对不对呢？

礼法关系是人类生活中的重要关系。一般认为道德是内在的要求，法律是外在的要求。这种看法的实质是道德与法律从外面来看我们。我怎么从自身、从里面看道德与法律呢？比如，我喜欢这个道德，我就会照着它做；我不喜欢这个法律，我就不会照着它做。从我的角度、从里面看道德与法律，有两种情形：我相信这个道德是好的、这个法律是好的，我就会照它的要求实践，这种观念是内在的，是我内在地看道德与法律；我不相信这个道德是好的、这个法律是好的，我就不会照它的要求实践，这种观念是外在的，是我外在地看道德与法律。①

舜如何以自己的方式，从里面看道德与法律呢？对于道德，舜始终是内在地相信的，并坚定地按照它的规定去做。他是大孝子，觉得做不做天子无所谓，但讨父母欢心，让父母高高兴兴、快快乐乐，那是他的本分。对于法律，舜在一般情况下会照着做，而在特殊情况下不会照着做。一般情况下，舜既相信道德，又相信法律，都是内在地相信。特殊情况下，比如父亲杀了人、又被抓了，舜仍然内在地相信道德，但已不内在地相信法律。舜窃负而逃的故事表明：礼是高于法的，那些戕害天伦之乐的法律绝不是好法律。

中国古代社会是亲情社会。父亲犯了罪，儿子不能检举；父亲偷了东西，儿子不能告发。孔子说："吾党之直者异于是：父为子隐，子为父隐——直在其中矣。"（《论语》13·18②）父亲从外面偷了羊回家，儿子不能作证；但凡发生这类事，父亲必须为儿子隐瞒，儿子必须为父亲隐瞒。这种观点对不对，是另外一回事。父子相隐是中国古代社会一直延续的传统，目的是维护亲情，

---

① 详细讨论，参见杨海文《父亲杀了人，儿子怎么办？》，《中华读书报》2012年5月23日，第15版《国学》。

② 此种序号注释，以杨伯峻译注《论语译注》（中华书局，1980年第2版）为据，下同。

让亲情不因父亲或儿子做了不好的事，一下子被破坏。人非圣贤，孰能无过？我不检举、不告发，而是替你隐瞒——这是在维护伦理亲情；我私下劝你悔过自新，不再犯错——这又是在维护法律规定。在维护伦理亲情的大前提下维护法律规定，就是孔子说的"直在其中"。

对于孔子讲的父子相隐、孟子讲的舜窃负而逃，两千多年来有过很多讨论，并受到传统价值观的肯定。现代社会，亲亲相隐的传统价值观被否定。亲人犯了罪，非得让我到法庭作证，说是法律赋予的权利与义务，否则就犯了包庇罪。这样做的后果是：我觉得对不起亲人，其他亲人看我的眼神大变，以前的亲情关系难以维系下来。虽然我履行了法定义务，但我于心不安，心里不高兴、不愉快。有识之士把这类法律当作不尊重人性、与人性对着干的坏规定。

21世纪以来，哲学界重提亲亲相隐的现代价值，取得良好的现实效果。2012年3月14日通过并于2013年1月1日起施行的《中华人民共和国刑事诉讼法》第188条规定："经人民法院通知，证人没有正当理由不出庭作证的，人民法院可以强制其到庭，但是被告人的配偶、父母、子女除外。"① 这条新增加的规定表明：亲人——被告人的配偶、父母、子女不作证，是法律赋予的权利与自由！中国古代的亲亲相隐传统，终于得到当代法律的认可。

人情大于天。如果把人情这一块全部抽掉，这个世界对于我们还有什么意义呢？一个家庭连人情都没有了，还要那几间房子、一堆钱干什么？亲人犯了罪，要受惩罚，却让另外的亲人作证，亲人会对这个世界彻底绝望。因为他觉得连亲人都抛弃他了，他在这个世界上还有什么依靠、还有什么希望呢？再积极改造、重新做人，图个什么？所以，这条新增加的法律规定给了人情最好的辩护：人情是至关重要的，亲人之间的感情是至关重要的。从此，我们每个人有了一块受法律保护的小地方，却可以像舜窃负而逃的时候那样——不内在地相信法律。亲情被救起来了，还有什么救不起来呢？

"遵海滨而处"是不是说舜与瞽瞍来到另外一个国家，不再受以前那个国家的管束？海滨是化外之地吗？这个海滨到底在哪里？它肯定不是指具体的地方。如果说它在某个地方，我只能说它在我们心里。孟子没有讲法官是否带着人马，追到海滨来抓舜与瞽瞍。为什么没有讲？因为在法官看来，我也

① 《〈中华人民共和国刑事诉讼法〉新旧条文对照》，中国民主法制出版社，2012，第45页。

是父亲的儿子，我把孝也看得这么高；假如我父亲杀了人，我也只能走舜窃负而逃的路。所以，这个海滨不是另外一个国家，不是化外之地，而是人类理想社会的隐喻。

孔子做过鲁国的大法官。他觉得做法官的最高理想是"无讼"（《论语》12·13），社会和谐到没有官司可打，世界不再需要法律，人们生活得十分美好。在孟子心中，海滨是没有法律的地方，那里只有亲情、人性。从"无讼"到海滨，前圣、后圣一也！历史唯物主义告诉人们：人类历史发展到最高、最后阶段，国家会消亡，法律等国家机器会消亡，但人与人之间的亲情不会消亡，哲学不会消亡。展望理想社会，东圣、西圣一也！

四　当今之世：要不要救天下？

前面讲救人的故事：救小孩，救嫂子，救父亲。整个天下要不要救？如果要救，拿什么救？有人问孟子："整个天下都掉进水里了，你为什么不去救？"孟子说："嫂子掉进水里，我可以用手去救。整个天下掉进水里，我要救它，就得用道去救。没有人用手救得了天下！"（7·17）孟子生活在战国时代。那个时代，经常打仗，到处打仗，所以叫作战国。理想社会遥遥无期，人类正在经历的任何时代其实都是战国时代，人们都得像孟子那样以道救天下。

这次讲座的开头，我说《孟子》全书只有九个"救"字。与心、性、仁、义等概念相比，它不显山、不露水，以前很少有人拿它大做文章。仔细读一读，其中有三个"救"字讲的就是以道救天下。

——孟子说："……救民于水火之中，取其残而已矣。"（6·5）这个"救"字是说：周王征战天下，杀掉暴君，是为了把老百姓从水深火热之中救出来。

——孟子说："思天下之民匹夫匹妇有不被尧舜之泽者，若己推而内之沟中。其自任以天下之重如此，故就汤而说之以伐夏救民。"（9·7）这个"救"字是说：伊尹觉得天底下只要有一个人没有享受到尧舜之道的好处，就仿佛是自己把他推进了沟里。正因以天下为己任，伊尹来到商汤手下，劝说商汤讨伐夏桀、拯救民众。

——孟子说："仁之胜不仁也，犹水胜火。今之为仁者，犹以一杯水救一车薪之火也；不熄，则谓之水不胜火，此又与于不仁之甚者也，亦终必亡而已矣。"（11·18）这个"救"字是说：水可以灭火，仁胜过不仁。如今那些行仁者，拿一杯水去灭一车柴的火；火没有灭掉，反而说水灭不了火。他们与不仁者相比，有过之而无不及，最终必将自取灭亡。

周王、伊尹救民于水火之中，是以道救天下。战国时代哪有周王、伊尹这样的圣贤豪杰？孟子周游列国，见到的无一不是"以一杯水救一车薪之火"的假仁假义者、无道者。天下不能不救，谁来救？孟子用自己孱弱的肩膀，扛起了以道救天下的重任：

> 五百年必有王者兴，其间必有名世者。由周而来，七百有余岁矣。以其数，则过矣；以其时考之，则可矣。夫天未欲平治天下也；如欲平治天下，当今之世，舍我其谁也？（4·13）

五百年是历史发展的基本周期。每过五百年，必有圣君应运而生，必有命世之才脱颖而出。可是，从周武王算起，已经七百多年，两个"必"还没有变成现实。论时间，不止五百年了；论时势，该是圣君、贤相出来收拾局面了。难道老天爷还不想让天下安定下来吗？假如要让天下安定下来，当今这个世上，除了我，还有谁呢？

"当今之世，舍我其谁"，是孟子以道救天下的点睛之笔，是他代表儒家知识分子立下的豪言壮语。道指什么？它不是指歪门邪道，而是指仁义中正之道。谁来救？除了圣君之外，孟子觉得伊尹那样的贤相最重要。儒家知识分子要成为伊尹一样的命世之才，首先就得："故天将降大任于是人也，必先苦其心志，劳其筋骨，饿其体肤，空乏其身，行拂乱其所为，所以动心忍性，曾益其所不能。"（12·15）如何救天下，本来是政治哲学问题。但是，不先修身养性，不先救自己，你怎么接得住老天爷赋予你的救天下的大任呢？

五　心不若人：要不要救自己？

"救"的哲学，在孟子这里，既是外王的政治哲学，更是内圣的心性哲学，实质是以内圣统摄外王的道德理想主义。你要救小孩、救嫂子、救父亲、救天下，更要救自己。如果你连自己都救不了，你凭什么能救天下？救自己，就是救回你被放逐的本心，救回你自己的羞恶之心。救自己，主要不是讲自己有困难了自己救，而是讲培育心性，做好自己，然后有能力去救别人。

孟子说："人有鸡犬放，则知求之；有放心而不知求。学问之道无他，求其放心而已矣。"（11·11）家家户户养鸡、养狗，白天放它们出去，晚上叫它们回家。到了晚上，它们还不回家，大人、小孩就会四处去找。你的心被放逐了，你却不去把它找回来。这样行吗？孟子认为：儒家修身养性的学问卑之无甚高论，就是要你把自己那颗"放心"找回家。

孟子说："今有无名之指屈而不信，非疾痛害事也，如有能信之者，则不远秦、楚之路，为指之不若人也。指不若人，则知恶之；心不若人，则不知恶，此之谓不知类也。"（11·12）有个人的无名指长得有点弯曲，伸不直，但不痛，也不碍事。可他觉得美中不足，只要听说有医院能治，就会跋山涉水、不远千里去治。你的无名指不如别人，你知道这不好。你的心不如别人，你为什么不知道这更不好呢？

孟子说："今有人日攘其邻之鸡者，或告之曰：'是非君子之道。'曰：'请损之，月攘一鸡，以待来年，然后已。'——如知其非义，斯速已矣，何待来年？"（6·8）小偷每天从邻居家偷鸡。被人劝诫一番后，小偷说："那我少偷一些，每月只偷一只，到明年再也不偷了。"既然你知道偷鸡摸狗不是君子之道，为什么不立马收手，而要等到来年呢？

孟子还讲过一个故事：有个齐人，既有大老婆，还有小老婆。齐人每天外出，回家都是吃得饱饱的样子。大老婆就问："老公，你外面的富贵朋友很多吧？"齐人说是的。老婆们觉得齐人的富贵朋友那么多，为何一个也没有来过家里，有些问题。第二天早上，大老婆跟在齐人后面，想看个究竟。不看不知道，一看吓一跳。从街头到街尾，没有任何人理睬齐人。到了吃饭的时候，齐人直奔东郊的墓地，把扫墓人留下的残羹冷炙席卷而空；没有吃饱，又到别的地方乞讨。讲完故事，孟子说："由君子观之，则人之所以求富贵利达者，其妻妾不羞也，而不相泣者，几希矣。"（8·33）富贵之心，人皆有之，关键是要取之有道。靠乞讨得来的富贵，要让妻儿老小不感到羞耻，简直是天方夜谭。

我们读《射雕英雄传》第30回《一灯大师》，看到黄蓉背过她父亲黄药师写的一首打油诗："乞丐何曾有二妻？邻家焉得许多鸡？当时尚有周天子，何事纷纷说魏齐？"① 乞丐竟然有两个老婆，邻居竟然有那么多鸡让人偷，这

---

① 金庸：《射雕英雄传》第三集，三联书店，1995，第1092页。

在逻辑上确实说不通。我再补充一下：孟子当时设计的仁政理想，说八口之家要有"五母鸡，二母彘"（13·22），能喂五只母鸡，再喂两头小母猪。五只母鸡让人偷，五天就偷完了，哪容小偷先是每天偷、然后每月偷呢？

经典有些话难免经不起常识的推敲，这不值得大惊小怪。你真正该惊诧的是：孟子为农民设想的五只母鸡、两头小母猪的幸福生活，实现了吗？花了多少年实现的？直到1853年，洪秀全（1814~1864）主持制订的《天朝田亩制度》还写道："凡天下每家五母鸡，二母彘，无失其时。"[①] 它完完全全是《孟子》的复制、翻版，连升级版都不是。历史走了两千多年，农民的幸福生活却一直靠五只母鸡、两头小母猪来支撑。[②] 时间过得好快，理想走得好慢，面对这样的历史，谁不心酸？救天下，真难！

救自己，同样难。它是很漫长的一个过程、很艰巨的一件事，三言两语难以说清。举个例子：每个人都会遇到不平之事，心里难受；你亲身经历的，更难受。怎么办？有人可能采取激进措施，但我主张温和地应对。人类文化遗产中有很多优秀的东西，你一定要内在地相信它。你相信它，内心就会平和起来。孟子说："君子之言也，不下带而道存焉；君子之守，修其身而天下平。"（14·32）老老实实做人，实实在在做事，就是做好自己，救自己。人人都这样做，社会能不和谐吗？

如果救自己与救别人有矛盾，怎么办？如果采取中庸之道，这个度怎么把握？这里先回顾一下"范跑跑事件"：2008年汶川大地震，范跑跑身为人民教师，不管学生的死活，自己先从教室跑了出来，引起极大反响。你救别人，既取决于你是否有这个能力，又取决于你当时的角色。作为老师，范跑跑该不该救学生？我觉得该救。孩子们那么小，逃生能力差、技巧少，需要老师引导。有老师在，孩子们的生存希望就在。所以，灾难来临，老师救学生，不仅是在救别人，而且是在救自己——捍卫人民教师这个伟大的称号。如果范跑跑不是老师，只是一般人，他是否可以不救？"无恻隐之心，非人也。"（3·6）在大地震那个特定情境下，包括范跑跑在内，任何人都没有选择不救的自由！

---

① 广东省太平天国研究会、广州市社会科学研究所：《洪秀全集》，广东人民出版社，1985，第168页。

② 杨海文：《王道"下乡"：重读孟子的"穷人经济学"》，杨国荣主编《思想与文化》第8辑《现代性的中国视域》，华东师范大学出版社，2008，第305页。

　　汶川大地震属于紧急情况，救井边的小孩、救落水的大嫂同样属于紧急情况。人命关天，命悬一线，你唯一能做的就是不假思索、义无反顾地救人。话说回来，紧急情况不是生活的常态。如果从生活的常态看救别人与救自己的冲突，孟子强调先救自己，因为只有先救了自己，你才有能力救别人。救自己是内圣，救别人是外王，先内圣、后外王，良好的道德品质是你救别人、救天下的大根大本。中庸之道的那个度在哪里？就看我们如何对紧急情况与生活常态加以区分。

　　同样是从生活常态看，道德与法律是维系社会的两大力量。古人常说：关起门来，恩情大于法律；走出门外，法律大于恩情。我觉得：家庭层面，道德更重要，我们要以德治家；国家层面，法律更重要，我们要以法治国。如果以法治家，这个家肯定不是好家。以德治家，就是先救自己，然后再救别人、救天下。家是小的国，国是大的家。如果所有的家都治好了，以法治国还会难吗？好的个人生活必将转换为好的公共生活。

汉末儒学家崔寔的统治论

串田久治

摘　要：东汉末期，有一位对现实政治进行尖锐批判的儒家学者崔寔，他的《政论》是研究东汉末期儒家思想的重要资料。遗憾的是《政论》的原本已经散佚，不过从《后汉书》本传、《群书治要》所载的《政论》，以及《意林》等类书中引用的片段，还可以窥见他卓越的统治论。他分析东汉末期的社会，提出三种"天下之患"和具体的解决办法，极力强调国家应有的使命。同时，对于胡作非为、无视民众的当政者，建议采取"权变之道"的"严刑峻法"，认为"上下相安，政如一家"，"无苟且之政，吏民供奉"，"竭忠尽节而无一切之计"，"能君臣和睦，百姓康乐"，这样才能重新构筑健全的国家。崔寔的这种统治论，后来被徐干的《中论》和仲长统的《昌言》所继承。

关键词：崔寔　《政论》　天下之患　权变之道　严刑峻法
作　者：文学博士，日本桃山学院大学教授。

东汉末年，有不少儒家学者对混乱的国家中存在的问题提出尖锐的批判。关于这一方面，迄今已经有人提到王符（生卒年不详）和仲长统（179～220）的例子，但是对于崔寔（？～170?）和徐干（170～217）、孔融（153～208）和祢衡（173～198）等人，则几乎无人论及[①]。其原因之一，大概是由于《后汉书》把王符、仲长统和王充（27?～100）放在同一列传里加以介绍，后来韩愈又在《后汉三贤赞三首》里把他们三人誉为"后汉三贤"的缘故吧。与此相对，在崔寔的场合，他的岁时记《四民月令》非常有名，因而也

[①]　关于孔融、祢衡，参见拙论《孔融と祢衡》（孔融与祢衡，《爱媛大学法文学部论集·文学科编》第17号，1984）。

有相关的研究成果，然而他的统治论《政论》却未受到关注。的确，由于《政论》已经散佚，所以难以考察，然而这样的情况，其实《四民月令》以及仲长统的《昌言》也是一样。还有徐干的大著《中论》，尽管被曹丕赞誉为"唯干著论，成一家言"（《典论·论文》），可是在《后汉书》和《三国志》里都没有完整的传记。孔融与祢衡虽然都被列入《后汉书》，但是由于没有著作，所以没有作为思想家而受到关注，即使这是出于无奈，可是崔寔的《政论》和徐干的《中论》，对于东汉末期儒家思想的研究来说，都是重要的政论。

一　崔寔的生平与《政论》的成立

东汉末期，崔寔的《政论》，被从根本上批判现实的儒教、试图重建新儒教伦理的仲长统誉为"凡为人主，宜写一通，置之坐侧"（《后汉书·崔寔》），被范晔誉为"寔之政论，言当世理乱，虽晁错之徒不能过也"（《后汉书·崔寔》论），"子真持论，感起昏俗"（《后汉书·崔寔》赞）。那么《政论》究竟是怎样的著作呢？《后汉书》本传里只有"论当世便事数十条，名曰《政论》"的简短记载，恐怕《政论》算不上大著。不过，就我们现在所能看到的《群书治要》里的一段来说，如果说它相当于原书中一条的一部分，那么《政论》应当是一部比较系统的著作。① 另外，后世的《隋书·经籍志》里作"正论六卷"，《旧唐书·经籍志》作"崔氏政论五卷"，《新唐书·艺文志》作"崔氏政论六卷"，都把《政论》归入法家类，然而，如果了解此书的内容，便可知道这样归类并不合理。

可是，关于崔寔的生卒年，《后汉书》里没有明确的记载，关于《政论》的撰写年代也不清楚。② 据《后汉书》本传，桓帝之初（147 年），崔寔被举

---

① 《后汉书》本传所载的是一部分（相当于《群书治要》的第一节，然非全部），《群书治要》（四部丛刊本）里有五节，严可均将其分为七节，并辑录了其他类书中所引的《政论》。关于魏征的五节与严可均的七节，从其内容来看，分为七节更为妥当。现有分为七节的《群书治要》（日本宫内省图书寮所藏）。本文以《群书治要》为底本，本传中有的部分依从本传，在与类书存在文字差异的场合，除明显的错误之外，均依从本传及《群书治要》，不过节数采用《后汉书文》的七节。

② 关于崔寔的生卒年和《政论》的成立年代，详见拙论《崔寔〈政论〉について》（关于崔寔的《政论》，《爱媛大学法文学部论集·文学科编》第 15 号，1982）。

为"至孝独行之士",公元151年参与《汉纪》的编纂,后任五原太守,"斥卖储峙,为作纺绩、织纴、练缊之具以教之,民得以免寒苦",倾自家之财,教五原百姓制作工具,使人民在冬季严寒、生活困苦中得到救济。延熹二年(159),大将军梁冀被诛,崔寔因曾任司马而被免官,判处囚禁数年,大约在公元162~163年拜辽东太守,赴任途中,恰逢母亲去世,刚一到任便返回故乡服丧。服丧结束后,再次被召,官拜尚书(165年前后),然而"以世方阻乱,称疾不视事,数月免归",时在公元166~167年。从《政论》的内容来看,此书的成立应在"数月免归"前后。

二 "天下之患"

由光武帝复兴起来的绝对君主制,经明帝、章帝三代相继之后,以和帝即位为契机,开始走向崩溃,那就是生母窦太后的摄政和太后之兄窦宪的登场。和帝试图扫除窦氏家族的势力,于是利用宦官,同时也成了允许宦官势力抬头的先驱。刚刚出生一百多天就即位的殇帝,在位八个月便死亡,之后由年仅13岁的安帝即位,政权掌握在取代了宦官势力的邓太后及其兄邓骘的手中。邓骘将邓氏家族的野心集于一身,担任大将军,几个弟弟也被封侯,势力嚣张,然而太后死后,又被宦官压倒。邓太后一死,安帝的皇后阎氏及其兄弟阎显、阎景等人肆意弄权,到了安帝死后,阎太后也代少帝摄政,压制宦官。但是仅仅过了二百多天,少帝病死,这次是宦官压制阎氏,拥立顺帝即位。

就这样,和帝以后,外戚与宦官两股势力轮番登场,令人眼花缭乱,国家成了他们争权夺利的角斗场。而且,在即位当初疏远外戚与宦官的顺帝,也在阳嘉元年(132)迎娶梁氏为皇后,从此政治的实权转移到外戚梁氏手中,皇后之父梁商、其兄梁冀,以大将军的身份执掌国政,在冲帝、质帝和幼帝的废立问题上肆意妄为,极尽专横。于是国政混乱,东汉王朝开始显露衰败的征兆。

而后15岁的桓帝即位,梁太后摄政,而后以"跋扈将军"梁冀为中心,形成梁氏家族擅权专断长达二十年的局面。延熹二年(159),梁太后死去,桓帝逼梁冀自尽,并将梁氏家族一齐问罪论斩,然而此时的桓帝与当初和帝铲除邓氏家族一样,他所依赖的还是宦官势力。就这样,宦官取代了外戚而掌握政治实权，扩充势力，横暴至极。外戚与宦官之间没完没了的权力争夺战，自然导致社会的混乱与衰退，酿成党锢之祸，引生黄巾之乱，逐渐促成了东汉的灭亡。

崔寔生活在这样的腐败和混乱之中，他是怎样看待当时的社会呢？

> 自汉兴以来，三百五十余岁矣。政令垢翫，上下怠懈，风俗彫敝，人庶巧伪，百姓嚣然，咸复思中兴之救矣。（《后汉书·崔寔》）

就是说，从刘邦成为汉中王以来，已经过了三百几十年，从光武帝复兴汉朝算起，也已经一百几十年，现在崔寔最关注的问题就是民风低下。在他看来，民风原本是国家盛衰的晴雨表，国家安定则民风纯美，反之，国家濒临危机时，民风也随之凋敝，民风凋敝则搅乱世间，危及国家。那么，所谓民风凋敝是指什么呢？那就是"奢僭"。他列举三条说明"天下之患"，其中第一条说的就是人们的"奢僭"之风。

> 故王政一倾，普天率土莫不奢僭者，非家至人告，乃时势驱之使然。此则天下之患一也。（《政论》第二节）

民众之所以变得"奢僭"，是过度的浪费、奢侈傲慢的社会风气所造成的。人们喜好奢侈，本是人之常情，"犹急水之归下，下川之赴壑"，由于放任自流，民众"乃送终之家，亦无法度，至用檽梓黄肠，多藏宝货，享牛作倡，高坟大寝"，于是导致"下僭其上，尊卑无别，礼坏而莫救，法堕而不恒"的状况，民众越发变得"奢僭"。这是第一种"天下之患"。

更令人叹息的是，世人都把过上"奢僭"生活的人当作成功者而加以称赞，没有人觉得那是羞耻。就这样，民众变得奢侈，下面的人心安理得地僭越犯上，如果这种情况连续不断，那将如何是好？如此"则无用之器贵，本务之业贱矣"，结果必定是有利可图的工商业者越来越多，而从事利益微薄的农业生产的人则越来越少。这是第二种"天下之患"。

> 国以民为根，民以谷为命。命尽则根拔，根拔则本颠。此最国家之毒忧，可为热心者也。斯则天下之患二也。（《政论》第二节）

无论如何，国家的职责是"要措斯世于安宁之域而已"（《后汉书·崔寔》），而作为国家，其发挥机能的原动力在于农桑业。百姓如果脱离农桑，那么对于国家来说，就会造成致命的危险。即如崔寔所说，"苟无力穑，焉得有年？财郁蓄而不尽出，百姓穷匮而为奸寇"（《政论》第二节），结果必然造成粮仓空虚、牢狱满员的狼狈状况。

> 夫民善之则畜，恶之则仇。仇满天下，可不惧哉？是以有国有家者，甚畏其民。既畏其怨，又畏其罚。故养之如伤病，爱之如赤子，兢兢业业，惧以终始，恐失群臣之和，以堕先王之轨也。（《政论》第五节）

养活民众才是国家的使命，它是国家安定的根本保障。假如国家能以这样的姿态对待民众，那么民众就会安心从事农桑生产；如果农桑业得到重视，那么民众的生活就能安定，甚至整个社会都能稳定，不再有犯上作乱的事情发生。国家的职责就是养活民众，换句话说，就是要使民众的生活富裕起来。民众在物质上得到了满足，法令和政令就不会成为束缚民众的枷锁，每个人都会守礼节而知荣辱。他在这里引用《管子·牧民篇》的话，说明富民的重要性。

> 凡人情之所通好，则恕己而足之。因民有乐生之性，故分禄以颐其士，制庐井以养其萌，然后上下交足，厥心乃静。人非食不活，衣食足然后可教以礼义，威以刑罚。苟其不足，慈亲不能畜其子，况君能揖其臣乎？故古记曰："仓廪实而知礼节，衣食足而知荣辱。"（《政论》第六节）

与国家养民的道理相同，父母抚养子女、丈夫养育妻儿、子女赡养父母、祭祀祖先和生育后代是作为孩子的当然义务，这些都是儒教的伦理。尽管这样，想要赡养父母、养育妻儿，却力不从心。这种情况并不单是所谓庶民的问题，就是官吏也有"其奉禄甚薄，仰不足以养父母，俯不足以活妻子"的苦楚。如果生活无法维持，那么"不迎父母，则违定省；不致妻子，则继嗣绝。迎之不足相赡，自非夷齐，孰能饿死"？大家不是伯夷、叔齐，不可能靠采薇食蕨生活下去，更不要说活活等着饿死，"于是则有卖官鬻狱，盗贼主守之奸生矣"。如果心爱的父母妻儿遇到饥饿痛苦，那就难免卖官鬻爵，施行贿赂，收买法官，或者甘冒生命危险去获取食物。"今所使分威权、御民人、理狱讼、干府库者，皆群臣之所为，而其奉禄甚薄。"当时的现实就是这样悲惨，官吏统治下的民众缺衣少食，他们就像是"渴马守水，饿犬护肉"，到了这等地步，说什么"不与百姓争利"已经没有意义，更不用说指望他们发扬"推让之风"，那只能是空想而已（以上参见《政论》第六节）。

根据这种悲惨的现实，崔寔一边引用《易·系辞上》和《论语·为政篇》里的孔子言论，一边揭露官吏和百姓的关系：

> 《易》曰："言行，君子所以动天地也。"仲尼曰："人而无信，不知其可。"今官之接民，甚多违理。苟解面前，不顾先哲。……是以百姓创艾，咸以官为忌讳，遁逃鼠窜，莫肯应募，因乃捕之，劫以威势。（《政论》第三节）

不管是善是恶，是言论还是行动，只要从自身发出，就会影响他人，因此官吏的言行直接影响民众，左右民众的生活，乃至牵动社会。还有，人类社会如果没有相互信任的关系，那就什么都无从谈起。在本来应该官民之间互相信任的社会，哪里还有什么官吏得到民众的信赖？民众把官吏看作蛇蝎一样的可恶，避之唯恐不及，与此相对，官吏则以暴力威胁民众。就这样，本来应该成为民众典范的官吏倒行逆施，官吏与民众互相反目，争夺利益，很显然，其结果只能是"风移于诈，俗易于欺，狱讼繁多，民好残伪"。这样的错误是怎么造成的呢？就是因为"不明为国之体，苟割胫以肥头，不知胫弱亦将颠仆也。礼讥聚敛之臣"（《政论》第三节）。

> 外溺奢风，内忧穷竭，故在位者则犯王法以聚敛，愚民则冒罪戮以为健。俗之坏败，乃至于斯。此天下之患三也。（《政论》第二节）

像这样的政治，还不曾看到过有什么好处。这就是他所说的第三种"天下之患"。

就像上面看到的那样，崔寔认为国家应当保证民众的安全，对于民众，要让他们勤俭朴素，努力从事农桑生产；对于官员乃至他们的下属，要让他们以子产和西门豹为榜样，时时注意"或实清廉，心平行洁，内省不疚，不肯媚灶"（《政论》第五节）。为此，他还主张"其禄以防其贪，欲使之取足于奉"（《政论》第六节）。

三 崔寔的统治论——权变之道

> 凡天下所以不理者，常由人主承平日久，俗渐敝而不悟，政寖衰而不改，习乱安危，怢不自睹。或荒耽嗜欲，不恤万机；或耳蔽箴诲，厌伪忽真；或犹豫歧路，莫适所从；或见信之佐，括囊守禄；或疏远之臣，言以贱废。（《后汉书·崔寔》）

煽惑百姓追求奢侈，唯利是图轻视农桑，说到底是国家的责任，只有推行能让民众安心从事农桑的政治，"诚宜有以满天下望，称兆民之心"（《政论》第一节），才是国家的使命。可是统治者对社会的弊病全不在意，对政治的颓废不思改变，对无数的纠纷麻木不仁，甚至对这些纠纷正在威胁国家也没有一点危机感，因此既没有决断力，也没有解决的方针，浑浑噩噩，一味追求欲望的满足，怎么可能把社会治理好呢？在这样的统治者手下，本来可以信任的臣下只能沉默不语，有识之士心灰意冷，国政纲纪越来越没人遵守。

要改变这种慢性衰败的局面，君主就应任用贤明的辅佐和博学的大臣，这正是自古以来圣王所采取的办法。这种办法对于治理社会弊病的确有一定的作用，但不是根本的治疗方法，去除病根的"济时拯世之术"（《后汉书·崔寔》）乃是"权变之道"（《后汉书·崔寔》，李贤注）。

> 故圣人执权，遭时定制，步骤之差，各有云设。不强人以不能，背急切而慕所闻也。（《后汉书·崔寔》）

在拘泥于既定的规则与法律，而对于法规必须适合时间与场合这一点道理都不懂的今天，民众想要社会恢复正常、过上安宁的日子，这种愿望只能落空。世界不是一成不变的，而是经常变化的。尽管如此，统治者却十年如一日般地梦想着昔日的美好时代，只考虑将其遗产留给后代妥善保存，而不想努力尝试改变思路。如果说社会总是变化的，那么要紧的就是"遭遇其时而定法制，不循于旧也"（《后汉书·崔寔》，李贤注），假如"背当时之急切，而慕所闻之事，则非济时之要"（《后汉书·崔寔》，李贤注）。崔寔把"拘文牵古，不达权制"的人称为"俗人"，认为这些人"乌可与论国家之大事哉"（《后汉书·崔寔》），应当抛弃。这个论据原来是汉武帝的话（《汉书·武帝纪》），而武帝的话又来源于孔子。

> 昔孝武皇帝策书曰："三代不同法，所由殊路，而建德一也。盖孔子对叶公以来远，哀公以临民，景公以节礼，非其不同，所急异务也。"（《政论》第一节）①

据说孔子曾被叶公、哀公、景公分别询问政治经验，针对他们各自的当务之急，做出了三种不同的回答。崔寔引用这个传说，是要说明君主必须具备的能力，即敏锐地洞察什么是迫切的问题，而为了解决这些问题，还要准确地判断什么是当务之急，同时对今天的君主进行非难，因为这两种能力在他们那里都不具备。既然君主如此无能，即便群臣是"暗于时权，安习所见"的"顽士"，那也不能只是责怪群臣了。

那么，他所说的"权变之道"究竟是怎样一种"道"呢？

> 今既不能纯法八世，故宜参以霸政，则宜重赏深罚以御之，明著法术以检之。自非上德，严之则理，宽之则乱。（《后汉书·崔寔》）

崔寔认为，当今之世，提倡三皇五帝的德治，即使说什么"为政以德""道之以德，齐之以礼"（《论语·为政篇》）也无济于事，要治理"政令垢翫，上下怠懈，风俗彫敝，人庶巧伪，百姓嚣然"（《后汉书·崔寔》）的现状，最好的办法就是"重赏深罚"。

为什么这样说呢？他首先回顾宣帝和元帝的时代。在他看来，宣帝时代与桓帝时代具有共通性，诸如匈奴问题、刑罚的失衡、酷吏的暴行等，两个时代都有很多相似之处。他对当初宣帝的决断与明察感到佩服，同时也确信自己的想法是正确的。首先，宣帝曾经下诏说："吏不廉平则治道衰。今小吏皆勤事，而奉禄薄，欲其毋侵渔百姓难矣。其益吏百石以下奉十五"（《汉书·宣帝纪》）。就是认识到社会的混乱是由于官吏的俸禄过低这个问题。而且崔寔称赞"孝宣皇帝明于君人之道，审于为政之理"（《后汉书·崔寔》），就是说"严刑峻法"比宣帝的恤民政策更有"破奸轨之胆，海内清肃，天下

---

① 这里所引孔子的话和《汉书》中武帝的话稍有出入。又《汉书》《后汉书》的注里都提到《韩非子》，其中与《韩非子·难三篇》里的人物也有差异。当然与《论语》也不一样，但是对话题主旨的理解没有任何影响。

密如"(《后汉书·崔寔》)的效果。

还有，就像宣帝自己所说："盖闻有功不赏，有罪不诛，虽唐虞犹不能以化天下"(《后汉书·崔寔》)，班固称赞说："孝宣之治，信赏必罚，综核名实，政事文学法理之士咸精其能"(《后汉书·崔寔》赞)。崔寔也认为"信赏必罚"是正确的，而且与宣帝时代情况相仿的桓帝时代也应当采取这样的措施。

与此相对，元帝"少而好儒，及即位，征用儒生，委之以政"(《汉书·元帝纪》赞)，所以班固批评说宣帝的功业败落在他的手里。同样，崔寔也说"及元帝即位，多行宽政，卒以堕损，威权始夺，遂为汉室基祸之主"(《后汉书·崔寔》)，严厉批评元帝的宽政，认为它是政治失策的典型样板。

就这样，崔寔和班固同样称赞宣帝，否定元帝。不过，他们并不是随随便便地否认元帝的儒术，也不是一味称赞宣帝的法术，这一点正如在"天下之患三"中所看到的那样。

的确，元帝时期"孝宣之业衰焉"(《汉书·元帝纪》赞)乃是事实，"然宽弘尽下，出于恭俭，号令温雅，有古之风烈"(《汉书·元帝纪》赞)，班固也承认这一点。对崔寔而言，元帝的"古之风烈"才是最美好的理想，所谓"宽弘""恭俭""温雅"，正是他从祖父崔骃、父亲崔瑗及母亲刘氏那里学来的、终身受用的生活方式。① 因此，他把宣帝的"严刑峻法"看作"为政之理"，完全是把它当作"达权救敝之理"(《后汉书·崔寔》)。

> 盖为国之法，有似理身，平则致养，疾则攻焉。夫刑罚者，治乱之药石也。德教者，兴平之梁肉也。夫以德教除残，是以梁肉理疾也。以刑罚理平，是以药石供养也。(《后汉书·崔寔》)

人在健康的时候，也需要一定的健康管理，但是不用吃药，然而一旦生病，那就必须治疗。同样的道理，国家也是这样。国家太平的时候，不需要刑罚，德教足以发挥作用。但是当国家处在衰退状态的时候，只靠德教就没有用了，而必须用严格的刑罚加以治理。为什么呢？因为对于健康的国家来说，德教是用来维持国家的滋养品，可是在病态的国家，人善良的一面不能

---

① 有关崔寔的祖父崔骃、父亲崔瑗及母亲刘氏的伦理观给他的影响，详见拙论《崔寔〈政論〉について》(关于崔寔的《政论》)一文。

发挥，连统治者的仁德也难得一见，既然无法期待统治者的仁德，那么要想靠仁德来教化民众就是不可能的了。

崔寔对宣帝给予高度的评价，是因为他冷静地看到仅仅依靠儒术无法治国这一现实，所以要根据时宜采用法术。

与此相反，桓帝时期，人们竞相奢侈，这种风气简直就像"急水之归下，下川之赴壑"（《政论》第二节）一样地蔓延。显而易见，如果放任自流，民众就会陷入穷困的境地。崔寔警告说：如今正是果断采取措施的时候，"必明法度以闭民欲，崇堤防以御水害"（《政论》第二节），然而"顷者法度颇不稽古，而旧号网漏吞舟"（《政论》第二节），这样必将重蹈历史的覆辙。

换句话说，由于桓帝对三种"天下之患"置之不顾，民众放弃农桑，民风充满奢淫，本该用来化俗的刑罚完全成了坑陷民众的工具，结果造成无法统治的社会。对于这样的末世，必须进行彻底的根治，而能够起到治疗作用的，就是"严刑峻法"（《后汉书·崔寔》）、"深刑重罚"（《政论》第二节）。

> 昔圣王远虑深思，患民情之难防，忧奢淫之害政，乃塞其源以绝其末，深其刑而重其罚。夫善堙川者，必杜其源。善防奸者，必绝其萌。昔子产相郑，殊尊卑，异章服，而国用治。岂大汉之明主，曾不如小藩之陪臣？在修之与不耳。（《政论》第二节）

现在马上就采取"深刑重罚"，这才是崔寔所说的"权变之道"。不过，就像古人所说，"权者反于经，然后有善者也。权之所设，舍死亡无所设。行权有道，自贬损以行权，不害人以行权。杀人以自生，亡人以自存，君子不为也"（《春秋公羊传·桓公十一年》）。所谓"权"，就是违反"经（理）"，它是为了最终达到最佳结果的临时变通，退求其次的策略，可以说是例外的措施，而不是绝对正确的政策。

结　语

韩非子根据"夫古今异俗，新故异备，如欲以宽缓之政治急世之民，犹无辔策而御駻马"（《韩非子·五蠹篇》）的观点，嘲笑"守株待兔"的做法，批判儒家的复古主义。的确，由于崔寔所说的"权变之道"其实就是"深刑重罚"，所以不能说他的思想里没有韩非子的影响。然而因此就把《政论》归入法家类，那又怎么样呢？如果这样归类的话，那么必须指出，他所主张的抑商重农、"仰不足以养父母，俯不足以活妻子"（《政论》第六节）等观点，显然是和孟子相一致的。① 不过，关于崔寔，把他嵌入那种既成框子的做法，恐怕没有什么意义吧。

韩非子的立场是对人彻底地不信任，只看重丝毫不带有伦理和爱之类的人情味的法律。崔寔可以说刚好相反，他把对人的信赖作为基础。乍一看去，他那基于儒教伦理的伦理观及生活方式，与他主张"深刑重罚"的意识，似乎显得矛盾，但他不是把法术当作天经地义的政治原理而加以固定化，而且也不认为它是教化的捷径——因为对他来说，这只是"权变之道"，而且这也是他的基本见解，所以在他那里，这两个方面并不矛盾。这一点非常清楚。

不仅如此。总的来说，他的"深刑重罚"，就像他所说的那样，"重刑阙于大臣，而密网刻于下职，鼎辅不思在宽之德，牧牧守守逐之，各竞摘微短，吹毛求疵，重案深诋，以中伤贞良"（《政论》第五节），针对的是那些倚仗权力公然作恶的当政者。具体来说，他是为了铲除和帝以后不断动摇王朝的外戚和宦官的暴行，于是才这样设想的吧？

无论如何，他所追求的理想国家，不是要用"深刑重罚"压制民众的杀戮型国家，而是"上下相安，政如一家"，"无苟且之政，吏民供奉"，"竭忠尽节，而无一切之计"，"能君臣和睦，百姓康乐"的国家，这才是他所追求的国家（《政论》第五节）。也是因为这个缘故，他认为秦朝依靠"深刑重罚"，"于是君臣始有不亲之釁矣"（《政论》第五节），所以他不认同秦朝的苛政。后来，崔寔的这种统治论被徐干的《中论》和仲长统的《昌言》所继承。②

---

① 《孟子·梁惠王上》："无恒产而有恒心者，惟士为能。若民则无恒产，因无恒心。苟无恒心，放辟邪侈，无不为已。及陷于罪，然后从而刑之，是罔民也。焉有仁人在位，罔民而可为也？是故明君制民之产，必使仰足以事父母，俯足以畜妻子，乐岁终身饱，凶年免于死亡。"

② 参见拙论《徐幹の政論——賢人の登用と賞罰》（徐干的政论——贤人的登用与赏罚，《爱媛大学法文学部论集·文学科编》第18号，1985）、《幸福論の展開——徐幹のばあい》（幸福论的展开——徐干的场合，《爱媛大学法文学部论集·文学科编》第19号，1986）、《仲長統の思想》（仲长统的思想，《懷德》第48号，怀德堂同友会，1978）、《仲長統——漢代儒家反主流派》（《中国思想史》，ぺりかん社，1987）。

谈儒家齐家治国平天下的智慧

詹海云

摘 要：本文重点有四：1. 儒者"家族国家观"的形成是由天下国家（家国异构）到家国天下（家国同构）；2. 儒家对"家"的几个主要看法：家的形成、家的内涵与齐家之法；3. 儒家对"家""国"关系的内外、轻重、冲突的取舍的分析；4. 天下的概念是怎么形成的与儒者的天下为公和世界秩序观。

关键词：儒家　家国关系　天下为公与世界秩序

作　者：西南交通大学哲学系特聘教授，主要研究领域为中国学术思想史，兼及文学、历史、哲学、教育、文化学。

本次会议主题是围绕儒家齐家治国平天下为中心，讨论各项有关话题，这个议题很有意义，也有很多误区、盲点及难题。首先，齐家治国平天下的家、国、天下究竟是一个什么样的概念，尤其是它们和原始儒家和儒学第一次转折（至少是春秋至秦汉时期的儒者，如孔子、孟子、荀子、董仲舒）面临时代的政治结构与社会实际，究竟应如何明确诠释当时的家、国、天下的概念，至今还有疑惑。另外，我们现在意义的家国天下，它到底指的是那一时期还是所有时期的儒家，也是我们应加以探讨的问题。

一　由天下国家到家国天下：儒者"家族国家观"
是如何形成的

大体说来，中国历史上的"家"① 至少应经过四个时期：（1）周代的宗

---

① 家的原始意义是"宫室，居住的家"，就这个意义而言，天子、诸侯、大夫、庶人均是从"家"出来，也有行政疆域的家，天子领地称天下，诸侯称国，大夫称家（此"家"是"国中之国"），它是由上而下划分，是为政治权力所支配。

法下的"家"(春秋与战国又有不同。天子是部族共和下的领导,他领导的家是天下,春秋大体是天子分封的诸侯大宗的家,战国大体是原先诸侯再分封出去的大夫的家。它们由原始初义的家,转变成政权分配的家)。(2)秦汉到隋唐的家。由于战国的吞并战争,交通的往来,国君亟须选贤与能,因此庶民(即布衣)兴起,他们可由布衣致卿相(凭才能改变个人原先无血缘的身份,成为政治身份的官员),所以,秦汉一统天下时,他们是具有协助诸侯国君夺取天下功劳的人,也就是庶民与贵族共治。汉初的同姓侯、异姓侯即说明此一现象。不过,庶民改变身份成为贵族,严格说就是新贵族阶级。宋以后,是由贵族阶层转为平民阶层,此时意义的家是由贵族的宗法转变为宗族组织和九代同堂的大家庭。1979 年后独生子女政策,大家庭不复存在,形成了 1(孩子)—2(夫妻)—4(父母、岳父母)的结构。因此"家"的定义和范围,就起了很大变化。

以下,让我初步探讨家国天下的初义,以及它如何转化成现代意义下的家、国、天下。吾人如能经由此探讨对古今家国天下的不同加以重视,假以时日,相信许多疑团会渐渐破解。

家,《说文》曰:"家,从宀,豭省声,家室,人所居住也。"① "家"字,当代古文字学家认为不仅一义,且字形也有不同说法。许慎说家(从宀,豭声),宀是屋檐,豭是豕,当代古文字学家或说家是从宀从亥。亥,子也(言家中有小儿)。不过,据甲骨文来看,家从宀,其下或为一豕,或为二豕,或为一豕一犬,均指宀下有六畜(豕、犬,豕可增加人形体的强健,犬则是替人警惕门户)。按社会发展史看,有了"家",六畜可以自行繁殖,不须再外出打猎,生命也有了保障,生活就安定下来,可以安居了。所以,"家"标识一个时代(畜牧时代)的结束,另一个时代(鸡犬之声,农业时代)的开始。

"国(國)"字初为"或"字,从戈、从口、从一。戈为武器,口是将东西南北四方圈起来,以养经济作物(农作物、动物、植物)的地方,后来"或"借为指示代词的"或者",于是另造一口,在"或"的四周。不论是"或"还是"国(國)",都有执持武器、保护疆域及其上之经济产物的意义,因而就有"领地"之义。国与邦,原先都是诸侯的领地庄园之称。它的核心

---

① 《说文》卷七下,上海古籍出版社,2011,第 337 页。

意义就是说土地上有军队驻扎及保护。

天下，是复词，最早可能是出自《诗经》："溥天之下，莫非王土。率土之滨，莫非王臣。"① 这里的"天""地"（土）有天神地祇的残留意义。原义是天地原是具有大威力的天神地祇所有，而天神地祇意旨不可见，须借人间代言人（即王）传达。其后，人间代言人的"王"把自己巧妙说成是"神之子"，因此《诗经》这四句，就有天、地、王三种身份，其实"王，往也"（《尔雅》），固指王（王道、王者）是天下人心所向往臣服的对象，但是就像天、地受人崇拜敬畏，王具有了天神地祇之子的身份，自然也是人心归往所在。所以，"天下"最早极有可能指天神治理之下的地方，依据中国古代政治结构的构造，天子的权力来自天（天是吾父，地是吾母），诸侯的权力来自天子。大夫的权力来自诸侯，那么天下→国→家原来的权力构造是天（神）→天子（天下）→诸侯（国）→家（大夫），这是一个由上而下的权力建构起来的方式，它应是初期国家权力结构的模式，但它与后来儒家由社会结构形成的国家结构模式（家→国→天下）不同。所以，儒家"家→国→天下"的家族国家结构是异于神权威权下的君臣国家结构的。

商朝尚鬼好淫祀，多神，认为山川皆有神灵，不仅每事卜，而且每神拜，最终导致亡国。这说明上帝鬼神之不可信赖、不可凭赖。所以，周公一再告诫其兄弟及子侄（如周成王）要远离酒，要凭借人（修德）才能保有国家。所以，他说"修德保民"，虽然周公由神（商人重鬼）向人转移，但周公修德的目的是"保民"（保有人民，不使民众生二心——叛变与逃离），其用意在"保民"，修德只是工具②。到了孔子，才说"修己以安人"③。安民是使人民生活或内心安稳、安定、安适，"安民"与"保民"一字之差，孔子重"安"，是以人为本（人民具有优先性）。周公"保"民是保护民众不流失、

---

① 《诗经·小雅·北山》：陟彼北山，言采其杞。偕偕士子，朝夕从事。王事靡盬，忧我父母。溥天之下，莫非王土。率土之滨，莫非王臣。大夫不均，我从事独贤。
② 在《周书·康诰》与《周书·梓材》中保民思想十分浓烈。《康诰》曰：王曰："呜呼！封，汝念哉！今民将在祇遹乃文考，绍闻衣德言。往敷求于殷先哲王用保乂民。汝丕远惟商耇成人，宅心知训。别求闻由古先哲王，用康保民。弘于天，若德裕乃身，不废在王命。"《周书·梓材》曰："皇天既付中国民越厥疆土于先王，肆王惟德用，和怿先后迷民，用怿先王受命。已若兹监，惟曰至于万年，惟王子子孙孙永保民。"
③ 《论语》卷七《宪问》第十四子路问君子。子曰："修己以敬。"曰："如斯而已乎？"曰："修己以安人。"曰："如斯而已乎？"曰："修己以安百姓。修己以安百姓，尧舜其犹病诸！"

散亡各地。因此，严格说须到了孔子，民本（人本）的立场才正式提出并确立。孔子既然以民本的"安民"为主，则他心中的政治结构必然是向"家→国→天下"倾斜，且在"家"前加"修身"（修己），如此才是家族国家结构。

天下出现在《论语》27次，在《孟子》72次，由《诗经》"溥天之下"的神性余留义到"天下"一词紧密结合成组合式合义复词，天下成了天子属地。孟子说"不嗜杀人者能一之（天下）"[①]，又说：人有恒言曰"天下国家"，"一天下"是问的如何结束七国割据的乱局，则"天下"一词，当是解决国与国间的战争问题。"天下国家"则分别指"天下"为一词，"国家"为一词。《大学》是《礼记》中一篇，它不会早于战国末期，而战国末期正是一统天下，再创新局之时。

儒家的家→国→天下观是天下→国→家观的进一步发展，它萌芽于春秋末（孔子），成熟于战国中期（孟子），完备于秦汉之时的家属称呼、五服的丧祭（父系与母系）的家属关系图，也就是《礼记》《尔雅》（以及其后的《春秋繁露》《白虎通义》《说文解字》）的成书时（西汉初期—东汉末期）。

二　儒家对"家"的几个主要观点

从社会学角度言，"家"是社会组成的基层单位。那么什么是家的构成因素，以及家是如何运作和巩固的呢？还有家族的成员是否只是血缘关系，它和国与天下又产生怎样的联结？以下让我们一起来讨论这些问题。

1. 从独立的个体到成家立业的家：儒家论婚姻的意义

前面已经说到"家"的文字学意义是"安居"。字形结构是从宀从豕会意。在《说文》从宀（屋）的字中，"安"是很重要的一个字，它象征着

---

① 《梁惠王上》：孟子见梁襄王。出，语人曰："望之不似人君，就之而不见所畏焉。卒然问曰：'天下恶乎定？'吾对曰：'定于一。''孰能一之？'对曰：'不嗜杀人者能一之。''孰能与之？'对曰：'天下莫不与也。王知夫苗乎？七、八月之间旱，则苗槁矣。天油然作云，沛然下雨，则苗浡然兴之矣。其如是，孰能御之？今夫天下之人牧，未有不嗜杀人者也；如有不嗜杀人者，则天下之民皆引领而望之矣。诚如是也，民归之，由水之就下，沛然谁能御之？'"

家中有女（主中馈）则安，有豕（肉吃）则表示经济达到一定水平。① 从犬（指甲骨文中"家"字，在"宀"下同时有犬有豕）则表示人身与私有财产受到保护。因此"家"必须有女人，有犬（保护）有豕（粮食）。如此，家应是在农业社会，进入父系社会之时。但是这还没解决"家"里的人是如何结合的这一问题。《易经》的上经30卦是讲天道，所以头两卦是"乾"（天）"坤"（地）；下经34卦是讲人道，所以，从"咸"（感应）、"恒"（长久）开始。"咸"卦说：

> 咸，亨。利贞。取女，吉。
>
> 《彖》曰：咸，感也。柔上而刚下，二气感应以相与。止而说，男下女，是以'亨，利贞。取女，吉。'也。天地感而万物化生，圣人感人心而天下和平。观其所感，而天地万物之情可见也。②

《序卦传》进一步发挥说：

> 有天地然后有万物，有万物然后有男女，有男女然后有夫妇，有夫妇然后有父子，有父子然后有君臣，有君臣然后有上下，有上下然后礼义有所错。夫妇之道不可以不久也。故受之以《恒》。《恒》者，久也。③

当宇宙演化到男女时，男女要肯结为夫妇，才有父子君臣、上下之序。社会秩序（或规范）的"礼义"才有倡导的需要（因为"国家"必须在一定数量下才能成立），所以，五伦中"夫妇"这一伦儒家极为看重，并认为一切之伦理，莫大（重要）于夫妇。

可是，男女为何要成为夫妇呢？一是生物学上身体中的荷尔蒙助力，二是人心理上对探索身体（自身与异性）的好奇。而更主要的是西方心理学上

---

① 孟子曾说过六七十岁的老人不奔波于道路，且有肉吃，是王道之始。《梁惠王上》：（孟子）曰：不违农时，谷不可胜食也；数罟不入洿池，鱼鳖不可胜食也。斧斤以时入山林，材木不可胜用也。谷与鱼鳖不可胜食，材木不可胜用，是使民养生丧死无憾也。养生丧死无憾，王道之始也。五亩之宅，树之以桑，五十者可以衣帛矣！鸡豚狗彘之畜，无失其时，七十者可以食肉矣！百亩之田，勿夺其时，数口之家可以无饥矣！谨庠序之教，申之以孝悌之义，颁白者不负戴于道路矣。七十者衣帛食肉，黎民不饥不寒，然而不王者，未之有也。

② 见《易经》第三十一卦。

③ 见《易经·序卦传》。

所说追求"独立"（另创家庭）的过程与不断寻求归属感（父母→老师→同学→伴侣）。《易经·咸卦》说：男女愿意结合成为夫妇，首先要彼此有感觉，能通电流（这就是"咸，感也"的意思）。其次，要"男下女"，占有身体、智慧、地位、财富较多的男性愿意"下"（谦卑、臣服、尊重）女性。而女性愿意走入家庭，是寻求强壮、保护、安全、尊重、归属感觉的男性。① 所以，"男下女"是男女成为夫妇的"必要"条件，且是必经途径。另外，婚姻的意义是什么呢？《礼记·昏义》说：昏礼者，将合二姓之好，上以事宗庙，而下以继后世也，故君子重之。② 它是说婚姻不只是年轻男女两人的结合，更重要的意义是结合他们背后的两个家族。它不仅扩大家族的成员，更是"其后必蕃"（后世子孙的昌盛）的保证。③ 因此，在男女结婚时，必须经过纳采、问名、纳吉、纳征、请期、亲迎等六阶段，用来表示婚姻不是一件马马虎虎或即兴而为的事情。因此，《易经·恒卦》的"恒"，即指婚姻是长长久久，不是短暂的曾经拥有。④ 《易经》以感情交流、尊重女方，来解释男女为何愿意结合成夫妇，又愿生儿育女，可谓既深刻又合情理。⑤

2. 从家到家族、宗族——儒者"齐家"而后"治国"

上节已言，"昏姻者，合二姓之好"。加上古代社会是由宗教崇拜→祖宗崇拜→圣人（含英雄）崇拜。而"古之大事，惟祀与戎"⑥。戎，指战争，它是维护生存与谋求发展（拓疆辟土），祀指上天与祖先崇拜，均是求福去害。

祖先能福祐，也能祸祟后人。最初的婚姻是族内婚（或称同姓婚，如：伏羲女娲的兄妹婚），其间又有防止外族的抢婚，其后发展为族外婚（或称异姓婚，因为同姓不蕃，所以春秋之后多以族外婚为主），就有内亲外戚之划分。

家族不一定是有血缘关系的人。它可以扩大到家仆（以男性为主）或客

---

① 女性，从动物学言，凡雌性动物，天生就有生育能力。因此她们在找寻对象时，往往是选择她们心中所谓"最好"的伴侣。

② 见《礼记》第44《昏义》。

③ 《左传》有"男女同姓，其生不蕃"（僖公二十三年）。

④ 今之年轻人恒言："合则来，不合则去"，"不在乎长长久久，只在乎曾经拥有"，这是比较看重感情与生命均充满变数，难以长久。

⑤ 今人不婚、晚婚及不愿多生子女（即使二胎），固然有其个人特殊背景考量，但也难免有找不到对的人，和何必自苦若是的个人主义想法在内。

⑥ 《左传》成公八年："国之大事，在祀与戎。"

（和家庭关系密切的人，如：家里的助手、恩人、朋友）。宗族则须与血缘有一定的联系。早期的宗族有所谓"九族"与"五服"的说法。九族指自己以上四代和自己以下四代，但是实际上，家族最多是"五代同堂"。为什么用"五"字来限定家庭成员呢！一是依生命年岁言，人的生年往往不满百，古人虽结婚较早（女子十五而笄，可以嫁人。男子十六行冠礼，可以成家），但当时人说"人生七十古来稀"，"年未四十，而视茫茫，而发苍苍"①。所以，五代同堂应是最大极限。另外，《易经·系辞传》说："天数五，地数五，天地之数五十有五，所以成大衍之数也。"又有"九五之尊"之说。再加上《尚书·洪范》也有"五福"（一曰寿，二曰富，三曰康宁，四曰攸好德，五曰考终命）的说法，及其后"五行"（以"五"囊括宇宙基本物质及一切现象）等说法，五和三、九常用来代表多数与数之极。五世是指父子相继为一世。《礼记·大传》："有百世不迁之宗，有五世则迁之宗。"② 则是指宗庙、家庙中的始祖及左昭右穆之牌位。

　　家族发展到五代，其实已经很庞大了。一般而言，五代的核心亲属，已超过了 30 人。父系亲属则超过了 70 位，若再加上母系亲属，一个上百人的大家庭往往是常见的事。兹附表于下。

　　在这样上百人以上的家族，它的尊卑称呼、生活经费、人事管理及秩序管理都很不容易。更何况是在精英大家庭中，由于朝夕相处，奴婢众多，纠纷也很多。"家"的管理之所以困难，正由于它有情感的亲疏、财产的分配、劳务的分担比例等复杂的问题，常让人感到家事如麻。治家有时比治国还难。儒家谈及家和国，用的字眼是齐家治国。"治"是用威权（行政力）即可贯彻，"齐"是引导使齐（《论语》："导之以德，齐之以礼，民勉而无耻。"）——它的难度更大，领导能力的智慧要求更高。据《宋史》陆九渊家族人数近 200 人，他家三代以来，以孝友睦姻为朝廷所重。陆九渊兄弟在成年之后，其父即锻炼他们的治家能力。所以，以后陆九渊荆门新政即得利于青年时代的治家经验。

---

① 见韩愈《祭十二郎文》。
② 原文是："庶子不祭，明其宗也。庶子不为长子三年，不继祖也。别子为祖，继别为宗，继祢者为小宗。有百世不迁之宗，有五世则迁之宗。百世不迁者，别子之后也。宗其继别子之后者，百世不迁者也。宗其继高祖之后者，五世则迁者也。尊祖故敬宗，敬宗，尊祖之义也。有小宗而无大宗者，有大宗而无小宗者，有无宗亦莫之宗者，公子是也。公子有宗道，公子之公，为其士大夫之庶者，宗其士大夫之适者，公子之宗道也。绝族无移服，亲者属也。"

九族亲属表

		父系	父系		母系	母系	母系	母系
第四直系	第三直系	第二直系	第一直系	核心直系	第一旁系	第二旁系	第三旁系	第四旁系
				高祖父（高祖母）	高外曾祖父（高外曾祖母）			
			曾伯祖父（曾伯祖母）	曾祖父（曾祖母）	外曾祖父（外曾祖母）			
			曾叔祖父（曾叔祖母）					
		堂祖伯父（堂祖伯母）	伯祖父（伯祖母）	祖父（祖母）	外祖父（外祖母）	外表伯祖父（外表伯祖母）		
		堂祖叔父（堂祖叔母）	叔祖父（叔祖母）		外伯祖父（外伯祖母）	外表叔祖父（外表叔祖母）		
		堂姑祖（堂祖叔丈）	祖姑（祖姑丈）		外叔祖父（外叔祖母）	外舅祖父（外舅祖母）		
						外姑祖父（外姑祖母）		
						外姨祖父（外姨祖母）		
		堂伯父（堂伯母）	伯父（伯母）	父亲（母亲）	舅父（舅母）	表舅父（表舅母）		
		堂叔父（堂叔母）	叔父（叔母）		姨父（姨妈母）	表姨父（表姨母）		
			姑姑（姑丈）		堂舅父（堂舅母）			
族兄	再从兄	堂兄（堂兄嫂）	兄（兄嫂）	自己（丈夫/妻子）	表兄（表兄嫂）	堂表兄（堂表兄嫂）		再从表兄（再从表兄嫂）

续表

第四直系	第三直系	第二直系（父系）	第一直系（父系）	核心直系	第一旁系（母系）	第二旁系（母系）	第三旁系	第四旁系
族弟	再从弟	堂弟（堂弟妹）	弟（弟妹）		表弟（表弟妹）	堂表弟（堂表弟妹）	再从表弟（再从表弟妹）	
族姐	再从姐	堂姐（堂姐夫）			表姐（表姐夫）	堂表姐（堂表姐夫）	再从表姐（再从表姐夫）	
族妹	再从妹	堂妹（堂妹夫）			表妹（表妹夫）	堂表妹（堂表妹夫）	再从表妹（再从表妹夫）	
	再从侄	堂侄	侄	子（女）	外甥（外甥女）	堂表侄		
	再从侄女	堂侄女	侄女			堂表侄女		
		堂侄孙	侄孙	孙（孙女）	外甥孙（外甥孙女）			
		堂侄孙女	侄孙女					
			曾侄孙	曾孙（曾孙女）	外甥曾孙（外甥曾孙女）			
			曾侄孙女					
				玄孙（玄孙女）				

宗族包含家族、亲族和氏族。家有房，会由共爨到分房。宗族则重合姓共居，它有堂、堂号、堂名，奉祀始祖或始迁祖。它的组织结构须靠修订宗谱族谱来确定，而这又是十分困难的工作。因为年代久远、天灾人祸、境内流动、海外移民等，使得族谱时断时续。虽然如此，在儒家，尤其是孟子以"扩充"言"性善"，强调不推恩不足以保妻子，也不足以保四海的教诲下，宋代以来就有所谓的义田、义庄帮助族人的义行。

总之，在"男女—夫妇—家—家族—宗族"的结构下，家庭形成庞大的人口，并有众多事务要处理，尊卑称呼秩序待厘订。所以，儒家常用"家之内"形容家，"家之外"指称国。儒家先齐其家，然后以齐家之道的经验推至治国之上，也就是再自然不过的事。

3. 情、恩、孝、敬、仁、义、礼、教：儒者治家之法

《易经》既认为男女成家是由感情而来。父母子女关系亦多自先天来。《大学》说："未有学养子而后嫁者也。"女子生子自然会养子，这就是说母爱不必学习。儒家哲学以"仁"为中心。"仁"是决然在内，且可表现在外。"我欲仁，斯仁至矣，仁远乎哉。"① 古往今来许多学者把"仁"解为"二人以上才有仁的关系"（许慎《说文》）或把"仁者爱人"解释为"仁者，爱之德，心之理"（此朱子《论语集注》之说），虽然解释得颇具深义，但笔者以为还是程明道说得亲切，他说："麻木之谓不仁"。反过来说：不麻木就是仁。什么是不麻木呢？好比我们身上某处血液不流通，它就不会再感觉疼痛。"天，吾父也。地，吾母也。民，吾同胞也。"（张载《西铭》语）如果我们对他人的痛苦，没有将心比心，没有同情心，那就是"麻木不仁"了，母亲为什么天生就有母子之爱，因她的血液流在孩子的身上。十月怀胎，加上生产之艰难，自然感觉强烈，母子情深。儒家教材中的《诗经》说"无父何怙？无母何恃？出则衔恤，入则靡至。父兮生我，母兮鞠我。拊我畜我，长我育我。顾我复我，出入腹我。欲报之德，昊天罔极。"② 后人以此作为孝思无尽的解释。它也是从感情深厚言，"仁"的有感觉，自是"孝"道的基础，有了"仁"，自然就会"民吾同胞，物吾与也"，也会"吾非斯人之徒与而谁与"（论语）、"忧乐天下"（范仲淹）、"扩充处言性善"（孟子）。所以仁由

---

① 卷四《述而》：子曰："仁远乎哉？我欲仁，斯仁至矣。"
② 见《诗经·蓼莪》。

修己（身）贯彻到齐家、治国、平天下。

在古代中国法律，不孝父母是重罪。如弃养父母，更是罪中之罪。所谓孝，基本上有两种，一种是体养，即食养父母，这是为人子对其父最基本的养。一是志养，《孝经》说："身体发肤，受之父母，不敢毁伤，孝之始也。"① 《论语》则有"父母唯其疾之忧"。《孟子》说："知命者，不立乎岩墙之下。"② 曾子说："启予足！启予手……"③ 这说明好好照顾自己身体不让父母操心，是孝顺的志养开始。《孝经》又说"显亲扬名以立于世，孝之终也。"《孝经》是汉代的著作，故认为为国建功立业以显亲扬名是孝的最高表现。但是孟子就不如此说。孟子说："君子有三乐，王天下不与焉。父母俱存，兄弟无故，一乐也。"王天下是孟子，也是儒家最高理想，更是显亲扬名的极致，但是孟子说"不与焉"，因王天下要得时与位，那不是每个人都有的机会。而"父母俱存（照顾父母身体，使其高寿，是《尚书·洪范》五福之一）、兄弟无故（余按：故，事也。指纷扰不和之事。兄弟，含姐妹言。兄弟无故，指兄弟间感情很好，没有恩怨）是家中难能可贵之事，也是"我欲孝父母，斯孝至矣"。这才是最平实的孝顺父母，让父母开心无烦恼之事。

孝和仁的关系，是时时刻刻关心父母，但孝亦须与敬配合。孔子说："今之孝者，皆谓能养，不敬何以别乎。"④ 孔子又说："事父母几谏，见志不从，又从而不违。"⑤ 又对学生解释孝道说："无违"⑥。"敬"是什么呢？朱子解释得最好，他说："主一无适之谓敬。""主一"是心思一心只在一件事上。无适的适是往的意思，它是说心意不要乱跑。如果一心一意要和父母和谐，就要不论父母与我意见如何不同，我仍不改一心一意的孝敬之心。孔子更

---

① 见《开宗明义章》第一。
② 《孟子·尽心上》：孟子曰："莫非命也，顺受其正。是故知命者，不立乎岩墙之下。尽其道而死者，正命也。桎梏死者，非正命也。"
③ 《论语》卷四"泰伯"第八：曾子有疾，召门弟子曰："启予足！启予手！诗云'战战兢兢，如临深渊，如履薄冰。'而今而后，吾知免夫！小子！"
④ 《论语》卷一《为政》：子游问孝。子曰："今之孝者，是谓能养。至于犬马，皆能有养；不敬，何以别乎？"
⑤ 《论语》卷二《里仁》：子曰："事父母几谏。见志不从，又敬不违，劳而不怨。"
⑥ 《论语》卷一《为政》：孟懿子问孝。子曰："无违。"樊迟御，子告之曰："孟孙问孝于我，我对曰'无违'。"樊迟曰："何谓也？"子曰："生，事之以礼；死，葬之以礼，祭之以礼。"

进一步说孝是要"先意承志"，即和父母相处，如一心一意奉事父母自然就能"先意承志"地了解父母的想法，当然，要达到此境地是要很用心、贴心才行。

由于父子之间是以情与思为主。所以，"父子不相责善"，为的是其伤恩。"易子而教"，不是父不教子，而是教导过严，或要求过高，会遭受教者之反噬，以致伤父子之恩、家中之和谐。

义有二义，一是仪（样子），一是当为之事（义者，宜也，行事合宜。孟子认为做事需合宜，不可太过，如墨子兼爱会导致无父之亲；也不可不及，如杨朱为我，会忘记君臣之义。当为之事，必须是合宜之事。而合宜之事也需义无反顾，当为之也）。

儒家说："君君、父父、子子"，则国家治，即做父亲要父慈，做儿子要子孝。日常一言一行均不能违反为父为子的样子，同时要时时存有为父为子当有之心。义可以是社会要求的强制义，也可以是发自内心不待学而能、不待虑而得的根源本性义。孟子从根源言义，所以认为仁义都是内而非外，强调主体的自觉义与义的纯粹性。义更重要的是行仁、践礼的保障。义使得仁与礼可以完全落实在个体的内心与行为上，并促进社会发展往正道行走。

礼是定名分，成秩序。《礼记》说："礼者，理也，时为大。"① 《论语》说："夏礼，吾能言之……虽百世可知也。"② 由于礼以合理（人心之理及客观之理）为主，它是与时俱进、与时俱变的。因此礼就具有"因革损益"与"配合时代需求制定合时合理之制度"的两种含义。由个人而成家、由成家而家族而宗族，"时异则事为之备"。到了汉代，解释儒家家族身份名称及制礼之意的《礼记》《尔雅》《春秋繁露》《白虎通义》出现后，家国同构的家族国家论与家国异构的君臣国家论才完成了融合为一的中国特殊国情的国家观。

---

① 《礼记·礼器》：礼，时为大，顺次之，体次之，宜次之，称次之。尧授舜，舜授禹。汤放桀，武王伐纣。时也。《诗》云："匪革其犹，聿追来孝。"天地之祭，宗庙之事，父子之道，君臣之义，伦也。社稷山川之事，鬼神之祭，体也。丧祭之用，宾客之交，义也。羔豚而祭，百官皆足，大牢而祭，不必有余，此之谓称也。诸侯以龟为宝，以圭为瑞，家不宝龟，不藏圭，不台门，言有称也。

② 《论语》卷一《为政》：子张问："十世可知也？"子曰："殷因于夏礼，所损益，可知也；周因于殷礼，所损益，可知也；其或继周者，虽百世可知也。"

三 家国还是国家——谈儒家国家观的内外、轻重

1. 儒者对国家领导人及君臣关系的看法

家是由血缘、婚姻形成，自然的成分大，彼此身份的关系是永远无法割离的。国是由君臣关系而有，它是一种职场关系，所以关系是不固定的，并可改变的。唐代中叶的柳宗元及明末清初的黄宗羲在论及"国家"的发展时都很明确地看到这一点。黄宗羲更指出将君臣比喻为父子是很错误的看法。①顾炎武也指出亡国与亡天下不同。亡国是君臣之事，亡天下是匹夫有责焉②。

管仲不为公子纠而死，孔子学生认为不合君臣之义。孔子却说"微管仲，吾其被发而左衽矣。"③ 又说"管仲一匡天下，九合诸侯，如其仁！如其仁！"④ 子纠之亡，管仲为其家臣而不死，却辅佐子纠仇人小白为齐相，但是他主张尊王攘夷，挽救了华夏生灵免于沦为夷狄。这说明君臣（家臣）之义是小于天下之大义的。孟子说："君之视臣如土芥，则臣视君为寇雠。"⑤ 又说："闻诛一夫纣矣，未闻弑其君矣。"⑥ 他和孔子一样并没有把君主、天子看得如父如天，反而把下层（或基层）的"臣"与"百姓"看得平等或更为尊贵。国君可以被批评为"独夫"，为"望之不似人君"（指梁惠王），同时孟子更贱视国君的权力，提出"有天爵，有人爵"⑦。劝人们要养其天爵，对大人则要藐藐之。

2. 家国关系冲突时，儒者取舍原因的分析

在汉代有求忠臣于孝子之门的说法。故选拔人才有举孝廉，帝王称号均

---

① 《明夷待访录·原君》。
② 《顾亭林诗文集·廉耻》。
③ 《论语》卷七《宪问》：子贡曰："管仲非仁者与？桓公杀公子纠，不能死，又相之。"子曰："管仲相桓公，霸诸侯，一匡天下，民到于今受其赐。微管仲，吾其被发左衽矣。岂若匹夫匹妇之为谅也，自经于沟渎，而莫之知也。"
④ 《论语》卷七《宪问》第十四：子路曰："桓公杀公子纠，召忽死之，管仲不死。"曰："未仁乎？"子曰："桓公九合诸侯，不以兵车，管仲之力也。如其仁！如其仁！"
⑤ 《孟子·离娄下》：孟子告齐宣王曰："君之视臣如手足，则臣视君如腹心；君之视臣如犬马，则臣视君如国人；君之视臣如土芥，则臣视君如寇雠。"
⑥ 《孟子·梁惠王下》：曰："臣弑其君，可乎？"曰："贼仁者，谓之贼；贼义者，谓之残。残贼之人，谓之一夫。闻诛一夫纣矣，未闻其弑君也。"
⑦ 《孟子·告子上》孟子曰："有天爵者，有人爵者。仁义忠信，乐善不倦，此天爵也。公卿大夫，此人爵也。古之人，修其天爵而人爵从之。今之人，修其天爵以要人爵。既得人爵而弃其天爵，则惑之甚者也，终亦必亡而已矣。"

加"孝"字（如汉孝武帝），并强调以孝治天下。到了宋代，岳飞有"移孝作忠"，《水浒传》中 108 条好汉最后以归顺效忠皇帝作结。书名又将"忠"挂在"义"字前，名曰《忠义水浒传》。

皇权与家权，原先是一在上、一在下各自发展的。从周朝开始渐有合流之势。不过周武王首先破坏了"为人子当尽孝"的榜样。为了攻打商纣王，没有经过深思熟虑，不优先办理其父周文王的丧事，就用车子载着文王的木主（神主牌位）出发伐商。他又创立"墨经"的方式，表示自己时时尽孝。结果惹来伯夷、叔齐批评他是"以暴易暴兮"，且"义不食周粟而死"[①]。周武王开了墨经从戎，以后国君或臣子就用"夺情"掩饰或剥夺人子无法或不能尽孝，这是皇权干涉"家（门）之内"最粗暴的举动。

国家为了统治管理的方便，自然鼓励告密，以侦知作奸犯科之事。如果当事人为父亲时亦称许其子告密，并称之为直躬（不隐瞒其父犯罪是对国家忠实的直者、义人）。《论语》中就记载了此事与孔子的评语：

> 叶公语孔子曰：吾党有直躬者，其父攘羊，而子证之。孔子曰：吾党之直躬者异于是：父为子隐，子为父隐。直在其中矣。[②]

孔子认为父子有恩，告发父罪，不该是儿子的责任。汉以后及至今之法律都有藏匿犯人、罪同犯人的律令。但有三等亲可以减刑的折中规定。

孟子的学生曾请教老师，如果舜父瞽叟犯罪，舜如何处理才允当。孟子回答说："舜只有背着他的父亲逃到天边海角，隐姓埋名起来。"七八年前国内曾有一场关于儒家亲亲是否会妨碍法律公正性与执行性的讨论。笔者试以此条解释在公私两难中，舜的做法是否以亲亲妨碍了司法进行论述。首先，舜贵为天子，可以权力干涉司法，但舜没有以私害公。其次，就人子而言，父母只有一个。而治理国家的能人可以是任何人，所以，舜在天子之位，虽未能做完天子的任期，有违对人民的承诺，但他的逃跑，总比"心乱还处理国政可能犯下的错误决策"或"干涉司法"的结果来得好，或许也多少符合人心之常情。

---

① 《史记·伯夷列传》。
② 《论语》卷七《子路》第十三。

杀父之仇不共戴天，此儒者之义，也为社会所默许，但国家法律不允许以私人手段干扰国法，这也如同舜的两难。柳宗元《驳复仇议》的结论是称许孝子报杀父之大义，同时又绳孝子以国家之法来解决这两难问题。但是以舜的例子言，父子之情（私恩）显然大于国家与人民。不过，要是如舜那样为了父亲，把天子之位都抛弃了，可能一般人做不到，我们还是可以谅解舜的无可奈何之立场。

就"直躬"故事言，孔子没有反对他人揭发攘羊之事，只是为人子者不宜。就舜与瞽叟的假设事情言，孟子赞成父父子子各做自己该做的事。因为他的良心不允许他知法犯法，但也不能坐视老父日逾桑景还因于图圄之中而不过问。场合不同，身份不同，大原则（两人犯罪事实）不变（不反对绳之以法），各人之考量也许可以让他们有自己斟酌之空间，可能较为近理。

故从儒家言，反对"直躬"与"弃父不管"，还有后世称许的大义灭亲，均不合于儒者的主张。

对于治国之道，儒家主张"民溺已溺，民饥已饥"①，"急民之困"②、"富之然后教之"③、"有恒产者，始有恒心"④、"民为贵，社稷次之，君为轻"⑤。这些主张都是民本而非君本。而汉代的五德终始的政权轮替说，认为政权轮替不过是四季之代谢，均为自然而然，亦即"天道无往不复"之理。所以，王莽代汉，在当时不被认为是篡位之叛逆。此一轮代说显示了儒家的开放与前瞻。因为从论述尧舜（禅让政权）到"天下为公"再到五德始终，都说明儒家不是坚决主张国与天下都是一姓之家。

---

① 《孟子·离娄下》：禹、稷当平世，三过其门而不入，孔子贤之。颜子当乱世，居于陋巷，一箪食，一瓢饮，人不堪其忧，颜子不改其乐，孔子贤之。孟子曰："禹、稷、颜回同道。禹思天下有溺者，由己溺之也；稷思天下有饥者，由己饥之也。是以如是其急也。禹、稷、颜子易地则皆然。今有同室之人斗者，救之，虽被发缨冠而救之，可也。乡邻有斗者，被发缨冠而往救之，则惑也，虽闭户可也。"
② 柳宗元语。
③ 《论语》卷七《子路》第十三：子适卫，冉有仆。子曰："庶矣哉！"冉有曰："既庶矣。又何加焉？"曰："富之。"曰："既富矣，又何加焉？"曰："教之。"
④ 《孟子·梁惠王上》：曰："无恒产而有恒心者，惟士为能。若民则无恒产，因无恒心。苟无恒心，放辟邪侈，无不为已。及陷于罪，然后从而刑之，是罔民也。焉有仁人在位，罔民而可为也？是故明君制民之产，必使仰足以事父母，俯足以畜妻子；乐岁终身饱，凶年免于死亡；然后驱而之善，故民之从之也轻。"
⑤ 《孟子·尽心下》：孟子曰："民为贵，社稷次之，君为轻。是故得乎丘民而为天子；得乎天子为诸侯；得乎诸侯为大夫。诸侯危社稷，则变置；牺牲既成，粢盛既洁，祭祀以时，然而旱干水溢，则变置社稷。"

四　天下为公与世界秩序：论儒者的天下观

天下最初原义可能是天神地祇之统治属地，以后由于天子是天神的代言人与执行者，故转化为天子有效的治理地区，再其后天下、九州（大禹时代）①、四海（古人地理观）② 均被国人用来指人类生存的所有活动空间。往下则天下又与世界（佛语）③、国际（西方用语）④ 产生关联。

儒家认为"天地之大德曰生"⑤，即天地像父母一样提供一切生命成长之所需，它刚健运行不已，默默承载地上一切事物（含有生命与无生命）。在日光、夜晚与四季的春生夏长秋收冬藏的变化中，既劳我以生，又息我以死。天又使宇宙有一生死存亡的平衡次序，旧生命的死亡提供新生命生活的空间。宇宙的运行，不离动与变化，而它的运动方向总是朝向生命欣欣向荣（即生生不已）的方向发展。

尧舜的禅让，为儒者推崇不已，因它代表公心，不将天下据为己有。这正是法天的精神。尧让位于舜是经过多次测试舜在生产事业上的能力，舜被证明有能力使天下百姓生活更好，遂推介他为继任者。

孟子认为，不嗜杀人者能统一当时七雄割据一方的乱局。⑥ 孔子从正义论证战争的正当性时，他认为春秋无义战。因为政权转移不能以武力决胜负，国际纠纷更不宜诉诸战争，或借着武器竞赛维持恐怖制衡。

荀子认为王天下者，必须"财万物，长养人民，兼利天下"⑦，《礼记》

---

① 《夏书·禹贡》：禹别九州，随山浚川，任土作贡。禹敷土，随山刊木，奠高山大川。

② 《孟子·梁惠王上》：故推恩足以保四海，不推恩无以保妻子。古之人所以大过人者无他焉，善推其所为而已矣。今恩足以及禽兽，而功不至于百姓者，独何与？权，然后知轻重；度，然后知长短。物皆然，心为甚。王请度之。

③ 世界，佛教语，犹言宇宙。世指时间，界指空间。《楞严经》卷四："何名为众生世界？世为迁流，界为方位。汝今当知，东、西、南、北、东南、西南、东北、西北、上、下为界，过去、未来、现在为世。"南朝梁沈约《齐禅林寺尼净秀行状》："忽自见大光明遍于世界，山河树木，浩然无碍。"唐王缙《游悟真寺》："山河穷百万，世界满三千。"

④ 国际：国与国之间、世界各国之间。如：国际协定、国际地位。

⑤ 《易经·系辞下传》：天地之大德曰生，圣人之大宝曰位。何以守位曰仁。何以聚人曰财。理财正辞，禁民为非曰义。

⑥ 《孟子·梁惠王上》：孟子见梁襄王……问曰："天下恶乎定？"吾对曰："定于一。""孰能一之？"对曰："不嗜杀人者能一之。"

⑦ 《荀子·非十二子篇第六》：一天下，财万物，长养人民，兼利天下，通达之属莫不从服，六说者立息，十二子者迁化，则圣人之得执者，舜禹是也。

提出以诚治天下①。即治天下不要选举前说一套，选举后说一套，更不要像西方的先进国家只对本国讲自由、民主、博爱、平等，而对外国则忽视其人权。孟子还认为"以邻为壑"是国际间极不负责的劣行。今天，世界霸权国家奉行"决胜于境外"的战争策略，他们往往将武器与战场布置在他国，以他国为第一线，这些都不是儒者所同意的。

中国皇朝的"家天下"形成后，儒者提出"道统"与"治统"抗衡，并说"君子所不臣于其君有两种情形：一是臣子为祭祀主；一是当其为师，教导帝王时。"在《礼记·礼运篇》儒者更提出"天下为公""天下大同"的观念，要求"大道之行也，天下为公。选贤与能，讲信修睦，故人不独亲其亲，不独子其子，使老有所终，壮有所用，幼有所长，矜寡孤独废疾者，皆有所养。男有分，女有归。货，恶其弃于地也，不必藏于己；力，恶其不出于身也，不必为己。是故谋闭而不兴，盗窃乱贼而不作，故外户而不闭，是谓大同。"他描绘了有贤人出头、社福完善、经济分享、劳动互助、民风向淳的社会，并以此为人类社会最高的理想。天下者，天下人的天下，匹夫匹妇均有责任与义务去完善它。

在这样的天下中，儒者用"平"规划天下。平者，公平、和平也。人与国天生资源不一定均平，但可靠后天诚心助人，与人为善，引导祥和之气，以平易天下人心。如此，天下为公（公：一指公众，所有人类、各个国家的人民；一指共同享受文明开发、经济发达的成果），天下自然形成，而一切"谋"（为个人谋，为己图谋）闭自然而不兴，所有保护主义、外销侵夺、市场与资源之争夺也就会少之又少。届时，就不须尔虞我诈，也不会以和平为手段，军事为实力，霸权为结果。

儒家的家国天下观，生长在中国的政治和家庭结构中，虽非尽善尽美，但它实施的成果和揭橥的理念仍然有助于当代的思考。

---

① 《礼记·乐记第十九》：著诚去伪，礼之经也……廉直劲正庄诚之音作，而民肃敬。《礼记·中庸第三十一》："凡事豫则立，不豫则废。言前定则不跆，事前定则不困，行前定则不疚，道前定则不穷。在下位不获乎上，民不可得而治矣。获乎上有道，不信乎朋友，不获乎上矣；信乎朋友有道，不顺乎亲，不信乎朋友矣；顺乎亲有道，反诸身不诚，不顺乎亲矣；诚身有道，不明乎善，不诚乎身矣。诚者，天之道也；诚之者，人之道也。诚者不勉而中，不思而得，从容中道，圣人也。诚之者，择善而固执之者也。"

道之以德，齐之以礼

——孔子对春秋时期礼法之争的回应

黄　星

摘　要： 礼法之争，古已有之。论语章句"道之以德，齐之以礼"，既反映了孔子应对春秋礼法之辩所提出的"德礼化民"之基本施政方略，又申明了其内涵"尚礼轻刑""礼本刑辅"在民心归化、御民嗜欲上不可忽视的指导性与优越性。虽然这一应对，存在践行周期过长等不足之处，但对我们今天的德治法制建设而言，亦不失其借鉴真意。

关键词： 礼法之争　尚礼轻刑　德礼化民

作　者： 中国人民大学中国哲学博士，研究方向为先秦哲学，现供职于孔子研究院。

关于上古以降的礼法演易、礼法之别，近人吕思勉先生曾在其《先秦史》中，做过这样的评述：

> 古有礼而已矣，无法也。迨群治演进，人人之利害，稍不相同，始有悍然违众者。自其人言之，则曰违礼。违礼者，众不能不加以裁制，然其裁制也，亦不过诽议指摘而已。利害之相违日甚，悍然犯礼者非复诽议指摘所能止，乃不得不制之以力。于是有所谓法。法强人以必行之力强于礼，然其所强者，不能如礼之广。于其所必不容已者则强之，可出可入者则听之，此法之所以异于礼也。①

在吕思勉先生看来，我们现在所言说的"法"，亦即法律、成文法，其产生、发展，是世事演化、个体利益趋异的必然结果。上古时代有"礼"而无

---

① 吕思勉：《先秦史》，上海古籍出版社，2005，第391页。

"法"，有"诽议"而无"力制"，这是与其时的社会环境相适应的。晁福林先生就将春秋后期成文法被逐渐公布于众的原因，归为春秋后期宗族组织对普通民众影响渐弱的客观结果，而非简单的阶级矛盾尖锐。① 所以，和依赖于"众口铄金"的"礼"不同，"法"自诞生之初，就更注重弥补"礼"在现实执行力方面的不足。也正是因为对执行力的过分强调，"法"在一定程度上，也存在着畏人以力、而非服人以心的可能趋向。由此，虽然法家之始创者管仲②，在春秋中期就以禁民邪微、节民以序的"牧民之法"，辅佐齐桓公"九合诸侯、一匡天下"③，但直至春秋后期，在关于法、法律、刑的讨论中④，仍存在着"尚礼非刑（法）"的思想倾向。如《左传·昭公六年》中，叔向在郑子产铸刑书这一事件上，就断言，"夏有乱政而作《禹刑》，商有乱政而作《汤刑》，周有乱政而作《九刑》，三辟之兴，皆叔世也。今吾子相郑国，作封洫，立谤政，制参辟，铸刑书，将以靖民，不亦难乎?"⑤ 无独有偶，时隔二十三年，孔子在晋赵鞅铸刑鼎这一事件上，亦不无慨叹道："晋其亡乎，失其度矣。"⑥ 孔子在这一历史事件上"信而好古"⑦、"克己复礼"⑧的思想倾向，就其容身的礼崩乐坏之季世而言，不仅是对叔向"奉之以旧法，考之以先王"⑨的政治理念的简单沿袭，更是在当时动荡不安的社会背景下，充分体认"礼"之德化、"法"之刑教的不同发用后，对业已延续到春秋后期的礼法之争，或者说是礼刑之辩的最终回应。而孔子的这一治政思想倾向也可以简单概括为"道之以德，齐之以礼"，而非时俗选择的"道之以政，齐之以刑"。

《论语·为政》篇中，对这个颇具"礼刑之辩"意味的观点，做了更深层次的阐释，亦即"道之以政，齐之以刑，民免而无耻。道之以德，齐之以

---

① 晁福林：《春秋战国的社会变迁》，商务印书馆，2011，第778页脚注3。
② 管子其人，在宋濂看来，虽不若商鞅、韩非等传统法家之严苛、刻薄，但其实为法家之论的"始作俑者"。（参见宋濂著，顾颉刚标点《诸子辩》，朴社，1925，第4页）
③ 参见《史记·管晏列传》，（汉）司马迁撰，（宋）裴骃集解，（唐）司马贞索隐，（唐）张守节正义《史记》，中华书局，1999，第1695页。
④ 我们现代意义上所说的法、法律，在这一时期的典籍中，多以"刑"字出现。
⑤ 蒋冀骋点校《左传》，岳麓书社，2006，第251页。
⑥ 语出《左传·昭公二十九年》，蒋冀骋点校《左传》，第311页。
⑦ 语出《论语·述而》，（宋）朱熹集注，陈成国标点《四书集注》，岳麓书社，2004，第106页。
⑧ 语出《论语·颜渊》，（宋）朱熹集注，陈成国标点《四书集注》，第150页。
⑨ 语出《左传·昭公五年》，蒋冀骋点校《左传》，第248页。

礼，有耻且格"①。"政"，亦即政令、法教②。"道之以政，齐之以刑"，也就是用法令、刑律来整肃民众。在孔子看来，如此治政的结果，固然可以在强有力之刑律的整肃下、使民众畏刑而服法，但如此行事，只能使民众"免而无耻"，也就是民众虽侥幸逃脱刑罚、却不觉羞愧，虽不敢为恶、却未忘为恶之心；③ 而不能使民众成就真正意义上的"有耻且格"。"耻"字在这里可从上文之解，所以，"有耻"也就可以理解为，民众在不得已而为恶之后的羞愧之心。而"格"字为何，历代方家注解纷纭：郑玄解"格"字为"来"、何晏注"格"字为"正"、朱子以"格"字为"至"。④ 笔者在这里倾向杨伯峻先生之说，由《礼记·缁衣》篇所载"夫民教之以德，齐之以礼，则民有格心；教之以政，齐之以刑，则民有遁心"⑤ 会解，增文以释，"格"字当为"格心"，亦即亲近、归服、向往之心。⑥ 由此，孔子就初步申明了儒家理念中的化民以德、教众以礼，与其时的社会改革家所倡导的规民以政、律众以刑相比，在民心归化上有不可替代的优越性。而我们的问题也就随之进一步深入，亦即为孔子所推崇的、在归服人心上具有如此优势的"德"和"礼"究竟是什么、应作何解的现实问题。

在具体讨论"德""礼"意蕴之前，我们首先需要明晰的就是"道之以德，齐之以礼"这句古语中的行为主体与行为对象。这里的"德"并不能简单地理解为一般意义上的"道德"，而是必须辅之以必要的行为主体才可言说。所以这里的"德"，与施政对象"民"相对，是专属于为政者的君主之德。"道之以德"，也就是执政者应用自身之"德"来对民众加以引导。《尚书·大禹谟》有言曰，"德惟善政，政在养民"⑦；《大学》亦云，"大学之道，在明明德，在亲民，在止于至善"⑧。而孔子理念中的人君之德也与之类似，

---

① （宋）朱熹集注，陈戍国标点《四书集注》，第61页。
② 孔安国、皇侃、朱子都作该解，此处当无异议。（参见高尚榘主编《论语歧解辑录》，中华书局，2011，第40页）
③ 此为朱子对"免而无耻"的注解，原文为："免而无耻，谓苟免刑罚而无所羞愧，盖虽不敢为恶，而为恶之心未尝忘也。"（朱熹集注，陈戍国标点《四书集注》，第62页）
④ 参见高尚榘主编《论语歧解辑录》，第41页。
⑤ 陈戍国点校《周礼·仪礼·礼记》，岳麓书社，2006，第434页。
⑥ 此观点见杨伯峻译注《论语译注》，中华书局，1980，第12页。
⑦ 李民、王健撰《尚书译注》，上海古籍出版社，2004，第26页。
⑧ （宋）朱熹集注，陈戍国标点《四书集注》，第5页。

是强调"政者，正也。子帅以正，孰敢不正"① 的"正己垂范"之德。孔子认为，君主或者说是执政者的德性与普通庶民百姓的德性截然不同，所谓"君子之德风，小人之德草。草上之风，必偃"②，普通民众的德性并不具有固定性，且易于感召、同化，所以这就需要"君子"，亦即其时的执政者，用自身之懿德率先垂范、教化天下。③

君主与民众的不同德性，一方面，再次论证了孔子"尚礼轻刑"观点的正确。基于民众易于感召、教化这一前提，自然可以得出"子为政，焉用杀？子欲善，而民善矣"④ 的结论，而无须严刑峻法，"杀无道，以就有道"⑤。这就是《论语·子路》篇中，孔子所强调的"上好礼，则民莫敢不敬；上好义，则民莫敢不服；上好信，则民莫敢不用情"⑥，也是《大学》中曾论述的"絜矩之道"，亦即"上老老而民兴孝，上长长而民兴弟，上恤孤而民不倍"。⑦由此，孔子将统合民心、淳风化俗的"支离事业"，变为"一言偾事，一人定国"⑧ 的"易简功夫"，故有"自天子以至于庶人，壹是皆以修身为本"⑨。但在另一方面，这也对执政者的个人道德修养提出了很高的要求。而这在当时普遍建诸血缘承继的君位传承方式下，无疑是很难实现的。所以孔子提出"克己复礼"⑩："夫礼者，所以定亲疏、决嫌疑、别同异、明是非也。"⑪ 孔子希望可以通过"礼"，将人君可能不及的、正己垂范之懿德，用制度典章的形式加以固化，融会于民众的人伦日用之间，亦即《孔子家语·五刑解》篇中所阐述的，"丧祭之礼，所以教仁爱也。……朝聘之礼者，所以明义也。……乡饮酒之礼者，所以明长幼之序，而崇敬让也。……婚姻聘享者，所以别男

---

① 语出《论语·颜渊》，（宋）朱熹集注，陈成国标点《四书集注》，第 156 页。
② 语出《论语·颜渊》，（宋）朱熹集注，陈成国标点《四书集注》，第 157 页。
③ 此处的"懿德"并无特殊含义，并不是《左传·襄公十三年》中"世之治也，君子尚能而让其下，小人农力以事其上，是以上下有礼，而谗慝黜远，由不争也，谓之懿德"的严格指代。（参见蒋冀骋点校《左传》，第 175 页）
④ 语出《论语·颜渊》，（宋）朱熹集注，陈成国标点《四书集注》，第 157 页。
⑤ 语出《论语·颜渊》，（宋）朱熹集注，陈成国标点《四书集注》，第 157 页。
⑥ （宋）朱熹集注，陈成国标点《四书集注》，第 161 页。
⑦ 语出《大学》，（宋）朱熹集注，陈成国标点《四书集注》，第 12~13 页。
⑧ 语出《大学》："此谓一言偾事，一人定国。尧、舜率天下以仁，而民从之。桀、纣率天下以暴，而民从之。"（朱熹集注，陈成国标点《四书集注》，第 12 页）
⑨ 语出《大学》，（宋）朱熹集注，陈成国标点《四书集注》，第 6 页。
⑩ 语出《论语·颜渊》，（宋）朱熹集注，陈成国标点《四书集注》，第 150 页。
⑪ 语出《礼记·曲礼上》，陈成国点校《周礼·仪礼·礼记》，第 239 页。

女、明夫妇之义也"①。在孔子看来，民众违法乱治的根本原因，是在于他们的欲望没有节制，亦即"刑罚之源，生于嗜欲不节"②。所以在礼可以"御民之嗜欲而明好恶"③ 的前提下，孔子言说的"礼"就具有了高于时俗法典之刑的指导性与应用性。这其实也是孔子对自己"礼"优于"法"（刑）基本观点的另一重证明。

当然，正如同法家之祖管子在强调法度在禁民邪微、节民以序的重要性时，亦不忘申明"国之四维"（礼义廉耻）④ 在理政治国方面的根本意义，孔子的"尚礼轻刑"也不是完全视刑律法典于无物，而是强调要礼重于法、教化先于刑治。孔子弟子闵子骞为费宰时，曾向孔子请教如何治政，孔子答曰：

> 以德以法。夫德法者，御民之具，犹御马之有衔勒也。君者，人也；吏者，辔也；刑者，策也。夫人君之政，执其辔策而已。⑤

这里作为"御民之具"的"德法"，在孔子看来，是人君统御下民的根本原则和方法；而刑法律例，则是在所驱使之马匹不听命令时，悬居其上的马鞭。虽然孔子在这里说明，君主治理国家只需把握手下官员及善用刑罚即可，但我们不可忽视的是，作为缰绳的官吏和作为马鞭的刑律，能够起到作用的逻辑必要前提，是马匹已在"衔勒"的控制之下。所以，"德法"就是人君可以把原本散漫自由的民众套上"衔勒"，进而使民众必须服从官吏、刑律引导的必要手段，亦是孔子所言的"德法者御民之本"⑥。而我们这里述及的"德法"，也不是现在通俗所说的"德治法制"相结合。由《大戴礼记·盛德》篇之解，"故明堂，天法也，礼度，德法也。所以御民之嗜欲好恶，以慎天法，以成德法也"⑦，我们可知，"德法"其实更接近于孔子所提倡之"礼"，也有以德为法，进而权衡把握民心好恶之意。而"刑"指代的才是我

---

① 王国轩、王秀梅译注《孔子家语》，中华书局，2011，第347~348页。这段文字在《大戴礼记·圣德》中亦可见。
② 语出《孔子家语·五刑解》，王国轩、王秀梅译注《孔子家语》，第350页。
③ 语出《孔子家语·五刑解》，王国轩、王秀梅译注《孔子家语》，第350页。
④ 语出《管子·牧民·四维》："国有四维。一维绝则倾，二维绝则危，三维绝则覆，四维绝则灭。倾可正也，危可安也，覆可起也，灭不可复错也。何谓四维？一曰礼，二曰义，三曰廉，四曰耻。"参见黎翔凤撰，梁运华整理《管子校注》，中华书局，2004，第11页。
⑤ 语出《孔子家语·执辔》，王国轩、王秀梅译注《孔子家语》，第305页。
⑥ 语出《孔子家语·执辔》，王国轩、王秀梅译注《孔子家语》，第306页。
⑦ （清）王聘珍撰，王文锦点校《大戴礼记解诂》，中华书局，1983，第144页。

们通常所言的法律刑责。在孔子看来，理想的治政方式应是"善御马者，正衔勒，齐辔策，均马力，和马心。故口无声而马应辔，策不举而极千里。……故令不再而民顺从，刑不用而天下治"①。刑律对孔子而言，更接近于威慑之手段，而非现实施用之必需。人君颁布刑法之目的，也是重在引导教化，而非苛政虐民。这既是孔子所言说的"听讼，吾犹人也。必也使无讼乎！"②亦是董仲舒在《春秋繁露·精华》篇中强调的"教，政之本也。狱，政之末也。其事异域，其用一也，不可以不相顺"③，更是《虞夏书·大禹谟》所倡导的"明于五刑，以弼五教。……刑期于无刑，民协于中"④。

然而，孔子"尚礼轻刑""礼本刑辅"的施政方略亦不是没有其缺陷的。虽然孔子有自信可以做到，"苟有用我者，期月而已可也，三年有成"⑤；但这一年或三年间"渐民以仁，摩民以义"⑥的治政成效是否真正能得到其时君主的认可，我们犹未可知。但正如孔子自己所说，"善人教民七年，亦可以即戎矣"⑦，"如有王者，必世而后仁"⑧。以孔子之仁政体系、德礼思想来教导民众，使之可战，需要大概七年时间；而实现孔子"礼乐大兴"的政治理想，哪怕有圣王再世，亦需三十年，也即一代人的不懈努力。我们虽对越国以弱胜强、"十年生聚、十年教训"的先鉴耳熟能详，然而越王句（勾）践复仇成功，终为霸主，实际上也只用了十三四年的时间，甚至其在归国约八年后，就趁夫差北上黄池会盟、后方兵力空虚之际，实现了对吴战争的初步胜利。而孔子德礼化民、以仁致霸的施政方略，与之相较，周期实在是太过漫长，可能这也是孔子周游列国却罕有国君愿意予以回应的原因。

但是孔子坚持认为，"刑肃而俗敝，则民弗归也，是谓疵国"⑨。在孔子

---

① 语出《孔子家语·执辔》，王国轩、王秀梅译注《孔子家语》，第306页。
② 语出《论语·颜渊》，（宋）朱熹集注，陈成国标点《四书集注》，第156页。
③ 苏舆撰，钟哲点校《春秋繁露义证》，中华书局，1992，第94页。
④ 李民、王健撰《尚书译注》，第30页。
⑤ 语出《论语·子路》，（宋）朱熹集注，陈成国标点《四书集注》，第163页。
⑥ 程子有言，"'三年有成'，谓法度纪纲有成而化行也。渐民以仁，摩民以义，使之浃于肌肤，沦于骨髓，而礼乐可兴，所谓仁也。此非积久，何以能致？"参见程子对"如有王者，必世而后仁"之注解，（宋）朱熹集注，陈成国标点《四书集注》，第164页。
⑦ 语出《论语·子路》，（宋）朱熹集注，陈成国标点《四书集注》，第168页。
⑧ 语出《论语·子路》，（宋）朱熹集注，陈成国标点《四书集注》，第163页。
⑨ 语出《礼记·礼运》，陈成国点校《周礼·仪礼·礼记》，第316页。

看来，"德礼"方为治政之根本，而严刑峻法虽会有一时成效，却只能塑造民心有损的缺陷之国。正如邵公所言，"防民之口，甚于防川。川壅而溃，伤人必多，民亦如之"①。周厉王之前鉴不远，而孔子在世时亦发生了"陈成子弑简公"②的逆乱之举。《韩非子·外储说右下》篇中就用譬喻的方式，评论这一事件为：

> 造父为齐王驸驾，以渴服马，百日而服成。服成，请效驾齐王，王曰："效驾于圃中。"造父驱车入圃，马见圃池而走，造父不能禁。造父以渴服马久矣，今马见池，驶而走，虽造父不能治。今简公之以法禁其众久矣，而田成恒利之，是田成恒倾圃池而示渴民也。③

在韩非子看来，田恒弑简公，在某种程度上就是简公刑法严酷、赋役沉重而自丧民心的客观结果。这就如同造父用控制饮水的方法驾驭马匹，虽然看起来颇有成效，但只要让马匹抑或是民众见到心向往之的水池、惠政之所在，再高明、严苛的御马、驭民之术都会失去原本的作用。就这一意义而言，孔子最为贬斥的逆乱之行反而成为自身尚礼轻刑理论的佐证之一。孔子后学荀子也曾对沿袭至战国的"礼法之争"做出类似评述：

> 李斯问孙卿子曰："秦四世有胜，兵强海内，威行诸侯，非以仁义为之也，以便从事而已。"
>
> 孙卿子曰："非女所知也。女所谓便者，不便之便也；吾所谓仁义者，大便之便也。彼仁义者，所以修政者也，政修则民亲其上，乐其君，而轻为之死。故曰：'凡在于军，将率末事也。'秦四世有胜，諰諰然常恐天下之一合而轧己也，此所谓末世之兵，未有本统也。故汤之放桀也，非其逐之鸣条之时也；武王之诛纣也，非以甲子之朝而后胜之也。皆前行素修也，所谓仁义之兵也。今女不求之于本，而索之于末，此世之所以乱也。"④

---

① 语出《国语·周语上》"召公谏厉王止（弭）谤"，参见李维琦点校《国语 战国策》，岳麓书社，2006，第4页。
② 此处记载于《论语·宪问》，（宋）朱熹集注，陈戍国标点《四书集注》，第175页。
③ 高华平、王齐洲、张三夕译注《韩非子》，中华书局，2010，第502页。
④ 语出《荀子·议兵》，方勇、李波译注《荀子》，中华书局，2011，第240~241页。

荀子在这里肯定了儒家自孔子起，便予以倡导的仁义之教、德礼化民，认为"礼者，治辨之极也，强国之本也，威行之道也，功名之总也。王公由之，所以得天下也；不由，所以陨社稷也"①，并在当时秦国军力强盛、慑服诸侯的情势下，对弟子断言，强秦兵行不义、德礼不修，实为"末世之兵"、未可久长。而后来秦国二世而亡、一夫作难而七庙隳的史实，似乎也证明了孔子、荀子奉行"德礼之教"的正确性。但我们所不能忽视的问题是，假设秦国当时没有施行严刑峻法，以法为教、以吏为师，固然可能不会因为治政严苛、民心散乱而失鹿中原，却会面临在春秋战国的不义之战、强国大兵压境的现实中，如何绵延社稷而非危若累卵的国统存续之争。如若秦且不存于战国七雄之列，争论二世存亡与否，又有何益！以孔子为代表的儒家"尚礼轻刑"的执政方略所面临的最大挑战，恰恰来自其时礼崩乐坏、王道不复之社会现实。

概而言之，孔子"道之以德，齐之以礼""尚礼轻刑"的治政理念重民心之教而轻刑民之政，以德礼化治为本、辅刑吏威慑为翼。叔向有言曰："昔先王议事以制，不为刑辟，惧民之有争心也。"② 可以说，很好地概括了孔子奉行"尚礼轻刑"执政方略之初心。所谓"民知有辟，则不忌于上，并有争心，以征于书，而侥幸以成之，弗可为矣"③，子产铸刑书后不久，就有邓析乱政，以致民心不定，④ 也在事实上证明了叔向预见之正确。但是孔子"尚礼轻刑"之德政，在致力于教化民心之时，却缺乏导引为政者之心的必要手段。吕思勉先生曾言，"有国有家者之所求，本非民之所知，而亦非其所欲，如是，则非有强力焉以守之不可，此今所谓法律者之缘起也"⑤。由此观之，自古以来的礼法之争、法之代礼，本来就反映了有国有家者，亦即国君以及卿大夫的心性之变、欲求之增。无论是鲁哀公在面对有若年饥减税提议时，所苦恼的"二，吾犹不足，如之何其彻也？"⑥，还是八佾舞于庭、三桓以《雍》

---

① 语出《荀子·议兵》，方勇、李波译注《荀子》，第242页。
② 语出《左传·昭公六年》，蒋冀骋点校《左传》，第250~251页。
③ 语出《左传·昭公六年》，蒋冀骋点校《左传》，第250~251页。
④ 《吕氏春秋·审应览·离谓》篇有载："子产治郑，邓析务难之，与民之有狱者约，大狱一衣，小狱襦袴。民之献衣襦袴而学讼者，不可胜数。以非为是，以是为非，是非无度，而可与不可日变。所欲胜因胜，所欲罪因罪。郑国大乱，民口欢哗。子产患之，于是杀邓析而戮之，民心乃服，是非乃定，法律乃行。"参见杨坚点校《吕氏春秋·淮南子》，岳麓书社，2006，第134页。
⑤ 吕思勉：《先秦史》，第392页。
⑥ 语出《论语·颜渊》，（宋）朱熹集注，陈成国标点《四书集注》，第154页。

彻，① 反映的都是其时为政者人心之不足、不定。孔子"尚礼轻刑"之治政观，上不能格国君贪吝之心于政，中不能止卿大夫僭越之心于朝，而欲息民众争乱之心于野，诚为"知其不可而为之者"②。孔子"德礼化民"这一方略本身，并没有错，但问题却在于这副"不治已病治未病"的治国良药并不适用于当时纷乱不已的"大争之世"。若上有争心，赋役并举，则民不堪命；上无争心，却恐群狼环伺、国将不国。《吕氏春秋·仲冬纪·长见》有载：

> 吕太公望封于齐，周公旦封于鲁，二君者甚相善也。相谓曰："何以治国？"太公望曰："尊贤上功。"周公旦曰："亲亲上恩。"太公望曰："鲁自此削矣。"周公旦曰："鲁虽削，有齐者亦必非吕氏也。"其后齐日以大，至于霸，二十四世而田成子有齐国；鲁公以削，至于觐存，三十四世而亡。③

由这段不可考诸史实之文墨，我们发现，延续至孔子之时的"礼法之争"，早在齐鲁封国时即有征兆。周公"亲亲上恩"之教，实为"德礼化民"之本；太公"尊贤上功"之政，亦为"刑法律民"之源。而齐鲁两国命运之不同走向，也预示着"礼法之争"中，选择不同治政倾向所将面临之困境：以法为政，国力日增，然人心思变，久必为患，祸起萧墙；以礼为教，政通人和，然世非一国，外力侵扰，国统难续。可以说，时至今日，对于奉行依法治国、以德治国基本方略的我们而言，如何既做到依法律民于行，又实现以德化民于心，如何既能淳风化俗于内，亦能显耀国威于外，也是我们不得不思考并解决的现实问题。

---

① 语出《论语·八佾》，（宋）朱熹集注，陈成国标点《四书集注》，第69页。
② 此为看守城门之有识者对孔子的评价，参见《论语·宪问》"子路宿于石门"，（宋）朱熹集注，陈成国标点《四书集注》，第180页。
③ 杨坚点校《吕氏春秋·淮南子》，第67～68页。

张载的社会治理探索

商原李刚

摘 要：张载的社会治理思想有特定的内容，他强调通过封建、宗法、井田、肉刑等这些看似陈旧却有现实针对性的社会治理措施，紧扣宋代平民社会中央集权过度的现实，力求建构一种与中央力量相对应的地方治理格局，在一定程度上似在恢复贵族社会的一种政治平衡秩序。历代对张载政治思想的研究多停留在表面的分析，特别是对封建、宗法、井田这些思想一概持否定的态度，在方法和观点上有失公允和全面。

关键词：封建 井田 宗法 社会治理

作 者：长安大学政治与行政学院教授，从事中国思想史研究。

张载关注社会政治，对社会治理有着独特的理解。在一定意义上说，张载在朝廷的政治统治之外，力求寻求一种社会治理的路子。一方面，他身体力行，以实际的行动践行着他的这一理想；另一方面，张载对其政治社会理想进行了理论探索，提出了独特的社会治理理论。在一定意义上说，从社会治理的角度探索张载的政治社会思想及活动，不同程度上会超出传统的政治思想，需要从更广阔的视野去进行理解，这也是深化张载政治思想研究的重要途径。

一 张载的治世情怀

张载是典型的儒家人物，有着儒家的治世情怀。与王安石"得君行道"不同，张载身体力行，试图通过自己的努力和影响，重建"有道之世"。据《行状》说："先生概然有意三代之治，望道欲现。"（吕大临《张横渠先生行状》）张载的治世情怀，是儒家为政传统在宋代的体现。儒家的创立，意在改变"天下无道"的社会政治现实。正如余英时所说："因此我们清楚地看到，通过'内圣外王'以重建秩序，是孔子最先为儒家创立的整体规划。"① 宋代儒学一出场便提出"回向三代"的口号。"宋儒的'三代之治'其实是秩序重建的象征符号。他们的真正意图不是复古，而是依照儒家的传统观念来彻底改造晚唐以来政治、社会、文化各方面的失序状态……正是为了秩序重建之故，宋代革新取向的儒者，包括理学家在内，无不同时深究当世实务和天下利弊。此所以程颢'救世之志甚诚切，亦于今日天下之事尽记得熟'，特别得到张载的推重。"② 在宋代理学创始人中，张载具有这一鲜明的特征。

张载"以礼为教"，试图通过修身齐家，以移风易俗，进而达到"天下大治"的目标。儒家的得君行道，成为帝王之师，或者与帝王共治天下，这是北宋儒家的基本理想。但并非每位儒家人物都有机会与君主合作，实现自己的"内圣外王"之道。就是汉代的大儒董仲舒，成功诏对汉武帝的"天人三策"，提出的"罢黜百家，独尊儒术"为汉武帝所采纳，表达了汉武帝的"大一统"梦想，他也未必就能实现自己"治国平天下"的抱负。因此，儒家对政治的理解，是宽泛而非狭义的。季康子问政于孔子，孔子对曰："政者，正也。子帅以正，孰敢不正？"（《论语·颜渊》）换言之，政治不只是"治国平天下"，也是身正民行，行不言之教，潜移默化，达成"天下有道"的目标。孔子显然没有将"居位"视为为政的唯一内容："《书》云：'孝乎惟孝，友于兄弟，施于有政。'是亦为政，奚其为为政？"（《论语·为政》）孔子以"齐家"为为政，扩大了为政的含义。张载秉承儒家的这一传统，积极地践行着救世的理想。

青年张载的救世情怀表现得更为明显。《宋史》有一段记载：

> 张载，字子厚，长安人。少喜谈兵，至欲结客取洮西之地。年二十一，以书谒范仲淹，一见知其远器，乃警之曰："儒者自有名教可乐，何事于兵。"因劝读《中庸》。载读其书，犹以为未足，又访诸释、老，累年究极其说，知无所得，反而求之《六经》。（《宋史·张载传》）

---

① 余英时：《宋明理学与政治文化》，吉林出版集团有限责任公司，2008，第262页。
② 余英时：《宋明理学与政治文化》，第262页。

与一般儒家不同，张载"少喜谈兵，至欲结客取洮西之地"，想通过社会力量收复失地。北宋社会积贫积弱，饱受西夏、金、辽的侵略，而难有作为。张载出于爱国之情，企图通过民间力量，收复被占之地，体现出一种明显的社会思想。中国古代，国家大事归朝廷管辖，张载的这一举动，大有"天下兴亡，匹夫有责"的意识。范仲淹时镇守连关，张载"以书谒范仲淹，一见知其远器"。范仲淹是一位"先天下之忧而忧，后天下之乐而乐的"国家重臣和改革家，劝回了张载，成就了一位思想家。由此可以看出，张载的社会政治思想中，其社会治理的成分早有根基。

二 张载的社会政治改革试验

张载主张行井田封建之治以治世。为了实现他的治世理想，他甚至想"买田一方"进行试验。

> 乃曰："纵不能行之天下，犹可验之一乡。"方与学者议古之法，共买田一方，画为数井，上不失公家之赋役，退以其私正经界，分宅里，立敛法，广储蓄，兴学校，成礼俗，救灾恤患，敦本抑末，足以推先王之遗法，明当今之可行。此皆有志未就。（吕大临《张横渠先生行状》）

张载的改革是社会性的，他相信，即使不能行于天下，至少可"验之一乡"。这叫坐而能议，起而施行，与一般的书生相比，张载是一位实行家。借用我们今天的话说，他是一位"实学家"。仔细来看，张载的试验，不只是行井田，而且兴学校，成礼俗，敦本抑末，是一个相对完整的社会治理方案。张载尽管"有志未就"，但他这种社会治理的探索是很独特的，在当时也有启发意义。

在地方官的任上，他抓住每一个机会，尽力践行自己的社会治理思想。

> 举进士，为祈州司法参军、云岩令。政事以敦本善俗为先，每月吉，具酒食，召乡人高年会县庭，亲为劝酬。使人知养老事长之义，因问民疾苦，及告所以训戒子弟之意。（《宋史·张载传》）

在一定意义上说，张载的为官理政，类似于汉代"循吏"，亲近百姓，关心民之疾苦，注重民间贤达，以达到劝诫子弟的效果；与其说他注重的是行政，不如说他依仗的是道德教化，即通过德政治理地方事务。

张载一生，为官日短，讲学日久；为官难有作为，但讲学却斐然可观，开创关学学派，育有英才者多。特别是他的讲学，注重道德教化，以礼为教，以圣人相期许，产生了重要的影响。

> 熙宁初，帝以为崇文院校书。移疾屏居南山下，终日危坐一室，左右简编，俯而读，仰而思。直得则识之，或中夜起坐，取烛以书。其志道精思，未始须臾息，亦未尝须臾忘也。敝衣蔬食，与诸生讲学，每告以知礼成性、变化气质之道，学必如圣人而后已。（《宋史·张载传》）

张载本人刻苦力学，立志成圣而后已，其志道精思，卓然有得，使关中成为当时天下理学之重镇。张载气质刚毅，正己以感人，与人居，久而日亲。他通过自己道德教化的努力，感化着他治下的人民，以及他身边的每一个人。特别是他严格按照古之丧祭之礼举办丧葬之事，感化乡里，终于使古礼在乡里得到恢复，发挥了劝善敦俗的良好作用。由此可见，张载身体力行，以身作则，对社会治理发挥着重要作用。

三　张载对社会治理的理论探索

与王安石一样，张载也是一位社会改革家。他最后一次被朝廷征召时说："吾是行也，不敢以疾辞，庶几有遇焉。"（吕大临《张横渠先生行状》）然而，他的学说以复古为意，无法为当时所接受，"多未之信"（吕大临《张横渠先生行状》）。张载希望"庶几有遇焉"，即希望能"得君行道"，这一点与王安石是相同的。不过，就张载的一生来看，他似乎离这一目标很远，反倒是他的敦本善俗及地方官的尝试，成为他社会政治思想中非常重要的方面。

与王安石相同的是，他也以《周礼》为改革蓝本。不过，张载所注重者，"治天下不由井地，终无由得平。周道止是均平。"（《经学理窟·周礼》）换句话说，张载所注重于《周礼》者，是针对现实的不均平而说的。北宋社会，土地兼并严重，社会贫富两极分化突出。张载之所以主张行"井田"，意在"均平"。在他看来，"天下不由井地，终无由得平"。传统的研究，将张载的

"井田"之制多视作一种复古，但这种"复古"，目的是在改制。

> 井田至易行，但朝廷出一令，可以不笞一人而定。盖人无敢据土者，又须使民悦从，其多有田者，使不失其为富。借如大臣有据土千顷者，不过封与五十里之国，则已过其所有；其他随土多少与一官，使有租税人不失故物。治天下之术，必自此始。今以天下之土棋画分布，人受一方，养民之本也。（《经学理窟·周礼》）

张载明确认识到，"井田亦无他术，但先以天下之地棋布画定，使人受一方，则自是均。"（《经学理窟·周礼》）"今以天下之土棋画分布，人受一方，养民之本也。"他希望通过行井田之制，达到"养民""均平"的社会理想。只是他将井田之制的实行想得太过简单，以为"井田至易行，但朝廷出一令，可以不笞一人而定"。儒生之"迂"，张载也未能例外。

与井田之制相联系的是宗法与封建。张载认为，井田之制须有一定权力的地方"田大夫"，才能真正推行。

> 井田卒归于封建乃定。封建必有大功德者然后可以封建，当未封建前，天下井邑当如何为治？必立田大夫治之。今既未可议封建，只使守令终身，亦可为也。所以必要封建者，天下之事，分得简则治之精，不简则不精，故圣人必以天下分之于人，则事无不治者。（《经学理窟·周礼》）

张载也看到权力集中于天子，控制过死，税收繁重，而地方无权，分之不简，治之不精，富于上而贫于下，造成"积贫"之势，且冗员过多，成为社会的重要负担。在此意义上说，封建之法，注重的也是社会治理。

张载认为宋代没有世家大族，不利于强本固基，收宗族，厚风俗，使人不忘本。

> 管摄天下人心，收宗族，厚风俗，使人不忘本，须是明谱系世族与立宗子法。宗法不立，则人不知统系来处。（《经学理窟·宗法》）

> 宗子之法不立，则朝廷无世臣。……公卿各保其家，忠义岂有不立？忠义既立，朝廷之本岂有不固？今骤得富贵者，止能为三四十年之计，造宅一区及其所有，既死则众子分裂，未几荡尽，则家遂不存，如此则

家且不能保，又安能保国家！（《经学理窟·宗法》）

唐代晚期，贵族世家退出历史舞台，世卿世禄之家难以为继，中国古代社会发生了很大的变化，贵族的气象变成了小民的世俗生活，就像唐诗演变成宋词一样。

庶民科举而为官，朝廷再难有世家大族与天子相掣肘，中央集权成为不可逆转的趋势，礼制受到冲击。宗子之法的推行，起到摄人心、厚风俗的礼教作用。

张载的井田、封建、宗法的政治思想，结合北宋当时的社会现实，可以看出其所包含的社会治理的思想。在此意义上说，张载的社会政治思想，有着独特的社会治理倾向。

四　张载弟子的"吕氏乡约"及其社会治理意义

张载注重《周礼》的改革蓝图，强调井田、封建、宗法之制。张载的这一特点，在宋代理学家思想中普遍存在，张载同时代的张栻、二程，南宋的朱熹等，他们在不同程度上都强调这些主张。这是一种独特的思想现象，传统的研究只看到这些思想的"复古"，较少注意到这些思想的社会治理意义。其实，在儒家的社会政治思想中，朝廷的管制只是问题的一个方面，而士人承担的社会治理角色也是非常重要的方面。宋代以后的乡绅治理现象，应该与张载的这种理想有着一定的契合之处，或者干脆说是这一社会治理思想的实现。

张载的弟子中，蓝田吕氏兄弟显得最为突出，尤其是其于北宋神宗熙宁九年（1076年）吕大钧等所制订和实施的"吕氏乡约"，成为我国最早的成文乡约，对后世明清的乡村治理模式产生了重大影响。到明代，吕坤对《吕氏乡约》做了进一步发展，他提出"乡甲约"的突破，是把乡约、保甲都纳入一个组织综合治理，它对后世影响极大，为现代乡村自治奠定了理论和实践基础。"吕氏乡约"旨在使邻里乡人能"德业相劝，过失相规，礼俗相交，患难相恤"。这一乡约是乡人的公约而非官方命令；它是成文规则而非口头约定；它以乡为单位，易收功效；加入退出自由，悉听尊便，"其来者亦不拒，去者亦不追"；由民众选举产生，议事民主，赏罚公开，且采取聚会的形式，发挥了重要的民间自治作用。

　　由此可见，由儒家而社会治理，由社会治理而"乡规民约"，充分调动民间社会自治的力量，这是儒家文化特别是张载社会自治思想的重要成果。这一成功的社会治理经验，对当代中国的村民自治，有着一定的借鉴意义。深入研究张载的社会治理思想，也是非常有意义的。

当代儒家政治哲学发展的思路与展望

张志宏

摘　要：思想与现实的紧张是近代以来推动儒学发展的根本动力。现代社会中，政治儒学正日益凸显其影响与价值。近代以来，儒学经历了三个阶段不同思路的发展，逐步摆脱了西方"现代性"所造成的困扰，证成了思想的独特价值，捍卫了自身的主体性。在此基础上，当代儒家政治哲学研究力图重新确立"道"的本原性价值根据，通过"返回"儒家思想本身的立场去认识当代中国和世界的现实问题，以求开创出适应现代社会的政治理念和模式，实现儒学思想向现实的自然展开。

关键词：儒家政治哲学时代性　制度　文化　返"道"开新

作　者：上海社会科学院哲学所副研究员。主要研究方向为先秦哲学，儒家思想，中国古代政治哲学。

在现代社会中，"政治不再是社会历史的附属结构，而是人类存在的基本构成维度，日益发挥着维系人类存在和推动人类发展的存在论功能"[①]。曾经作为"肉食者谋之"的政治问题，如今与每个人都切身相关，每个人都不可逃避地生存在政治之中，并主动或被动地参与其中。这使得当我们探讨思想的发展时，不可避免地要从政治维度考察它的现实价值和意义。而对于有着现实关切传统的儒家来说，这种考量和审视是自近代以来一直未曾间断的，它不仅是新的社会政治对儒学的文化期待，更是儒学自身寻求与时代"和解"以延续民族精神生命的努力。

一　儒学追寻"时代性"价值的思路变化

儒学与时代的"和解"，归根到底是儒学价值的"时代性"问题。因此

---

① 罗骞：《作为第一哲学的政治哲学》，《江苏大学学报》（社会科学版）2013 年第 6 期。

对"时代性"的理解是认识儒学及其价值的观念前提。"时代性"是一个具有历史感的时空描述，它不仅依赖各种事实数据作支撑，更是内涵丰富的价值判断。当代学界对"时代性"的理解经历了三个阶段的变化，第一个阶段是将"时代性"等同于"（西方）现代性"，第二个阶段是"西方"这一限定词遭到质疑并解构，对"时代性"的界定出现了不同文化的多维度特征；第三个阶段，"时代性"的界定呈现出具象化，即主要以人类面临的具体而共性的问题作为标尺。与此相应，儒学的现当代发展也体现了三个特征比较明显的阶段。

第一阶段，追随"现代性"改造传统。正如复旦大学郭晓东教授所总结的，"自西学东渐以来，民主、自由等西方自由主义思想逐渐成为当代知识分子所普遍认同的'共法'"，而取法于西方现代社会的"现代性"也被赋予了普世的价值，一切类似于儒学的"传统的价值，则'必须在现代性面前为自己辩护，表明自己不是现代性的敌人，才有翻身重新当家作主的机会'"①。为此，在这一阶段儒学发展总体上是追随西方现代性价值，对儒学进行检讨、发掘与改造：一方面坚持文化保守主义立场，力求捍卫儒学的思想价值和尊严；另一方面实际上又承认以西方自由主义为基础的现代民主政治具有普遍的优先的价值，努力寻求儒学思想的自由主义解说。出于这种既渴望"先进性"又谋求"主体性"的复杂心态，研究和论证主要围绕儒家思想在核心精神上与自由主义的一致性或相融性展开。一边检点儒家传统政治思想中的"现代"资源，一边着手改造儒学，努力使之与现代人权自由法治宪政相结合。这种发展儒家思想的政治思路是儒学直面现实进行自我塑造和再次成长的重要表现，当然具有深刻的意义。但是也不可避免地造成了近代以来的儒学研究始终被西方文化背景下的"现代性"所挟持，难以摆脱实质上的弱者与后进者的自卑情绪和依附倾向，从而也就难以发现儒学真正之于现代的立足根基，难以彰明自身的独立价值。总体来看，这一阶段无论是对儒家政治思想现代性的批评还是维护，事实上都是基于同一价值尺度——西方现代民主范式的"抑"与"扬"。一方面，作为一种在历史上产生过深刻影响，且至今仍然在中华文化圈发挥引领作用的伟大思想，儒学的价值不可能被轻易否定；另一方面，作为一种曾经与传统社会相适应的价值体系和治理范式，

---

① 郭晓东：《现代性焦虑下之迷思：近年来的儒家政治哲学研究》，载徐洪兴编《鉴往瞻来——儒学文化研究的回顾与展望》，复旦大学出版社，2006，第92页。

儒学是否具有相对于现代社会的普适性与合理性也确实需要加以论证、澄清。其中抑者更多的是看到儒学与这一价值尺度相背离的地方，而扬者则更多的是看到儒学与这一价值尺度相协调的地方。二者似乎保持着某种秘而不宣的合作，看似相克实则相生地打造着儒学通向现代民主政治的暗道。

第二阶段，回归儒学立场自证合法性。要使儒学真正实现现代回归，必须完成儒家政治思想与传统政治实践关系的清理与剥离工作，解除儒学与传统政治实践的从属名分，揭示其独立的思想地位和实践价值，以证明儒家政治理念能够为现代社会政治生活提供价值指引。20世纪末到21世纪初，国内外学术界有三股力量相互作用推动了儒学的这一新发展：一是西方后现代学术思潮。西方后现代学术思潮通过彻底地解构现代性要素，突破了理性设置的既有框架，拆除了西方现代性所固执的基础，创造了人与社会发展新的可能性。这一思潮对国内儒学界挣脱"现代性"束缚起了积极作用。二是国外汉学界及港台新儒家。20世纪80年代以后，国外汉学界和港台新儒家在研究立场和方法上发生了明显的变化，即由否定地批判转向温情地认同、从外部观审转向内在考量。① 他们开始重视从儒学自身的理路而非西方文化视域来发掘支撑民主的自由主义精神，揭示思想照应现实的内在理据，从而将儒学传统与现代价值之间的关联较好地呈现出来。他们对儒学进行重新发现的工作对于国内儒学界来说产生了类似于"旁观者清"的效果，非常具有启发性。三是国内文化保守主义思潮。进入20世纪90年代以后，国内文化保守主义思潮借力于官方对激进西化的文化路线的打压和探索中国特色社会主义道路的实践展开，"不少文化人开始抵制西方中心主义、反思'五四'以来激进反传统的文化革命、重估'现代性'和以现代性为核心的西方启蒙话语"②，由此，以回归传统为基本立场，选择在传统与现代之间保持合理张力的当代文化保守主义逐渐壮大起来。如李翔海教授所说，当代文化保守主义的兴起"从一个侧面表征了中国文化的现代开展从注重'破'到注重'立'之转变的全民性的整体自觉"③。所谓"破"既包括破除传统儒学权威，也包括破除西方现代

① 刘斌、张斌：《儒家文化可否开出民主价值：二战后美国中国学界的相关探讨》，《社会科学研究》2007年第4期。
② 吴雨欣：《当代中国文化保守主义的兴起及其影响》，《湖北社会科学》2010年第3期。
③ 李翔海：《当代中国文化保守主义思潮的意义与问题》，《华东师范大学学报》（哲学社会科学版）2010年第5期。

性权威；所谓"立"，就是挺立以儒学为核心的中国哲学的主体性价值，这一破一立的立场转换标志着儒学研究过渡到证成自身价值、回归主体性的阶段。

第三阶段，返本开新宣示话语权。所谓"返本开新"是指返回儒家经典思想之本，重新发掘、梳理儒家思想，以应对当今社会所出现的新问题，尤其是建立儒学与现代民主政治各要素之间的关系架构。其目的在于确立儒学作为一种思想资源对于解决当下时代性问题的独立价值。经过20多年的积累和沉潜，在与港台及海外儒家不断交流对话的过程中，近10年来大陆儒学的研究力量不断壮大和成熟。与港台及海外儒家不同，大陆儒家有一种"天然"的本位意识，更加注重以固本为基础的儒学现代化研究，致力于呼唤儒学之本真精神、开显儒学之普遍价值。为了确立儒学自身的文化主体性，他们不仅针对近代以来对儒学时代性的质疑，为儒学"做无罪辩护或轻罪辩护，以及为自身具备回应现实挑战的能力做辩护"[1]，而且对西方文化背景下发展出来的民主、自由、人权等现代政治要素进行反思，不仅反思它们的内涵，对它们的内涵进行儒学的分析与解构，而且反思它们在已有的政治实践当中所呈现出的与理想目标的偏离，进而反思它们作为当代政治问题之浓缩的合理性。经过他们解构和重置后的民主、人权、自由、宪政等现代政治要素的内涵在许多层面发生了可喜的改变，具有了儒家气质，这为建立符合儒学精神的现代政治哲学奠定了必要的范畴基础。

尽管第三个阶段的研究方向还处于不断校正和完善的过程中，但是一个明显的事实是，随着当代儒学研究的推进，儒学与现代民主政治之间的关系已经不再是龃龉难入，儒学对于民主政治建设的积极价值已为各方所认同。如果说过去儒学的时代性问题可以化约为如何处理儒家思想与西方现代民主政治思想之间的问题，那么在当下它则主要表现为儒学的普遍性问题，即儒学能否以及如何回应当前世界面临的时代性问题。杜维明先生将这种普遍性的具体特征解释为既"能继承启蒙理性（自由、理性、法制、人权和个人尊严的基本价值）而又超越启蒙心态（人类中心主义、工具理性的泛滥、把进化论的抗衡冲突粗暴地强加于人、自我的无限膨胀），并充分证成个人、群体、自然与天道面面俱全的安身立命之坦途"[2]。陈来先生认为，一种思想的

---

① 彭永捷：《论儒家政治哲学的特质、使命和方法》，《江汉论坛》2014年第4期。
② 杜维明：《新轴心时代的文明对话——兼论二十一世纪新儒家的新使命》，马来西亚《南洋商报》2001年1月1日。

普遍性，"取决于此思想中是否面对普遍意义上的政治、社会、历史、文化、人生的问题提出具有普遍性的思考"①，而在当代，政治之于人类社会生活具有普遍的决定意义，这使得关于普遍意义上的政治问题的普遍性思考成为思想是否具有普遍性的最为根本的决定要素。因此，有学者指出："今天的儒学必须回到政治问题，首先应该是面向我们过去的经典，从经典中、从经学本身出发，从经学本身的问题意识出发，来考虑我们的政治安排。但不是说我们要给出一个现成的答案，而是要开出这样一个路数。"② 这个路数就是跳出眼前这些被西方话语权设定好的当代问题或者说主题，去发现或许"人类的目标不再是西方给我们呈现出来的面貌，而是孔子已经在经典里描述出来的那个世界"③。

二　当代儒家政治哲学的体系化探索

关注和推动现实政治的完善是儒学的一贯立场。当代儒家政治哲学研究的进展同样是与儒学价值的现实化问题紧密相关的。改革开放以来，为了能够更好地回应当代国内国际社会政治生活中的重大问题，大陆儒家学者进行了不同层次的理论探索，逐步尝试新的体系化建构。根据工作重点与成效的不同，我们将这一建构大致分成三个时期。

第一个时期是从改革开放到 20 世纪 90 年代末，即从 1978 年到 1996 年近二十年的时间。④ 期间大陆儒学研究的主要精力放在了全面了解、系统整理和深入研究现代新儒家的启蒙工作，思考如何在大陆开启传统与现代的接续问题上。研究姿态是谨慎和谦逊的，虽然观点还处于沉潜酝酿当中，较系统的理论建构比较少见，但也发表、出版了一系列的论文和专著，在学界引起了巨大的反响，为后期的现代新儒家研究奠定了基础，培养出了一批专注于现

---

① 陈来：《儒学的普遍性与地域性》，《天津社会科学》2005 年第 3 期。
② 参见秋风、干春松、曾亦、白彤东、郭晓东《对精英制、对民主的修正，是儒家能提供给世界的》，儒家网转载"澎湃新闻"。引文是郭晓东的发言内容。
③ 参见曾亦、丁纪、干春松、姚中秋、郭晓东、陈赟、任锋、吴重庆、盛洪、齐义虎、白彤东《儒家思想与中国改革》，《天府新论》2015 年第 1 期。
④ 其标志性事件是 1986 年由方克立、李锦全牵头的"现代新儒家思潮研究"被国家社科基金列为"七五"重点项目。国内高校、社科院等十余家单位的几十位研究者参与其中，正式拉开了大陆学界对于现代新儒家研究的序幕。之后的 1992 年，该课题又被续列为"八五"重点项目。

代新儒家研究的专家学者，同时激发了学界对于现代新儒家的兴趣。

第二个时期大约是从 1997 年到 2005 年。① 在前期研究的基础上，一部分思想敏锐者开始跃跃欲试。这一时期，大陆文化保守主义思潮炽盛，并在与大陆自由主义展开的思想交锋中逐渐分流出两股理论倾向，一股是以陈明、盛洪、杜钢建、刘军宁等为代表，致力于将儒家思想与自由主义相结合，产生了一系列观点鲜明的理论成果。② 这股力量占据了当时大陆儒学界的主要地位。另一股是以蒋庆、康晓光等为代表，他们反对西方民主、自由等现代性价值，致力于从儒学本位出发构建现代王道政治模式。这股力量由于观点激进、特立独行而遭到许多学者的批评和质疑，但奇妙的是它不仅顽强地占据着大陆儒学的一席之地，而且其坚守儒学本体价值的思路启发着后续儒学在发展中突破"现代性"思维禁锢，寻求矫正和超越现代民主政治的可能途径。

第三个时期是从 2005 年至今，其特点是伴随着政治哲学研究的热潮在国内外学术界的兴起，大陆新儒家虽然还没有形成有切实影响的理论，但也各自提出了一些相对系统的主张。从国内来看，随着中国经济改革进入攻坚期，社会矛盾突显、自然生态恶化，特别是体制机制不完善、民主法治不健全等都成为制约经济进一步发展的瓶颈性问题，迫切需要加快政治体制改革，形成有利于经济社会可持续发展的政治基础。因此，究竟什么样的政治理论和文化传统能为中国的政治改革和社会治理提供价值支撑，成为理论界必须审慎思考的课题；从全球来看，传统的"建立在权利捍卫和利益瓜分基础上的政治模式和政治理念已经不能适应今天的政治发展趋势"，迫切需要重新确立一种"事关人作为类如何存在并且如何去存在的存在智慧。"③ 在这样一种新的时代需求下，以考察人类共同利益作为理论出发点的儒家思想对以张扬个体权利为基础的现代民主政治造成的实践悖论和畸形发展所具有的矫正价值受到了前所未有的重视。这一阶段大陆儒家政治思想研究的一个明显特点就

---

① 其重要事件之一是 2005 年 9 月在武汉大学举行了"第七届当代新儒学国际学术会议"。会前，受邀但因故不能出席的方克立先生致函会议主办者，建议"开展对大陆新儒学的研究"。详情参见方克立《致第七届当代新儒学国际学术会议的信》，载《原道》第十二辑，北京大学出版社，2005。

② 此部分总结可参考郭晓东的《现代性焦虑下之迷思：近年来的儒家政治哲学研究》，载徐洪兴编《鉴往瞻来——儒学文化研究的回顾与展望》，上海复旦大学出版社，2006。本文不再赘述。

③ 罗骞：《作为第一哲学的政治哲学》，《江苏大学学报》（社会科学版）2013 年第 6 期。

是，研究者逐渐摆脱了对港台及海外儒学研究的学习和依赖，开始形成自主的学术立场，同时有意识地对"现代性意识形态"展开突围，着力伸张儒学本体理论对于中国政治改革及世界政治发展的资鉴意义。相对于前两个阶段，这一时期的理论建构更加活跃，一部分是学者对前期理论的深化与发展，另一部分则是一些中青年学者进行了开创性研究，形成了"若干颇为系统的表达"①。具体来看，当前这些有系统的理论建构主要沿两个进路切入，一个是制度，一个是文化（或者说价值）。

从制度切入是着力于儒学之现实价值，意在探究儒家当代之新外王之路，这条思路客观地说是受到港台新儒家的启发，但是又表现出区别于他们的不同立场。港台新儒家的一个共同特点正如曾亦所说的"有一个价值的出发点，即'五四'以来的启蒙传统。因此，新儒家虽然试图珍重和继承传统思想的某些部分，但这只不过是'抽象继承'，与中国古代的制度无关，其最终目标还是要投入西方世界的怀抱，即认为只有西方价值才是普世价值，西方世界才是中国的未来。他们对中国思想的部分肯定，不过是从中找到西方价值的某种胚胎而已"②。也就是说，港台新儒家从根本上来看是否定儒家政治思想的自足性的，认为儒学内圣有余而外王不足，要么必须由内及外，通过"坎陷"内圣来矫正和平衡，由"良知的自我坎陷以开出民主科学"，要么由外烁内，通过向"现代化学习"和"文化的互动与融通"，来"重新调理"，"以调剂民主科学"③。很明显，他们对儒学的研究具有实用性目的，是将儒学作为一种优化现实政治的思想资源而加以利用，是以一种预先认可并且外在的利益性评价标准来"裁剪"儒学，使儒学服务于人为设计的社会目标。然而这种研究遵循的不是儒学本身由天道及人道的社会发展思路，不是以思想引导现实，由思想与现实的自然历史互动来实现社会的发展，而是反其道而行，以人理性的阶段性创造物来束缚人的精神，并局限社会的发展路径。

相比而言，大陆儒学研究的理论建构更加具有切实的历史与文化担当。他们首先以承认儒学思想之自足性为前提，肯定儒家所言说的"道"具有指

---

① 参见中国儒学网："《原道》和新儒学这二十年——黄玉顺、宋大琦、杨万江三人谈"。
② 参见曾亦回应李明辉的《我不认可大陆新儒家》的访谈观点。澎湃新闻网，2015 年 1 月 27 日，"思想市场"栏目。
③ 林安梧：《"内圣""外王"之辩：一个"后新儒学"的反思》，《天府新论》2013 年第 4 期。

导现实社会发展的普遍价值，并且能够对历史情境下的儒家政治思想理论及其社会政治实践进行理性地分析和评价。在对当代制度建构方面，他们主张应当由儒学内在启动并整合相应的思想资源，包括内部资源（如公羊学、儒教等）与外部资源（如自由主义、公民宗教等），以建立符合儒家本质的新型的宪政民主制度。其中主张整合内部资源而生成外王之制度的被认为是从康有为一脉相承的新康有为主义或儒教宪政主义。为了避免对西方宪政理论与实践的"简单的移植和笨拙的嫁接"，他们考察并重视儒教精神与理念对于古代中国政治实践的积极影响，希望通过重新确立儒教在国家社会生活当中的政治威权和文化威权，使儒家政治思想得以成为国家治理的指导思想，并建构贯穿儒教精神与理念的中国式宪政制度。这一系的知名学者有蒋庆、康晓光、唐文明等。而主张整合外部资源生成外王之制度的被认为是从梁启超一脉相承的新梁启超主义或儒家宪政主义。这一系的学者大多对儒学发展坚持一种开放的、与自由主义相融合的原则，努力从理论上论证西方的宪政主义精神——作为指导国家治理的正义理论及其价值体系，宪法必须是源于民意公心，并对代行公共权力的政府进行规定与制约，而宪政就是对这样一种宪法的制度落实——与儒家礼治政治传统之间存在着天然的共通性。并且认为，较之以自由主义片面的宇宙观、价值观、人生观和方法论，[①] 儒学更能为建立一种真正适合中国的宪政制度提供理论支撑。有代表性的知名学者有陈明、盛洪、秋风等。当然这种区分并不是严格意义上的，如有学者指出，蒋庆对儒教宪政的设计思路实际上就是借助了基督教参与现实政治的发展经验。[②] 尽管两系进路不同，但是都对儒家政治思想本身充满信心，特别是对这一思想超越"现代性"局限而生成对于当代及未来社会生活的更好的"整体规划"充满期待。

从文化切入是着力于儒学之普遍价值，意在探究儒学存在与发展之根本，即儒学既关照现实又超越现实的价值根据，以寻求儒学作为世界哲学的发展路径。与政治儒学关注儒家政治思想所阐述之大道如何行之天下的致思方向不同，文化儒学更为注重揭示儒家政治思想的核心精神或理论旨趣，探讨大道何以能行之天下。以文化作为儒学发展进路，海外新儒家中杜维明先生是

---

① 陈明：《儒家思想与宪政主义——在天津新区演讲记录稿》，《儒家邮报》第 85 期。
② 关于新康有为主义与新梁启超主义的这种区分参考中国人民大学副教授张旭在儒家与当代中国思想之创生暨"儒生文丛"第二辑出版座谈会上的发言，原标题为《政治儒学的新方向》。

主力。长期以来，杜维明先生致力于向全世界推介儒学及其价值，发掘传统儒学与现代文明之间的接合点，主张通过文明对话不仅实现儒学自身的现代发展，而且展现儒学对促进当代人类与社会发展的思想价值。他提出并推进的儒学第三期发展就具有非常明确的文化指向。

作为生活在海外的新儒家，杜维明先生对儒学的态度更多的是一种开放的全球性的，他更加看重儒学的世界文化意义，而民族性的历史性的情怀相对较少，因此他与生活在儒学发育生长之地的大陆儒家在研究立场上会存在差异。这种差异表现为大陆儒家的研究具有更加明确的维护儒学自身的理论特质，并从这种理论特质出发寻求理论上的进一步发展的民族性立场。比较有代表性的学者有黄玉顺、干春松、张祥龙、杨万江等。

黄玉顺认为在当代推进儒学发展必须完成思想方法的转变，从其所阐述的理论观点来看，这种转变更类似于某种回归。他认为，传统儒学的一个重要理论特质就是关注现实、切中生活，讲道在伦常日用之中，因此，儒学在当代的发展或许不在于坚持哪一种价值立场（自由主义的或保守主义的），而在于如何从生活现象背后所揭示的本质问题出发，寻求符合儒学之道的解决方法，这是其生活儒学思想体系的主要立场。而干春松对于儒学的研究看似围绕"制度""秩序"问题，但是实质上却不是政治儒学意义上的对政治制度的理论设计。从 2003 年的《制度化儒家及其解体》到 2006 年的《制度儒学》，再到 2012 年的《重回王道：儒家与世界秩序》，可以发现他的这个"制度"更多是用来表征儒学的理论特质或者说存在方式的，是对儒家思想进行的政治文化解读。他认为当代儒学的发展所提出的路径是儒学的再制度化，这种再制度化是在传统的制度化儒学解体的背景下，寻求儒家政治理念在现实情境下的制度重构。正如他在《重回王道：儒家与世界秩序》中所说，"对于古代的王道政治的'回想'，并非是说那些具体的政治设计能够搬运到现代政治的架构中，更重要的是出于对王道政治原理的肯认"①。张祥龙对儒学的现象学研究进路与他提出的"建立儒家文化保护区"的主张使其在当代儒学界独树一帜。就其理论思路来看，他对儒学当代发展的设想应当是基于当代世界的共同现实问题，通过思想方法（现象学的）的正确运用，摆脱中西思想观念在理论源头上的差异性，实现求同存异。而其建立儒家文化保护区的

---

① 干春松：《重回王道：儒家与世界秩序》，华东师范大学出版社，2012，第 5 页。

主张则是基于儒学当下的文化弱势，为"保存比较纯粹的古朴活种"，避免在中西对话中丧失思想主体性，而有必要建立相应的保障儒学恢复与强大的支持体系。杨万江的新古典儒学则主张从一个文化系统的高度去考量和发展儒学，反对对儒学的完整体系采取拿来主义的功利性研究思路。他认为在儒"道"不变的前提下，根据时代的问题和需要进行"礼"的损益既是儒学历史发展的也是当代发展的路径，就是说，儒家现代性的路径只能从其自身传统和资源中创新开展出来。

这些理论体系或许研究视角、思想方法上存在差异，但是都以激活儒学内在生命力、确立思想价值之普遍性、探索儒学真正复活的条件和机制作为研究目的，因此与政治儒学进路形成区别。当然，制度与文化进路的区分也不是严格意义上的。制度派必然需要以文化考察作支撑，而文化派也必然不能脱离现实的制度考量，比如为世界政治制度的优化提供儒学的发展方案。但是总体来说，这两条进路还是各有侧重，而且也得益于这样的差异，才使得大陆儒学研究能够将现实政治的发展面向更多地囊括进来，以促成对儒学未来发展更全局性、更合理、更具有可行性的规划。

三　应乎现实返"道"开新之展望

近现代以及当代儒学的发展大多是围绕儒学的时代性问题展开的，不论是相对于时代的适应性还是对时代的贡献力，这种思想发展的视野，"既无法（也不能）摆脱现代性的情感表达，更不能无视当代性问题的现实需求，现代性问题与当代性问题在新世纪大陆新儒家处形成了纠结，此纠结也被学者表述为'两歧性'"①。当前儒学界普遍认为，儒学的当代及未来发展需要在思想与现实互相确证的过程中展开。现实是庞大而复杂的，因此思想也当然是多维而错综的。此即儒学研究在当代呈现出不同层面和不同路径发展的根本原因，并且确实很难说有哪一种思想进路提出了化解"两歧性"纠结的理想方案。

作为儒学之于当代最重要的存在形态，儒家政治思想是儒学对现实政治改革及其发展给予的正面回应。30年来，儒家政治思想研究取得了不断的突破，从20世纪80年代的"学大于思"到90年代的"思大于学"，再到21世

---

① 崔罡等：《新世纪大陆新儒家研究》，安徽人民出版社，2011，第32页。

纪的思与创齐头并进，儒家政治思想乃至整个儒学的研究都进入到一个从纯粹的学术研究逐渐过渡到积极的现实参与的阶段。不仅如此，儒家政治思想研究在当代的地位突显既不是异军突起，也不是孤军深入，它依赖于整个儒学体系提供思想支撑，是儒学各个面向上的密切配合和一致行动的结果。因此我们可以看到，围绕儒家政治思想这一主线，儒学研究领域，包括经学、礼学、史学、考古文献学等近十年来也都涌现了不少有价值的研究成果，它们都从各自的研究方向为儒家政治思想的当代演绎提供了论证和说明，产生了如张立文的和合学、牟钟鉴的新仁学、陈来的仁学本体论、郭沂的道哲学、吴光的民主仁学、梁涛的新道统等新体系。同时这些新产生的理论体系及其所提出的观点主张又为其他儒学研究者所研究和分析，形成了蔚为大观的百家争鸣的发展态势，其中不乏有见地的思考。如彭永捷认为，儒家政治思想研究应当"重视从古代来认识和解释当代"的维度，通过研究儒家政治思想史，一方面"让我们了解和理解古代思想家如何思考和处理政治问题，了解他们的问题、话语和思维方式；另一方面，我们也在这个过程中逐渐尝试以古代思想家的致思方式和价值立场，来理解、看待、评价当代的政治问题"。再如被称为"战斗的保守主义者"的"海上新儒家"曾亦、郭晓东等学者，他们站在超越政治儒学的"制度化焦虑"的立场，试图从新的视角考察传统儒学与传统政治实践，发掘儒家政治思想与现实政治制度之间所具有的自洽关系，从而完成对传统政治制度的正当性辩护——这种辩护自然也就成为对儒家政治思想的价值辩护。从这些思想争鸣中，我们可以看到当代儒家政治思想研究正在发生某种转向，一种超越时代性、追求儒学价值之根本依据的转向，同时也可能是一种真正有利于实现儒学思想与时代和解的转向。

很长一段时间，我们对儒家政治思想的研究总有一个潜在的观念前提，即往往将儒学与现实政治运作结合起来。无论是马克思主义者还是西方自由主义者，都视二者之间为一种血肉联系：或者是思想寄生并因此迎合实践需要，或者是实践催生并因此决定思想性质。总之，二者之间相互嵌入、支撑，难以剥离，因此，当我们认识和评价传统儒学的价值的时候，便很自然地将它与传统的政治实践相联系：既然传统的历史性的时空境遇丧失了①，作为支

---

① 很多人认为儒家思想是与农耕社会、封建宗法统治联系在一起的，因而当我们进入工业社会、民主时代，儒家思想便失去了相应的价值和意义。

撑传统政治实践的政治理论也就当然会遭遇现代社会政治条件或环境的不适应问题。具体来说，一是儒家"内圣外王"的伦理政治思维混淆了道德与政治的边际界限，难以为以法治为核心的现代民主政治及其社会建制提供可靠的学理支撑；二是以儒家礼制为基础的王权社会，是等级特权滋生的温床，即使有民本的思想资源也难以有效扼制专制和极权主义的倾向。显然在这里我们是以具有现实性的政治体系来规定儒学的质性的，是将儒学作为服务于现实政治体系的理论工具来认识的。当代这种认识前提遭到了学者们的质疑，儒学的存在质性被重新定义。儒学被指认为首先是一种思想，虽然在具体内容上表现出与现实的紧密结合，但是其根本的立足点却是人类的终极关怀，是寻求建立一种更加适合人的生存与发展的社会关系。现实的政治体系对儒学的"利用"是有选择性的、有功利目的的，是不完整的甚至是断章取义、有失偏颇的。因此当我们讨论儒家政治思想的时代性问题时，所对应的应当是儒学当中具有一贯性的终极性的普遍性的主张，这些主张着力于解决人类面临的共同的问题，而不是某一个时代或一个地区的特殊问题，并且"这样的一贯性只是治理之道，而非具体的治理之术"①。

事实上，思想的价值即在于其对人与社会发展的根本之道的揭示，在于其为这种揭示的不断更新和发展找到了一个根本且独特的视角，在于其恰当地（与时偕行地）呈现"道"本身。同理，儒学无论在过去还是现在，要成为时代的思想，其根本在于它应当是"道"的呈现。"道"是普映万川之月，儒学之生命力就在于能够在任何时代驳杂的现实中抽丝剥茧，找到现象背后的问题，问题背后的根源，根源背后的道之运行，然后将它呈现出来。这既是儒学的存在价值，也是一切人类理性的存在价值。所以说儒学的本质就是弘道之学，而儒家政治思想当下讲"返本开新"其实质应当是返"道"开新，是使"道"在新的时代现实中以新的思想体系和新的制度体系呈现，是为"道"赋予新的理论和制度载体。这里不妨借用佛教对语言的利用立场来帮助理解。在佛教中，世俗语言与佛之第一义谛之间的关系并不是同一的，语言的利用必须依据对义谛的更好传达。而这种更好的传达又是因时、因人而不拘一格的。因此我们谈论儒学的发展、研究儒家政治思想，绝不是为了

---

① 干春松：《贤能政治：儒家政治哲学的一个面向——以〈荀子〉的论述为例》，《哲学研究》2013 年第 5 期。

发展而发展、为了研究而研究，也不是为了让它看起来趋向某种预先确立的好的标准，比如西方的现代化标准或民主政治标准，而"是为仁义之道寻求实现自身的当代方式"①。

综上，儒家政治思想的未来发展恐怕首要的是要打破现实的囿限——不仅是以现实作为思想评价标准的囿限，而且是以现实作为思想存在意义的囿限。现实与思想各有其发展线索，并不是完全同一，也不必要完全同一，它们之间更像是一种相互追赶的关系。思想与现实之间存在着"自然"的生成关系，而非思想自由地选择现实或者现实必然地决定思想。所以，思想应当与现实保持一定的距离，它不应当只是为一时之政治而服务或存在的，它的理论旨趣应当是为万世开太平的。变动不居的现实之"用"不可能涵盖甚至代替不易之道"体"。因此儒学在中国古代社会的历史之"用"，也只是道"体"曾经的存在方式，而不能为当代社会提供恰到好处的指引。儒学之发展就在于为不易之"道体"于变易之"实用"中的呈现提供论证。从这个意义上说，儒学的当代发展更多的不是深度上的，而是广度上的，是为了在当代出现的更广泛的"事物"中为人们揭示道之流行。也就是说，当代儒学包括儒家政治思想研究的根本任务就在于真实且更好地呈现儒学关于人与社会发展的大智慧，以作为世界观念意识体系的一个重要组成部分，为人们提供一种切实的价值选择。至于它能否与现代社会生活以至未来社会生活相融洽，那应当是一个思想成长的过程，是思想与现实相互贯通的过程。我们有理由相信，通过国际国内的学术思想之间、哲学各学科之间、中国哲学各个方向之间的相互砥砺，大陆儒学研究将会迎来一个思想不断产生、分歧逐渐弥合、研究重点相对突出、研究力量日趋集中的新阶段。

---

① 彭永捷：《论儒家政治哲学的特质、使命和方法》，《江汉论坛》2014 年第 4 期。

家风家训

从《颜氏家训》看颜之推对
儒家忠君思想的重塑

李勇强

摘 要：魏晋以降，门阀士族崛起，玄学越名教而任自然乃至无君论的思潮兴起，禅位名义下一系列权臣夺位政权更迭的政治现实，使得儒家忠君思想遭受到前所未有的冲击。颜之推对儒家忠君思想传统予以重申，并顺应时代精神的需要而给予了创造性改造。颜之推一方面以不辱君命、杀身成仁为忠，一方面又以诚谏为忠，还认同"君臣固无常分"。颜之推既为恢复大一统的政治需要提振君权、扭转主弱臣强的君臣关系而重申忠君思想，同时保留臣下对君主制衡力量中的积极因素，提出以忠谏的方式避免君权失控，并以"君臣固无常分"的思想来建立新型君臣关系。

关键词：颜氏家训 颜之推 忠君思想

作 者：中国人民大学孔子研究院研究员。

颜之推，字介，琅邪人，生活在南北朝梁、隋之际，对于其传世之作《颜氏家训》，王三聘《古今事物考》说："古今家训，以此为祖。"[①] 袁衷等所记《庭帏杂录》写道："六朝颜之推家法最正，相传最远。"[②] 值得注意的是，明程荣《汉魏丛书》本《颜氏家训》，颜之推三十四代孙颜志邦在《序》中说自己得到刻本后"如获拱璧"，"子孙如是乎有征焉，罔或失坠，则我颜氏忠义之家风，与《家训》俱存而不泯。"[③] 颜志邦在得到家训刻本后，敏锐地意识到了家训对"忠义之家风"的提振价值。明万历甲戌颜嗣慎刻本，于慎行《颜氏家训后叙》中也说："其后真卿、杲卿兄弟，大节皎皎如日星，至

---

① 转引自王利器《颜氏家训集解·叙录》，中华书局，1993，第1页。
② 转引自王利器《颜氏家训集解·叙录》，第1页。
③ 王利器：《颜氏家训集解》，第620页。

今在人耳，斯又圣贤之泽也。然谓非垂训之力，乌乎可哉?"① 颜真卿兄弟忠君爱国的故事，至今堪为典范。可见，《颜氏家训》对于儒家"忠义"思想，在其家族内有着不可忽视的传承价值。本文试图从颜之推对忠君思想的重塑，来一窥这一儒家思想范畴在南北朝时期的流变。

一　颜之推所处时代儒家忠君思想遭遇的冲击

魏晋的九品中正制，因保证了显贵士族的世袭特权，使得士族门第之兴，有了制度的保障。马端临《文献通考·选举考一》说："延康元年，尚书陈群以为天朝选用不尽人才，乃立九品官人之法。"具体而言，各州大中正、各郡中正，将考察对象的品行，定为上上、上中、上下、中上、中中、中下、下上、下中、下下九品。大、小中正负责考察和确定官员的品级，由此把握人事任免升迁的关键。

汉以来的乡举里选的察举制度，在九品中正制中变成了由朝廷指派的中正负责选举，意味着朝廷欲在更大范围内控制选举权。这一以张大皇权为初衷的选举制度，结果却导致了士族门第势力的增强，最终反过来对皇权形成威胁，皇权不得不与士族取得平衡达成妥协，造就了中国历史上皇权政治最特殊的时代：主弱臣强的门阀政治，门第越显，越可能控制选举权，沈约说"凡厥衣冠，莫非二品。"② 唐柳冲指出："其州大中正、主簿，郡中正、功曹，皆取著姓士族为之，以定门胄，品藻人物。"③ 这一制度造成"九品访人，唯问中正"④ 的局面，结果权力归于大姓，导致"上品无寒门，下品无势族"。⑤

"王与马，共天下。"⑥ 司马睿与琅邪王氏家族的结合，开启了东晋百年门阀政治的格局。主弱臣强、掌握皇权的帝族与掌握相权的士族共天下的模式，此后一直维持到东晋末，其间强势士族有沉沦更替，但共天下的格局不变。"当琅邪王氏以后依次出现颍川庾氏、谯郡桓氏、陈郡谢氏等权臣的时

---

①　王利器：《颜氏家训集解》，第619页。

②　（南朝梁）沈约：《宋书》卷九十四《恩幸传》序，中华书局，1974，第2302页。

③　（宋）欧阳修、宋祁：《新唐书》卷一百九十九《柳冲传》，中华书局，1975，第5677页。

④　（唐）房玄龄等：《晋书》卷四十八《段灼传》，中华书局，1974，第1347页。

⑤　（唐）房玄龄等：《晋书》卷四十五《刘毅传》，第1274页。

⑥　（唐）房玄龄等：《晋书》卷九十八《王敦传》，第2554页。

候，仍然是庾与马、桓与马、谢与马'共天下'的局面。"①

门阀士族的崛起，对董仲舒以忠君思想确立儒家与皇权政治的结合，是一大反动。司马氏代魏，刘氏代晋，萧齐代宋，陈代梁，在禅让的温情外表掩盖下，权臣走马灯似的攫取君权，忠君思想自然遭受到前所未有的冲击。与这一现实相对应的是，汉末以降，士族门第的兴衰与玄学思想的发展相始终，而玄学中的无君论，则为门阀士族冲击皇权做好了理论准备。阮籍认为，远古时期，"无君而庶物定，无臣而万事理"，没有君臣之分的社会，人们反而更为自由。相反，"君立而虐兴，臣设而贼生"②。君主社会导致了人类的灾难生活。嵇康也认为，在过去的鸿荒之世，"君无文于上，臣无竞于下，物全理顺，莫不自得"。这就是嵇康眼里的"至德之世"③，在这样的社会中，君主是无为而治的。"崇简易之教，御无为之治，君静于上，臣顺于下。"④到了东晋，鲍敬言更撰写《无君论》，推崇无君社会"无君无臣"的自然状态。⑤ 玄学家的君主无为论、轻君论、无君论，呼应的是门阀士族对皇权的侵蚀与僭越，儒家名教中的忠君思想自然遭遇前所未有的危机。

颜之推说："晋朝南渡，优借士族；故江南冠带，有才干者，擢为令仆已下尚书郎中书舍人已上，典掌机要。"⑥ 颜之推此处也记载了南渡政权优待士族的情形，士族中的才能之士能在中央政府担任重要官职，士族掌机要的情形和后来的"寒人掌机要"恰成鲜明的对照。

到了刘宋，出身寒微的刘裕担任了门阀政治掘墓人的角色。此后，南朝北朝的士族尚在，但士族竭力维护自己地位的过程，正好显示了其已无力回天的衰落走向。

家本贫寒的刘裕曾居京口卖履为业，伐获新洲。南齐开国皇帝萧道成也出自寒门，其遗诏中说"吾本布衣素族，念不到此"⑦。代齐称帝的梁武帝萧衍，与萧道成是同族。而陈霸先则"初仕乡为里司，后至建邺为油库吏"。可见，宋、齐、梁、陈四朝之主，都来自寒门家族，寒门的兴起，士族的衰落，

---

① 田余庆：《东晋门阀政治》，北京大学出版社，2009，第24页。
② 阮籍：《阮籍集·大人先生传》，上海古籍出版社，1978，第67页。
③ 戴明扬校注《嵇康集》卷六《释私论》，人民文学出版社，1962，第240页。
④ 戴明扬校注《秘康集》卷六《释私论》，第241页。
⑤ 葛洪：《抱朴子外篇》卷四十八《诘鲍》，上海书店，1986，第194页。
⑥ 王利器：《颜氏家训集解》卷四《涉务》，第317页。
⑦ （南朝梁）萧子显：《南齐书》卷二《高帝纪下》，中华书局，1972，第38页。

成为此后历史发展的一条新脉络。

刘宋以降，政坛上一个新的现象是：寒人掌机要。赵翼《廿二史劄记》卷八"南朝多以寒人掌机要"条说："至宋、齐、梁、陈诸君，则无论贤否，皆威福自己，不肯假权于大臣。而其时高门大族，门户已成，令、仆、三司，可安流平进，不屑竭志尽心，以邀恩宠；且风流相尚，罕以务关怀，人主遂不能籍以集事，于是不得不用寒人。"①

为了控制外藩诸王，刘宋末开始让典签监督各地方镇所作所为，并向皇帝报告，"刺史行事之美恶，系于典签之口"，典签代表皇帝行驶监察权，各地此时自然无不逢迎推尊典签，典签"于是威行州部，权重藩君"。②

皇帝通过舍人操纵中央朝政，通过典签控制地方军政，皇权政治得到了加强，而门阀贵族的权力则实际上转移到了寒士手中。

不仅如此，选举政策的变化，也为寒人的崛起带来了机会。在南朝，《梁书·武帝纪》记载的一份诏书中说："其有能通一经、始末无倦者，策实之后，选可量加叙录。虽复牛监羊肆，寒品后门，并随才试吏，勿有遗隔。"③这一诏令为寒门子弟通过明经入仕创造了政策上的保障条件，其间可见科举制度的端倪。而在北朝，《周书·苏绰传》载苏绰《六条诏书》之四："今之选举者，当不限资荫，唯在得人。苟得其人，自可起厮养而为卿相。"这也意味着打破了高门士族把持选举权和被选举权的藩篱，寒门子弟中的才能之士入仕晋升不再有门第的门槛。选举制度的改革，在制度上保证了寒人的崛起，又为日益失去竞争力的士族子弟带来了前所未有的压力。

南渡士族多沉迷玄谈，腐化堕落、不谙世务为门第士族走向衰败的内因所在。赵翼《廿二史劄记》卷十二有"江左世族无功臣"条目，颜之推说："梁世士大夫，皆尚褒衣博带，大冠高履，出则车舆，入则扶侍，郊郭之内，无乘马者。"④可见在梁代时，士大夫已成为金玉其外、徒有其表的寄生虫，连骑马的能力都丧失了。而他们的子弟更是腐化堕落，连做官的基础也丧失了："梁朝全盛之时，贵游子弟，多无学术。"⑤没有学问做后盾，即便依靠

① （清）赵翼著、王树民校证《廿二史劄记校证》卷八《南朝多以寒人掌机要》条，中华书局，1984，第173页。
② （唐）李延寿：《南史》卷四十四《齐武帝诸子列传》，中华书局，1975，第1115页。
③ （唐）姚思廉：《梁书》卷二《武帝纪中》，中华书局，1973，第49页。
④ 王利器：《颜氏家训集解》卷四《涉务》，第322页。
⑤ 王利器：《颜氏家训集解》卷三《勉学》，第148页。

门第而做官，在汉以来的文官体制里，他们又如何能胜任其职呢？

颜之推眼里的士大夫及其子弟，显然从身体上到精神上均丧失了作为上层统治者的基础，他们自身已不可避免地走向了衰败，在梁末的丧乱中，他们注定了有悲剧的命运在等待：侯景攻陷台城，南渡衣冠士族遭遇毁灭性打击，《观我生赋》自注云："中原冠带，随晋渡江者百家，故江东有百谱；至是，在都者覆灭略尽。"士大夫们的下场是这样的："及侯景之乱，肤脆骨柔，不堪行步，体羸气弱，不耐寒暑，坐死仓猝者，往往而然。"① 贵游子弟的结局则更加惨烈，只能"鹿独戎马之间，转死沟壑之际"②，失去门第资荫后，他们只能成为一无是处的流浪汉，坐等死亡的到来。萧绎在江陵建立政权，硕果仅存的士族很快又在西魏的侵袭下遭遇灭顶之灾："擒梁元帝，杀之，并虏其百官及士民以归。没为奴婢者十余万，其免者二百余家。"③ 侯景之乱和江陵覆没这两大事件，给门阀士族带来了毁灭性的打击。王伊同云："齐陈以还，高门数厄。方江陵之陷也，衣冠人士，多没为贱。"④ 这一切印证了钱穆的话："萧詧亡而江陵贵族尽。南渡之衣冠全灭，江东之气运亦绝。"⑤ 陈寅恪也将梁亡视为南朝贵族的末日，他说："梁末之乱，为永嘉南渡后的一大结局。南朝士族在经过数百年腐化之后，于梁末被全部消灭。"⑥

寒门的崛起，士族的衰落，伴随的是张大皇权的历史回归。颜之推自称写作《颜氏家训》目的在于"整齐门内，提撕子孙"⑦，最终能够使得子孙后代"绍家世之业"⑧，通过文化的血脉传承，使得家族的尊严和荣光得以延续和发扬光大。颜之推作为南渡士族的代表，其潜意识实际上是想通过家训的撰写，维护正在动摇中的士族地位。但事实上，南北分裂、主弱臣强的局面正在走向南北统一、君主一统的时代，忠君思想的重新提振，必然进入思想家的思考视野，颜之推正是在这样的历史背景下，既出于一己之私的门第之见，希望以家训重振家族辉煌，又出于时代的大潮所趋，意识到忠君思想回

---

① 王利器：《颜氏家训集解》卷四《涉务》，第 322 页。
② 王利器：《颜氏家训集解》卷三《勉学》，第 148 页。
③ （唐）令狐德棻等：《周书》卷二《文帝下》，中华书局，1971，第 36 页。
④ 王伊同：《五朝门第》，中华书局，2006，第 7 页。
⑤ 钱穆：《国史大纲》，商务印书馆，1996，第 274 页。
⑥ 陈寅恪：《魏晋南北朝史讲演录》，贵州人民出版社，2008，第 171 页。
⑦ 王利器：《颜氏家训集解》卷一《序致》，第 1 页。
⑧ 王利器：《颜氏家训集解》卷三《勉学》，第 204 页。

归的现实需要。由此，颜之推在始终矛盾纠结的心态中，展开了对儒家忠君思想的重塑。

二 颜之推对儒家忠君思想的提振与改革

对于孔子的思想，曾子总结道："夫子之道，忠恕而已矣。"① 《论语》又说："子以四教：文，行，忠，信。"② 可见，忠为孔子思想的核心范畴之一。对于君臣关系，孔子的原则是："君使臣以礼，臣事君以忠。"③ 在《论语》中，还六次出现孔子所力主的"忠信"，如：子曰："主忠信，毋友不如己者，过则勿惮改。"④

皇侃疏"忠恕"："忠谓尽中心也，恕谓忖我以度于人也。"⑤ 忠恕也就意味着"内忖己心，外以度物"。对于《学而》篇"主忠信"，皇侃疏曰："忠信为心，百行之主也。"⑥

忠，皇侃理解为尽己之心，尽心事君，即忠君；尽心事父，即忠孝；尽心待朋友，即忠信。颜之推对于如何事君、事父、待友，提出了自己的忠君、忠孝、忠信观。

关于忠君，事君尽己，即为忠臣，《归心》篇说"诚臣徇主而弃亲"⑦，忠臣有尽心进谏之义务，故《勉学》又说"见危授命，不忘诚谏"⑧。

关于忠孝，颜之推说："夫圣贤之书，教人诚孝，慎言检迹，立身扬名，亦已备矣。"⑨

关于忠信，《归心》篇说："如以行善而偶钟祸报，为恶而傥值福征，便生怨尤，即为欺诡；则亦尧、舜之云虚，周、孔之不实也，又欲安所依信而立身乎？"⑩ 颜之推提出的疑问中，包含了一个鲜明的逻辑推理：他肯定"依

---

① 《论语·里仁》。
② 《论语·述而》。
③ 《论语·八佾》。
④ 《论语·子罕》。
⑤ （梁）皇侃：《论语义疏》卷二《里仁第四》，中华书局，2013，第91页。
⑥ （梁）皇侃：《论语义疏》卷一《学而第一》，第13页。
⑦ 王利器：《颜氏家训集解》卷五《归心》，第391页。
⑧ 王利器：《颜氏家训集解》卷三《勉学》，第165页。
⑨ 王利器：《颜氏家训集解》卷一《序致》，第1页。
⑩ 王利器：《颜氏家训集解》卷五《归心》，第385页。

信而立身",可见,信,在颜之推这里乃立身之本。

诚臣即忠臣,诚谏即忠谏,诚孝即忠孝。在《颜氏家训》中,"忠"均写为"诚",隋文帝杨坚父名杨忠,隋人为避讳,故以"诚"字代"忠"字。

那么,颜之推对于"忠君"思想,又如何诠释呢?

首先,颜之推对儒家忠君思想传统予以重申。

1. 不辱君命为忠

颜之推所处的时代,不仅南北分裂,亦现东西割据。在南北之间、东西之间,除了彼此争战,还伴随着间歇性的使节往还。颜之推对忠的理解,强调的是在经世致用的层面,对于君主的辅佐,对于君命的有效执行。如,对于使臣而言,不辱使命即是忠。"五则使命之臣,取其识变从宜,不辱君命。"① 对于执政之臣而言,为治国安邦而运筹帷幄,献计献策,以实现国富民强,也即是忠。"入帷幄之中,参庙堂之上,不能为主尽规以谋社稷,君子所耻也。"②

2. 杀身成仁为忠

颜之推认为,必要时刻,对君主要有"杀身成仁"以尽忠报国的思想准备。"行诚孝而见贼,履仁义而得罪,丧身以全家,泯躯而济国,君子不咎也。"③

《养生》篇举了两个忠臣的案例,都发生在侯景之乱时。"侯景之乱,王公将相,多被戮辱,妃主姬妾,略无全者。唯吴郡太守张嵊,建义不捷,为贼所害,辞色不挠。"④ 当时,王公将相,大多想苟且偷生,结果白白忍受了屈辱却照样被杀了头。只有吴郡太守张嵊,不屈不挠而死。

《梁书》载有张嵊本传,记载了他不愿投降、抗敌至死的细节:

> 贼行台刘神茂攻破义兴,遣使说嵊曰:"若早降附,当还以郡相处,复加爵赏。"嵊命斩其使,仍遣军主王雄等帅兵于鳢渎逆击之,破神茂,神茂退走。侯景闻神茂败,乃遣其中军侯子鉴帅精兵二万人,助神茂以击嵊,嵊遣军主范智朗出郡西拒战,为神茂所败,退归。贼骑乘胜焚栅,

---

① 王利器:《颜氏家训集解》卷四《涉务》,第 315 页。
② 王利器:《颜氏家训集解》卷五《诚兵》,第 354 页。
③ 王利器:《颜氏家训集解》卷五《养生》,第 362 页。
④ 王利器:《颜氏家训集解》卷五《养生》,第 363 页。

栅内众军皆土崩。嵊乃释戎服，坐于听事，贼临之以刃，终不为屈，乃执嵊以送景，景刑之于都市，子弟同遇害者十余人。①

王夫之说："魏、晋以降，廉耻丧而忠臣泯。岂无慷慨之士，气堪一奋者哉？无以自持，而因无以自继，则虽奋而终馁也。持其廉耻以养其忠孝于不衰者，自归诸从容蹈义之君子，非慷慨之能也。于梁之亡而得二君子焉，太子大器及吴兴太守张嵊是已。"② 王夫之所说的萧大器，是梁简文帝萧纲的嫡长子。在侯景之乱中，萧大器本来可以趁乱逃走，身边的心腹也劝他北上。萧大器却说："家国丧败，志不图生；主上蒙尘，宁忍违离？吾今逃匿，乃是叛父，非谓避贼。"③ 结果，萧大器被侯景军队所害。

《养生》篇所举另一个例子是鄱阳王世子谢夫人，"登屋诟怒，见射而毙"④，登上屋顶怒骂贼军，结果被射死。

《勉学》篇中，颜之推举北齐宦者内参田鹏鸾作为好学的典范，田鹏鸾勤学的不仅仅是学问，还有为主尽忠的品格。北齐后主在北周大军压境后，逃奔青州，派遣田鹏鸾打探敌军动静，为周军抓获。周军问他后主一行往哪跑了，田鹏鸾骗说："已走了，恐怕已经出境了。"周军不相信，试图以严刑逼他开口，没想到，他的四肢每被打断一条，神色反而更坚毅，结果四肢被打断，被活活打死。颜之推感叹："蛮夷童丱，犹能以学成忠，齐之将相，比敬宣之奴不若也。"⑤ 此处的"敬宣"，即田鹏鸾。

卢文弨之注说，颜之推上文提到的不忠之将相，指的是："将相，谓开府仪同三司贺拔伏恩、封辅相、慕容钟葵等宿卫近臣三十余人，西奔周师；穆提婆、侍中斛律孝卿皆降周；高阿那肱召周军，约生致齐主，而屡使人告言，贼军在远，以致停缓被获，颜氏故有此愤恨之言。"⑥

北齐后主的臣子中，在国家危亡、君主险难之际，或投降，或逃跑，更可悲的，高阿那肱还里通外敌，最终害得一国之主落入敌手，自己也成为留下千古骂名的叛臣。田鹏鸾作为一位少数民族的少年，尚且学会了对君主的

① （唐）姚思廉：《梁书》卷四十三《张嵊传》，第 610 页。
② 王夫之：《读通鉴论》卷十七《简文帝》，中华书局，1975，第 509 页。
③ （唐）姚思廉：《梁书》卷八《萧大器传》，第 172 页。
④ 王利器：《颜氏家训集解》卷五《养生》，第 363 页。
⑤ 王利器：《颜氏家训集解》卷三《勉学》，第 202 页。
⑥ 王利器：《颜氏家训集解》卷三《勉学》注，第 204 页。

忠诚，而北齐的将相们，相形之下，其人格高下自然不言而喻。

其次，颜之推对于儒家的忠君思想，为顺应时代精神的需要，而给予了创造性改造。

1. 诚谏为忠

颜之推强调，忠是有原则的，不是无条件地俯首称臣，而是要敢于坚持正确的道路，对于君主要敢于劝谏。《颜氏家训》中就多次出现"谏"字，如苦谏、谏净、讽谏等，颜之推主张的则是诚谏，也就是忠谏。

> 未知事君者，欲其观古人之守职无侵，见危授命，不忘诚谏，以利社稷，恻然自念，思欲效之也。①

颜之推说，人之所以要读书，对于那些不懂事君的人来说，要学古人的笃守职责，不以下凌上；危急时刻挺身而出，不惜牺牲生命；以国家利益为重，不忘忠诚进谏的使命。以上这些，都可以视为对君之忠。

忠谏思想，是对于门阀士族与君权关系某种程度的折中。其"忠"字，意味着对于君权的服从，对于主弱臣强的拨乱反正；其"谏"字，意味着对于君权的限制，使士族门第的权力通过进谏的渠道而得以某种程度的保留。由此，显示了颜之推平衡君臣关系的探索与努力。

2. 君臣固无常分

颜之推的忠君思想，往往呈现出矛盾状态，或者说有其无可奈何之处。

> 不屈二姓，夷、齐之节也；何事非君，伊、箕之义也。自春秋以来，家有奔亡，国有吞灭，君臣固无常分矣。②

颜之推一方面肯定伯齐、叔夷不食周粟而饿死首阳山有忠君之节，另一方面他又肯定伊尹何事非君、箕子不弃商纣的做法。《史记·宋微子世家》："纣为淫泆，箕子谏，不听。人或曰：'可以去矣。'箕子曰：'为人臣谏不听而去，是彰君之恶而自说于民，吾不忍为也。'乃被发详狂而为奴。"③ 伊尹的言论，见《孟子·公孙丑上》："何事非君，何使非民，治亦进，乱亦进，

① 王利器：《颜氏家训集解》卷三《勉学》，第 166 页。
② 王利器：《颜氏家训集解》卷四《文章》，第 258 页。
③ （汉）司马迁：《史记》卷三十八《宋微子世家》，中华书局，1982，第 1609 页。

伊尹也。"不避治乱，依旧为进取之臣，这在某种程度上依然为忠臣的表现。

但颜之推又认同"君臣固无常分"，这就意味着臣下转投他主有了理论依据。《左传·昭公三十二年》传云："史墨曰：'社稷无常奉，君臣无常位，自古以然。'"汤武革命的合法性是儒家讨论的重要话题之一，颜之推没有从汤武革命的角度来看君臣关系问题，但他一方面提倡忠君，一方面又说"君臣固无常分"，王利器认为："此颜氏自解之辞也。"① 颜之推一生在梁、西魏、北齐、北周、隋五朝为官，并没有如他激赏的张嵊、田鹏鸾那样尽忠尽节。

梁简文帝大宝元年（公元 550 年），侯景将任约统军西进，威胁荆州，湘东王萧绎派遣徐文盛领兵二万屯于武昌拒敌。九月，又以世子萧方诸为中抚军将军、郢州刺史，而颜之推也随萧方诸上了前线，为中抚军外兵参军，掌书记。结果，郢州陷落，萧方诸和鲍泉被执，先后被杀，而颜之推也被俘，被囚送建康，本来例当见杀于侯景军中，幸好被侯景行台郎中王则再三救护，才免于一死。

公元 552 年，侯景之乱平，这年十一月，萧绎即位于江陵，是为梁元帝，颜之推也回到了江陵。元帝承圣三年（公元 554 年），西魏进犯，江陵沦陷，元帝被执，旋遇害。西魏军"乃选百姓男女数万口，分为奴婢，驱入长安；小弱者皆杀之。"② 颜之推再次沦为俘虏，骑着疲驴瘦马，随着难民潮被驱赶上路，迁长安。

颜之推试图由西魏入北齐，从而以梁臣身份返国。梁敬帝太平元年，颜之推带领一家老小，冒着生命危险，横渡黄河，浊浪滔天，孤舟行险。颜之推南归心切，经历了砥柱之险，"水路七百里一夜而至"③。终于到了齐都邺城，然而，命运弄人，次年，陈霸先逼敬帝禅让，陈兴而梁灭，颜之推归国心愿不得不由此梦断。

北齐后主高纬隆化元年（576）冬，北周武帝伐齐。次年，北齐灭亡。颜之推"至此而三为亡国之人。"④

---

① 王利器：《颜氏家训集解》卷四《文章》，第 259 页。
② （唐）姚思廉：《梁书》卷五《元帝纪》，第 135 页。
③ （唐）李百药：《北齐书》卷四十五《颜之推传》，《观我生赋》自注，中华书局，1972，第623 页。
④ （唐）李百药：《北齐书》卷四十五《颜之推传》，《观我生赋》自注，第 625 页。

在屡屡遭遇亡国之难时，颜之推未如爷爷颜见远那样绝食殉节，而是心怀耻辱踏上迁往敌都之路。这一现实导致了颜之推延续一生的矛盾心态，"每常心共口敌，性与情竞，夜觉晓非，今悔昨失"① 当是其最恰当的写照，而这种自我折磨，多源自流转数朝之间的经历与不能尽忠于君的现实。这一切，对于长于儒家门庭的颜之推而言，其内心的挣扎可想而知，他转而以何事非君的思想来寻找自我安慰的理由，也是情理之中的事。

颜之推反对"忠孝无闻，仁义不足"②，深信"不屈二姓，夷、齐之节也"③，要求"诚臣徇主而弃亲"④，显然颜之推有儒家的忠君思想，但他同时说"君臣固无常分矣"。⑤ 后者的说法，某种程度上有一种自我安慰与自我解脱的意味，否则颜之推就不会有"小臣耻其独死，实有愧于胡颜"⑥ 的羞惭了。

在忠孝思想面临佛教信仰的矛盾时，颜之推同样为自己开脱："求道者，身计也；惜费者，国谋也。身计国谋，不可两遂。诚臣徇主而弃亲，孝子安家而忘国，各有行也。"⑦ 崇信佛教，是身计；不损赋算，是国谋。颜之推认为二者不可兼得，犹如忠孝不能两全，以此来解释，归心佛教，有其可理解处。

颜之推为什么如此强调忠君思想呢？

魏晋以降，名教遭遇空前的危机，君君、臣臣的君臣名分，在玄学的越名教而任自然乃至无君论的思潮中，遭到严峻的挑战。曹氏逼刘氏禅位引发的一系列权臣夺位事件，特别是在东晋门阀政治体系中，主弱臣强、权臣制主的局面，由王、谢所代表的士族门第接棒维持，固有的君臣关系被逆转。于是，在魏晋南北朝，君不得为臣纲，故忠君思想弱化；士族门第壮大，故孝悌思想强化。

在这一历史背景下，颜之推所经历的侯景之乱和北齐灭亡事件中，苟且偷生为臣下的普遍行为。《观我生赋》如此感慨台城被围时的情形："勤王逾于十万，曾不解其搤吭，嗟将相之骨鲠，皆屈体于犬羊。"⑧ 当时勤王之兵号

---

① 王利器：《颜氏家训集解》卷一《序致》，第 4 页。
② 王利器：《颜氏家训集解》卷三《勉学》，第 166 页。
③ 王利器：《颜氏家训集解》卷四《文章》，第 258 页。
④ 王利器：《颜氏家训集解》卷五《归心》，第 391 页。
⑤ 王利器：《颜氏家训集解》卷四《文章》，第 258 页。
⑥ （唐）李百药：《北齐书》卷四十五《颜之推传》，《观我生赋》，第 623 页。
⑦ 王利器：《颜氏家训集解》卷五《归心》，第 391 页。
⑧ （唐）李百药：《北齐书》卷四十五《颜之推传》，《观我生赋》，第 619 页。

称十万，却逡巡不进，致使侯景叛军攻陷台城，梁武帝饿死。

钱穆说："侯景围台城，如纶、如绎、如纪、如誉之徒，皆拥兵不救，忍委其祖、父以喂寇贼之口。盖南朝除门第名士外，人才意气率更不成。"① 不仅梁武帝子孙无忠孝之举，还上演了叔侄相残的家庭悲剧。《观我生赋》就直言"子既损而侄攻，昆亦围而叔袭"，"骨肉相诛而涕泣"的结局，正是因为无人愿意"丧身而全家"，只为自身利益着想，抛弃了忠孝之义。来看当时的一个细节：

> 景败，克迎候王僧辩，问克曰："劳事夷狄之君"，克不能对。次问玺绂何在？克默然良久曰："赵平原将去。"平原名思贤，景腹心也，景授平原太守，故克呼焉。僧辩乃诮克曰："王氏百世卿族，便是一朝而坠。"②

王克在侯景之乱中屈臣于侯景，王僧辩同为王氏，故对王克去就夷狄之君的行为痛心疾首，认为辱没了王氏百世门风。钱穆如此总结："南朝世族无功臣，亦无殉节者。"③ 类似说法，王鸣盛《十七史商榷》卷四十九《晋书七》有"晋少贞臣"条目，而赵翼《陔余丛考》卷第十七则感叹："六朝忠臣无殉节者。"

在这种历史背景下，颜之推重提忠信思想，便有了时代的价值。一方面，随着隋朝大一统的恢复，君主集权的政治需要提振君权，扭转主弱臣强的君臣关系，故提倡忠君思想、恢复君君臣臣的君臣之伦，为大势所趋。另一方面，魏晋南北朝两百余年的政治实践，臣下对君主的制衡力量也有其积极价值所在，故颜之推没有简单地迷信忠君，而是提出以忠谏的方式避免君权失控。颜之推"君臣固无常分"的思想，则是他建立新型君臣关系的理论贡献。而这一切，是在"性与情竞"的痛苦中探索出来的，他的纠结，正是谋求突破的必经之路。

---

① 钱穆：《国史大纲》，商务印书馆，1996，第 269 页。
② （唐）李延寿：《南史》卷二十三《王球传》附《王克传》，第 637 页。
③ 钱穆：《国史大纲》，商务印书馆，1996，第 273 页。

曾国藩家书的修德思想及其逻辑展开

李长泰

摘　要： 曾国藩家书的修德思想以读书为切入点，以儒家正统思想为宗旨，其逻辑展开以读书明理、明理修德、修德有恒、德业双修、敬爱修德五大环节建构家人修德体系，完成了"书→理→德→业→敬"的逻辑进程。无论是读书、持家、为官都以修德为中心，德性的养成具有优先性。曾国藩的家书修德思想综罗儒家《四书》思想的精髓，具有理学的印迹。

关键词： 曾国藩　家书　修德思想

作　者： 重庆师范大学马克思主义学院教授。

曾国藩是中国近代政治家、战略家、理学家、文学家，湘军的创立者和统帅，与李鸿章、左宗棠、张之洞并称"晚清四大名臣"。曾国藩一生在为官与为学上都有重大成就，著述颇丰，思想归于儒家正统，才华横溢，是晚清儒家思想的重要代表。曾国藩一生奉行为政以德、为政以毅为第一要义，主张行为处事要勤俭廉劳，不可为官自傲。他修身律己，以德求官，礼治为先，以忠谋政，在官场上获得了巨大的成功。曾国藩在教育上注重儒家思想主导下的教育理念，修德成业。其《家书》是教育家人和后代的重要文献。本文将论述曾国藩家书中的修德思想及其逻辑建构。

曾国藩家书中贯穿了修德思想，修德的主要路径是读书，修德思想的逻辑架构是：读书明理、明理修德、修德以恒、德业双修、敬爱修德。修德路径是：①书→理→家；②理→德→业；③敬→恒→德。修德思想处处有《四书》的义理宗旨，将理学与实学结合起来。

一　读书明理：读经史经典，明儒家义理

晚清儒家还保持着儒家思想正统，修德是晚清思想家的主导价值观，对

家人子女的教育理念依然以德性教育为核心理念。曾国藩对家人的教育即以修德为主，以德做人，以德为官，以德处事，德性是人的核心和本质。如何做到修德？曾国藩认为修德需要通过教育、读书进行切入，读书以明理，理不明，则德不修，明理的途径是读书。曾国藩的修德思想在此的逻辑展开是：书→理。

曾国藩提出读书明理，所读之书主要是《四书》《五经》《史记》《汉书》。《四书》《五经》是根本，还辅以《史记》《汉书》等十一种书。"吾儿既读《四书》《五经》，即当将此十一书寻究一番，纵不能讲习贯通，亦当思涉猎其大略，则见解日开矣。"① 曾国藩所列书目都是儒学经典和史学经典，读经典的目的是会通道理，明白儒学道理。读书、学问有本有末，本末之书都要读。"学问之道，能读经史者为根柢，如两《通》两《衍义》及本朝两《通》皆萃《六经》诸史之精，该内圣外王之要。若能熟读此六书，或熟其一二，即为有本有末之学。"② 《衍义》即是《大学衍义》，是南宋著名理学家真德秀所编撰，真德秀是朱子学术思想最典型的秉承者，为理学取得正宗的地位起到巨大作用，《大学衍义》为元、明、清三朝皇族学士必读之书，被康熙皇帝称为"力明正学"，其治国之道、民生之理和廉政文化很为后世所推崇。曾国藩推崇《大学衍义》，说明他继承了理学的传统，具有"尊德性而道问学"的学术风格。读书才能通晓道理，读书才能明理，"盖人不读书则已，亦即自名曰读书人，则必从事于《大学》。《大学》之纲领有三：明德、新民、止至善，皆我分内事也。若读书不能体贴到身上去，谓此三项与我身了不相涉，则读书何用？"③ 明理即是明德性之理。曾国藩看到其弟有的年幼无知，"弟若执拗不从，则男当责以大义，必不令其独行"④，毅然担当教育的重任。"男万难辞咎。父亲寄谕来京，先责男教书不尽职、待弟不友爱之罪，后责弟少年无知之罪，北当翻然改寤。男教训不先，鞠爱不切，不胜战栗待罪之至。伏望父母俯赐惩责，俾知悛悔遵守，断不敢怙过饰非，致兄弟仍稍有嫌隙。"⑤ 曾国藩认为其弟不明事理，致家有矛盾，曾国藩决定担当教育的

---

① 《家书》，《曾国藩全集》第 20 册，岳麓书社，2011，第 383 页。
② 《家书》，《曾国藩全集》第 20 册，第 350 页。
③ 《家书》，《曾国藩全集》第 20 册，第 35 页。
④ 《家书》，《曾国藩全集》第 20 册，第 13 页。
⑤ 《家书》，《曾国藩全集》第 20 册，第 13 页。

大义责任，让其读书以明事理。

曾国藩认为读书需要专一，在经典上穷理，研寻义理。"穷经必专一经，不可泛骛。读经以研寻义理为本，考据名物为末。读经夺一耐字诀。一句不通，不看下句；今日不通，明日再读；今年不精，明年再读。此所谓耐也。"[1]经典中有义理，需要精心研读，义理是根本，"盖自西汉以至于今，识字之儒约有三途：曰义理之学，曰考据之学，曰词章之学。各执一途，互相底毁。史之私意，以为义理之学最大。义理明则躬行有要而经济有本。词章之学，亦所以发挥义理者也。考据之学，吾无取焉矣。"[2]义理之学是首要之学，是儒学的根本，读书首先抓义理，读书明理。"以为博雅者不足贵，惟明理者乃有用，特立论过激耳。"[3]读书既要博雅，又要明理，双向发展。"家中读书事，弟亦宜常常留心。如甲五、科三等皆须读书，令晓文理，在乡能起稿，在外能写信，庶不失大家子弟风范。"[4]读书既要通晓义理，还要通晓文理。

曾国藩深受儒家正统思想的影响，特别是朱子理学的影响，主张读书以明义理、达事理，理是学问的核心，其家书的修德从理开始，从书上切入，修德的逻辑从理上展开，从读书上切入。曾国藩读书明理思想符合《中庸》思想，"自诚明，谓之性；自明诚，谓之教。诚则明矣，明则诚矣"。朱子解释说："先明乎善而后能实其善者，贤人之学，由都而入者也，人道也。"(《四书章句集注·中庸章句》)读书明理就是先明乎善而后实善，这些思想就是《四书》《五经》的思想，因此曾国藩向家人推崇读《四书》《五经》。

二 明理修德：明自然之理，立志以修己

曾国藩修德思想从读书上切入，逻辑从理上展开，修德思想进入明理修德，从理进入德。依据理，成于德。理是天理，人道成德。理在心中，德性修成。修德思想在此的逻辑展开是：理→德。

首先，明自然之理，修自然之德。"盖无故而怨天，则天不必许；无故而

---

① 《家书》，《曾国藩全集》第 20 册，第 48 页。
② 《家书》，《曾国藩全集》第 20 册，第 49 页。
③ 《家书》，《曾国藩全集》第 20 册，第 50 页。
④ 《家书》，《曾国藩全集》第 20 册，第 434 页。

尤人，则必不服。感应之理，自然随之。"① 天道自然，人依天道而行，不要怨天尤人，自然跟随天理。曾国藩教育家人不要牢骚满腹，任何事情都有其道理，顺势而为平心和气。这种修德思想与《中庸》"天命之谓性，率性之谓道，修道之谓教"相一致。"吾人为学最要虚心。尝见朋友中有美材者，往往恃才傲物，动谓人不如己，见乡墨则骂乡墨不通，见会墨则骂会墨不通，既骂房官，又骂主考，未入学者则骂学院。平心而论，己之所为诗文，实亦无胜人之处；不特无胜人之处，而且有不堪对人之处。只为不肯反求诸己，便都见得人家不是，既骂考官，又骂同考而先得者。"② 曾国藩认为为学要虚心，不能恃才骄傲，更不能不识自己的短处，教育家人要明白"反求诸己"的道理，高看自己而低看别人都不是明白事理的人，修德不够。明白自然之理，反求诸己以修德，这种思想正是《论语》"君子求诸己，小人求诸人"思想的运用。

其次，修德要立志，修德就是修己。曾国藩以儒家正统思想为宗旨，推崇内圣外王的家风、家教，鼓励家人修德。曾国藩所说的修德实际上是修养自己，因为德性在个人。"人苟能自立志，则圣贤豪杰何事不可为？何必借助于人！'我欲仁，斯仁至矣'。我欲为孔孟，则日夜孜孜，惟孔孟之是学，人谁得而御我哉？若自己不立志，则虽日与尧舜禹汤同住，亦彼自彼，我自我矣，何与于我哉？"③ 德性的获得依靠自我的觉悟，立志于德则能成就德性，志既是动机，又是过程，志向于德，志成于德。孔孟主张仁义的实现在于自我的能动性，孔子说："志于道，据于德，依于仁，游于艺。"（《论语·述而》）还说"为仁由己"（《论语·颜渊》）。孟子说："万物皆备于我矣。反身而诚，乐莫大焉。强恕而行，求仁莫近焉。"（《孟子·尽心上》）因此，修德在于自我立志，立志是修德的开始，又是获得德性的过程。立志是自我的事情，获得德性也是自我的事情，完全靠自己。曾国藩对家人的修德教育深得《论语》和《孟子》内圣思想的精髓。立志过后才有刚毅之气，为德性目标奋斗。"至于强毅之气，决不可无，然强毅与刚愎有别。古语云自胜之谓强。曰强制，曰强恕，曰强为善，皆自胜之义也。"④ 刚毅之气是人自我志向

① 《家书》，《曾国藩全集》第 20 册，第 200 页。
② 《家书》，《曾国藩全集》第 20 册，第 86 页。
③ 《家书》，《曾国藩全集》第 20 册，第 84 页。
④ 《家书》，《曾国藩全集》第 20 册，第 323 页。

实现的重要因素，曾国藩对家人的教育希望达到古代"士不可不弘毅，任重而道远"的效果，目的还是实现"仁以为己任"（《论语·泰伯》）的目标。

最后，修德要有实，切不要虚名。德性真正体现在自我身上，而不是沽名钓誉，德性是名副其实的。曾国藩提倡家风以实际为德，不是徒有虚名。"名者，造物所珍重爱惜，不轻以予人者。余德薄能鲜，而享天下之大名，虽由高曾祖父累世积德所致，而自问总觉不称，故不敢稍涉骄奢。家中自父亲、叔父奉养宜隆外，凡诸弟及吾妻吾子吾侄吾诸女侄女辈，概愿俭于自奉，不可倚势骄人。古人谓无实而享大名者，必有奇祸。"① 名的获得是确有德性在身，名不称德，必有大害。曾国藩家风名实相称的思想正是孔子的名正言顺的思想的发挥。既然名实相称，修德需要实际行动，笃实修德，不可投机取巧。"贤弟此刻在外，亦急须将笃实的本质复还，万不可走入机巧一路，日趋日下也。纵人以巧诈来，我仍以浑含应之，以诚愚应之；久之，则人之意也消。若钩心斗角，相迎相距，报复无已时耳。"② 投机取巧修不来德性，长远来看对自己的发展越来越不利，投机取巧容易导致报复，矛盾重重。

曾国藩修德思想的逻辑展开由读书明理发展到明理修德，完成了由理到德的逻辑径路，家风中提倡人之所以成为人需要有德，修德就是修己，人首先要内圣，德性之人是名实相称的人，实是德性之实。

三　修德以恒：学问贵有恒，官宦贵有德

曾国藩家书中的修德思想由明理修德进入到下一个层次：如何修德？曾国藩认为修德以恒，学问贵在有恒，修德也要有恒心，官宦之家能够长久需要有德性。修德的逻辑在此展开是：恒→德。

首先，修德需要有恒心。为学之道有恒心，读书有恒心，修德有恒心，最后才有修德成果。曾国藩以熬肉作比说明为学读书需要恒心，他说："师友夹持，虽懦夫亦有立志。子思、朱子言为学譬如熬肉，先须用猛火煮，然后用漫火温。予生平工夫未用猛火煮过，虽略有见识，乃是从悟境得来。偶用功，亦不过优游玩索已耳。如未沸之汤，遽用漫火温之，将愈煮愈不熟矣。

① 《家书》，《曾国藩全集》第 20 册，第 252 页。
② 《家书》，《曾国藩全集》第 20 册，第 323 页。

以是急思搬进城内，屏除一切，从事于克己之学。"① 恒心来源于立志，立志好比猛火，接着就是漫火，漫火温是恒久之力，修德以恒就是漫火温。为学有恒心，这是一体悟的过程，能增长见识。"且苟能发奋自立，则家塾可读书，即旷野之地、热闹之场亦可读书，负薪牧豕，皆可读书；苟不能履历自立，则家塾不宜读书，即清净之乡、神仙之境皆不能读书。"② 为学有恒心，则能突破各种外界干扰，专心致志，取得学问成果，修己修德。曾国藩要求家人能随时随地读书，时时修德，具有恒久持力。"盖士人读书，第一要有志，第二要有识，第三要有恒。有志则断不甘为下流；有识则知学问不尽，不敢以一得自足，如河伯之观海，如井蛙之窥天，皆无识者也；有恒则断无不成之事。"③ 明理才能立志，立志才能有恒，读书人有恒才能完成学业，成就事业。"每日楷书写日记，每日读史十页，每日记茶余偶谈一则，此三事未尝间断。……诸弟每人自立课程，必须有日日不断之功，虽行船走路，俱须带在身边。……而此三事者，将终身以之。"④ 读书是天天之事，曾国藩提出每日三事，终身如此。"读经、读史、读专集、讲义理之学，此有志者万不可易者也。"⑤ 专注于经典之学，讲求义理，终身不易。"学问之道无穷，而总以有恒为主。兄往年极无恒，近年略好，而犹未纯熟。"⑥ 学问的过程是守恒的过程，十年磨一剑，需要一点一滴地去做和积累。"凡人一身，只有迁善改过四字可靠；凡人一家，只有修德读书四字可靠。此八字者，能尽一分，必有一分之庆；不尽一分，必有一分之殃。"⑦ 总之，修德有恒，读书有恒，读书修德，有一分投入即有一分回报，修德有恒即养成德性，曾国藩家书修德思想始终与读书修德连在一起，体现了"士不可不弘毅"气概和内质。

其次，修德有恒是修君子之道有恒。曾国藩以儒家思想之正统教育家人，主张家人修养君子之道。"君子之立志也，有民胞物与之量，有内圣外王之业，而后不忝于父母之生，不愧为天地之完人。故其为忧也，以不如舜不如

① 《家书》，《曾国藩全集》第20册，第31页。
② 《家书》，《曾国藩全集》第20册，第34页。
③ 《家书》，《曾国藩全集》第20册，第42页。
④ 《家书》，《曾国藩全集》第20册，第41页。
⑤ 《家书》，《曾国藩全集》第20册，第49页。
⑥ 《家书》，《曾国藩全集》第20册，第88页。
⑦ 《家书》，《曾国藩全集》第20册，第194页。

周公为忧也，以德不修学不讲为忧也。是故顽民梗化则忧之，蛮夷猾夏则忧之，小人在位贤才否闭则忧之，匹夫匹妇不被己泽则忧之，所谓悲天命而悯人穷。此君子之忧也。若夫一身之屈伸，一家之饥饱，世俗之荣辱得失、贵贱毁誉，君子固不暇忧及此也。"① 君子之忧是忧道不忧贫，心忧天下万民，君子力求成为完人，君子志在天下，民胞物与，任重道远，曾国藩希望家人有君子的天下之志，修养天下胸怀，不能只专注于一己之虑。"吾细思凡天下官宦之家，多只一代享用便尽。其子孙始而骄佚，继而流荡，终而沟壑，能庆延一二代鲜矣。商贾之家，勤俭者能延三四代；耕读之家，谨朴者能延五六代；孝友之家，则可以绵延十代八代。我今赖祖宗之积累，少年早达，深恐其以一身享用殆尽，故教诸弟及儿辈，但愿其为耕读孝友之家，不愿其为仕宦之家。诸弟读书不可不多，用功不可不勤，切不可时时为科弟仕宦起见。若不能看透此层道理，则虽巍科显宦，终算不得祖父之贤肖，我家之功臣。若能看透此道理，则我钦佩之至。"② 曾国藩主张读书不是为了成为官宦，而是为了修身齐家，成为官宦也是为了天下国家，他希望家人有功于天下。曾国藩的这些思想是《大学》修身、齐家、治国、平天下的思想运用，也是君子慎独思想的运用。

曾国藩家书的修德思想逻辑在此展开以恒为过程，由恒心养成德性。德性才是人存在的根本，读书为了成为德性，修德也是修德性，官宦不是成就一己之私，而是志在天下，心忧天下。

四 德业双修：进德以守道，修业以存身

曾国藩家书中的修德思想由修德以恒继续往前发展进入到下一个层次：德业双修。德是道，业是能，进德守道，修业存身。修德的逻辑在此展开是：德→业。

曾国藩教育家人读书不仅仅是为了达到一种能力和谋一份事业，更重要的是进德守道，德才兼备，以德为先。"吾辈读书，只有两事：一者进德之事，讲求乎诚正修齐之道，以图无忝所生；一者修业之事，操习乎记诵词章之术，以图自卫其身。进德之事难以尽言，至于修业以卫身，吾请言之：卫

---

① 《家书》，《曾国藩全集》第 20 册，第 34 页。
② 《家书》，《曾国藩全集》第 20 册，第 168 页。

身莫大于谋食。"① 进德和修业是读书的目的，进德是树人，修业是存身，人是什么人？人是德性人，人怎么活着？依靠业务能力活着。读书是德才并进。中国古代讲究进德而修业，德业双修。"一阴一阳之谓道，继之者善也，成之者性也。仁者见之谓之仁，知者见之谓之知，百姓日用而不知，故君子之道鲜矣。显诸仁，藏诸用，鼓万物而不与圣人同忧，盛德大业至矣哉！富有之谓大业，日新之谓盛德。生生之谓易，成象之谓乾。"② 人在社会上发展需要盛德和大业，德业双修，不断变化，提升德业水平。德是仁，业是用。《系辞》说："天地之大德曰生。"③ 天地之德是生生发展，变化前进。曾国藩深悟《周易》之道，提出德业双修。《周易》讲阴阳变化之道，而仁显现在其中，用好阴阳变化之道即是富有大业。王船山说："一阴一阳之道，流行于两间、充周于万物者如此。故吉凶悔吝无所择，而仁皆存，用皆行焉。在圣人之有忧者，皆其可乐之天、可安之土。唯《易》全体此道以为教，故圣人于《易》，可以释其忧，以偕百姓而同归于道，由此而盛德著，大业兴。一阴一阳之道为《易》之蕴，而具于人性之中也如此，诚至极而无可尚矣。"④ 王船山认为盛德、大业都是阴阳之道的显现与运用，二者不可分割，深悟阴阳之道即德盛，善于运用即成就大业。"尽其性而业大者，唯道之富有；一阴一阳，其储至足，而行无所择也。尽其性而德盛者，唯道之日新；一阴一阳，变化之妙，无所典要，而随时以致其美善也。在道为富有，见于业则大。在道为日新，居为德则盛。此申上文而推德业之盛大，莫非《易》之理，成于人之性中者为之也。"⑤ 王船山认为拥有德性即是盛德，不断前进变化即是大业。曾国藩以进德、修业作为教育家人读书的目的，说明其深谙德教在中国古代教育中的核心地位，对《周易》思想非常通达。

曾国藩对读书的进德、修业进行了具体定义："吾人只有进德、修业两事靠得住。进德，则孝弟仁义是也；修业，则诗文作字是也。此二者由我做主，得尺则我之尺也，得寸则我之寸也。今日进一分德，便算积了一升谷；明日修一分业，又算余了一文钱。德业并增，则家私日起。至于功名富贵，悉由

---

① 《家书》，《曾国藩全集》第 20 册，第 31 页。

② 《周易·系辞上》，（清）阮元校刻《十三经注疏》，中华书局，1980，第 78 页。

③ 《周易·系辞下》，（清）阮元校刻《十三经注疏》，第 86 页。

④ 《周易内传》，（明）王夫之撰《船山全书》（第一册），岳麓书社，2011，第 528 页。

⑤ 《周易内传》，（明）王夫之撰《船山全书》（第一册），第 529 页。

命定，丝毫不能自主。"① 他认为进德是讲修儒家伦理道德，修业是提高文辞诗赋的运用能力。曾国藩说的没有错，作为读书而言德业双修即是修德和修文，但在社会上的进德、修业则是修道和谋事。

总之，曾国藩家书的修德思想是德业双修，由修德到修业，目的是让家人德才兼备。由于深受古代儒家思想的熏陶，曾国藩既重视德业双修，但又注重以德为先，由德成业。

五　敬爱修德：笃敬而载道，惟爱之以德

曾国藩家书中的修德思想由德业双修、以德为先的思想继续往前发展进入到下一个层次架构：修德的状态——敬爱修德。修德的逻辑在此展开是：敬→德。

读书明理修德只是一个途径，真正的德性的养成还需要内心的完全投入，曾国藩认为修德在于本心的敬畏投入。对道有所敬畏才能修成德性，道是一种心灵的关怀，可能是终极的，敬畏道才能修道，将道落到实处。古代讲修君子之道，君子对道有敬畏，使君子成其为君子，"君子有三畏：畏天命，畏大人，畏圣人之言。小人不知天命而不畏也，狎大人，侮圣人之言。"（《论语·季氏》）敬畏之心是人修德成功的重要保证。曾国藩教育家人读书、修德要有敬畏之心。"诸弟亦宜常存敬畏，勿谓家有人作官，而遂敢于侮人；勿谓己有文学，而遂敢于恃才傲人。常存此心，则是载福之道也。"② 对儒家道统敬畏才能遵从儒家修身、齐家、治国、平天下之道。有敬畏，为官清正，有敬畏，为学谦逊。"家中兄弟子侄，总宜以勤敬二字为法。一家能勤能敬，虽乱世亦有兴旺气象；一身能勤能敬，虽愚人亦有贤智风味。吾生平于此二字少工夫，今谆谆以训吾昆弟子侄，务宜刻刻遵守。"③ 有敬畏，才能兴旺、贤智，应时时敬畏、终身敬畏。

除了通过敬畏达到修德，曾国藩主张还要惟爱以德以消除家庭人际关系上的矛盾。"家中之事，弟不必管。天破了自有女娲管，洪水大了自有禹王管，家事有堂上大人管，外事有我管，弟只安心自管功课而已，何必问其他

① 《家书》，《曾国藩全集》第 20 册，第 82 页。
② 《家书》，《曾国藩全集》第 20 册，第 99 页。
③ 《家书》，《曾国藩全集》第 20 册，第 238 页。

哉？至于家庭姻党，无论他与我家有隙无隙，在弟辈只宜一概爱之敬之。孔子曰'泛爱众而亲仁'，孟子曰'爱人不亲反其仁'，'礼人不答反其敬'。此刻未理家事，若便多生嫌怨，将来当家立业，岂不个个都是仇人？古来无与宗族乡党为仇之圣贤，弟辈万不可专责他人也。"① 家庭内部有矛盾要通过仁爱之心来化解，鼓励弟弟对家人少指责，对家人包容爱护，对年长者多以尊敬，以德治家，修身齐家，家庭内部矛盾自然会消除。这种修德思想实质上还是《论语》中的"克己复礼以为仁"的发挥，曾国藩主张大爱，泛爱所有的家人。"大凡做官的人，往往厚于妻子而薄于兄弟，私肥于一家而刻薄于亲戚族党。予自三十岁以来，即以做官发财为可耻，以官（宦）囊积金遗子孙为可羞可恨，故私心立誓，总不靠做官发财遗后人。神明鉴临，予不食言。"② 官宦之人也要有大爱，不能厚此薄彼，不能厚了私家而薄于天下，不能有做官就是为了发财的想法。"至于兄弟之际，吾亦惟爱之以德，不欲爱之以姑息。教之以勤俭，劝之以习劳守朴，爱兄弟以德也；丰衣美食，俯仰如意，爱兄弟以姑息也。姑息之爱，使兄弟惰肢体，长骄气，将来丧德亏行，是即我率兄弟以不孝也，吾不敢也。"③ 最后，曾国藩认为家庭关系的处理是惟爱惟德，对家人的爱是使家人增长德性修养，诸如勤劳俭朴、谦虚和气。曾国藩"惟爱以德"的思想实际上是君子之道中的"君子成人之美，不成人之恶"思想的表达。

总之，曾国藩的修德思想在最后一个逻辑上主张敬爱以修德，通过笃敬达到载道，通过泛爱达到修德，告诫家人敬以修德，爱以修德。敬以修德使家人进入修德的状态，爱以修德化解家庭内部矛盾。曾国藩的敬爱以修德的思想实质上是《四书》中君子敬畏、君子成人之美思想的再现。

综上所述，曾国藩家书的修德思想以读书为切入点，以儒家正统思想为宗旨，其逻辑展开以读书明理、明理修德、修德有恒、德业双修、敬爱修德五大环节建构家人修德体系，完成了"书→理→德→业→敬"的逻辑进程。无论是读书、持家、为官都以修德为中心，德性的养成具有优先性。曾国藩的家书修德思想综罗儒家《四书》思想的精髓，既具有理学的印迹，又具有现实的风格，经世以致用，曾国藩家书是儒家道统的再现。

---

① 《家书》，《曾国藩全集》第 20 册，第 91～92 页。
② 《家书》，《曾国藩全集》第 20 册，第 163～164 页。
③ 《家书》，《曾国藩全集》第 20 册，第 164 页。

中国荆楚家训家风的传承

孙君恒　王　阳

摘　要： 中国湖北荆楚大地，家训、家教、家风在历史上和现实中都十分兴盛，培育了一代又一代德才兼备的优秀人才，值得进一步挖掘、整理和发扬光大。我们介绍了几个典型家训文本，概括了湖北家训的儒家道德规范的共同特点，说明了湖北家训的湖北姓氏、家族特点，指出了湖北家训的地理、文化特点。在事实材料的基础上，我们认为湖北家训产生了良好的作用，主张继续发扬光大家训的积极价值。

关键词： 荆楚　家训　儒家

作　者： 孙君恒，武汉科技大学国学研究中心主任。王阳，武汉科技大学马克思主义学院研究生。

在传统中国文化中，家是人格形成的第一课堂。从心理学上说，原生家庭是滋养心理地图的第一沃土。每个家庭都是社会的细胞，家风家训直接且深刻地影响我们的思想观念与价值取向，从而会影响风尚教化、社会生态乃至整个中华民族的精神气质。湖北——荆楚大地，家训、家教、家风在历史上和现实中都十分兴盛，培育了一代又一代德才兼备的优秀人才，值得进一步挖掘、整理和发扬光大。

一　家训文本典型

湖北各地家训众多，下面仅选择部分家训以做说明。

1. 湖北鄂州282字熊氏家训，"敬祖宗，孝父母，和兄弟，谨夫妇，端品行，习勤俭，遵法律，慎交游，训子孙，睦乡邻，厚宗族，爱国家"，涵盖为人处世方方面面，滋养熊氏子孙300余年。

2. 湖北京山白马庙潘氏家训：

> 孝悌家庭顺，清忠国祚昌。
> 礼恭交四海，信义结万方。
> 富贵由勤俭，贫穷守本章。
> 言行防错过，恩德应酬偿。
> 正大传耕读，公平作贾商。
> 烟花休入局，赌博莫到场。
> 邻里当亲睦，冤仇要解忘。
> 奸谋身后报，苛刻眼前光。
> 国法警心畏，盗贼不可当。
> 一生惟谨慎，百世有馨香。

3. 湖北公安县袁氏先祖迁入湖北公安后，垦荒种地，勤劳节俭，开创家业，后制订出了本族家规家训，传家二十二代、五百多年。其核心理念是"立德"和"做人"。强调控制个人私欲，遵从社会礼制，注重内在品格的养成与人生事业的发展，始终把人生的道义与对国家社会的责任放在首位。袁氏家训擅长教谕，以理服人，以情动人，以言导人，蕴含着科学的育人思想。袁氏家训对后世产生了深远影响，在当地掀起了读书求知的热潮，使公安大地秉承革新精神与进取意识，民风淳厚，思想开化。袁氏家训分两部分：《袁氏家戒十条》《袁氏家教十则》。《家戒》和《家教》各 10 条，分别从道德自律和立身行事两方面对族人进行警戒和教育。

《袁氏家教十则》是从"为"的方面去强调要做什么、要如何做，从正面来树立人的道德理想：

> "教孝慈""笃友恭"
> "设义学""尚勤俭"
> "正心术""立人品"
> "急国课""遵礼制"
> "专执业""广忠厚"

《袁氏家戒十条》告诫族中子弟不可侵祭产、鬻守器、滥交游、忤邻里、学浪荡、唆词讼等。"公安三袁"及袁氏家族，就是以以人为本的美好家训传承于世的。袁氏家族强调人的精神修养与道德自律，要求心术端正，人品中直，"穷不失义，达不离道"，道义被看作他们人生的准绳。

"三袁"兄弟高中进士后，母亲让他们脚穿草鞋回娘家报喜，旁人不解。三兄弟已经是人上之人，怎么要穿着草鞋？其母说，就怕他们做了官，忘了本。特意让其脚穿草鞋，就是要接地气，长记性。做人要堂堂正正，为官要清正廉明。可以说"袁氏家教"，与传统的文化精神，与当代的时代要求，是紧密契合在一块的。我们当代人所要做的就是，怎么把这些精神进行阐释，然后发扬光大。这对后来一代一代的精神传承，可以发挥巨大的精神能量。

4. 湖北省咸丰县唐崖镇大水坪村的严家祠堂，距世界文化遗产唐崖土司遗址 10 公里，是当地严氏家族的宗祠建筑，建于光绪元年，1992 年被湖北省人民政府确定为"省级文物保护单位"。祠堂内有"首士戒规六条""增美奖章六条""释回惩章十二条""宗规十六条"及"创建严氏宗祠序"等图文石刻二十余处，不仅刀法精巧洗练，线条自然清晰，形态栩栩如生，而且其内容大多向上向善，与当前提倡的"把权力关进制度的笼子""把纪律挺在前面"不谋而合。当地纪检监察部门将其作为党风廉政建设的乡土教材，挖掘传播。时隔130多年，祠堂内"乡约当遵""职业当勤""节俭当从""邪巫当禁"，"勤则职业修，惰则职业惰"，"务要公正廉直，不得挟私武断，不许私行贿赂"，"士者则须先德行，次文艺。切勿因读书识字，舞弄文法，颠倒是非"，"祠内人有嫖、赌、盗窃、包揽词讼、会匪土豪，一切不务正业者，皆宜改过自新。如怙恶不悛，因而滋事者或国法或家法，家长与首士毋得姑贷"等条文，仍犹如一位德高望重的老者，谆谆教诲警醒着后人；而"三堂会审""辕门斩子"等石木浮雕，更是形象生动，让人心生敬畏。

5. 湖北利川李氏家训：

> 敬祖宗，敦孝悌；安生理，勿非为；
> 睦宗族，端伦常；忌毒染，慎嫁娶；
> 友昆仲，和夫妇；勉诵读，重交游；
> 教子孙，尚勤俭；谨丧祭，远酗酒；
> 恤孤寡，戒唆讼；出异教，省自身。

中国传统家规文化源远流长，忠厚传家，树子孙典范，诗书继世，倡社会新风，直到今天仍是一笔笔宝贵的精神财富。

二　特点

1. 承接了中国古代家训的儒家思想。荆楚家训仍然强调"仁义礼智信、忠孝廉毅和"等儒家理念，注重耕读传家的风格，在"天地国亲师"的伦理框架内确定宗族的家训。例如，湖北武汉市江夏区的江夏黄氏，黄氏家风、祖训倡导"要持名节、要顾廉耻"，弘扬敦亲睦谊和孝道精神，"重谱系"注重慎终追远，感念祖，继承"忠、孝、义、和"的黄氏家训。黄氏家规家训中修身有《十八格》：

> 父慈：爱而不溺，望而不迫，惟道义是期，非虚荣是责。
>
> 子孝：善继其志，善补其缺，善养其身，善愉其心。
>
> 兄爱：让以联情，助以趋善，不藏怒焉，不宿怨焉。
>
> 弟敬：尊兄之志，从兄之言，匡兄之失，服兄之劳。
>
> 夫义：尚德不尚容，贵贱不移，相敬如宾，互助若友。
>
> 妻贤：清白持身，勤俭处家，助夫仁孝，不言短长。
>
> 族睦：宗支雍和，毋界亲疏，以祖之心为心，晓然根本一脉。
>
> 友信：相结以义，相励以志，贫贱不忘，患难不变。
>
> 老安：老吾之老，及人之老，苍颜白发，我将亦到。
>
> 少怀：幼吾之幼，及人之幼，抚教爱惜，期养成人。
>
> 邻善：出入相友，礼义相交，忍让相处，缓急相救。
>
> 士端：力求学问，休慕荣利，好样表率，实我良贵。
>
> 农勤：勿怠勿荒，防早芟草，毋抛撒五谷，因农业兴利。
>
> 工实：巧而尚朴，精能牢固，忠以应人，实以律己。
>
> 商诚：骑鹤腰缠，在弃与取，货高招远客，悉去尔诈伪。
>
> 贾和：居奇固良，深藏若虚，近悦远来，童叟无欺。
>
> 公平：身任公干，事事平允，正直勿偏，更勿诌上骄下。
>
> 上宽：勤抚字，缓催科，宥恕勿暴，廉明不苟。①

---

① 《黄氏立身规范　黄氏家训黄氏家规〈十八格〉》，http：//www.weixinla.com/document/41096283.html。

2. 富有姓氏、家族风格。例如,湖北公安袁氏有三位为官清廉、文美天下的袁氏兄弟,他们便是锐意变革、倡导性灵的公安派文学领军人物"三袁"(袁宗道、袁宏道、袁中道)。"三袁"在文学上取得了很高成就,在当时就产生了巨大影响,成为文学革新运动的一面旗帜,在中国文学史上享有盛誉,与他们的家教密切相关。《袁氏家教十则·正心术》强调:"人生祸福成败,莫不基于心术。心术一坏,即富贵亦消乏也;心术一端,即贫贱亦昌达也。"《袁氏家教十则·急国课》主张把国家利益放在首位:"自古上给下以田亩,下报上以总秸。米粟践土,食毛奉公,为先风俗醇厚之世。""急国课即士庶忠上,要务勉之。"在为人做官方面,三袁也广为世人所称道,在民间就流传着"一母三进士,南北两天官"的赞誉,有了耕读传家的风尚和延续至今的鼎盛文风。再如,阳新县王英镇大田村的伍氏有家训"不仕官,忠报国,心为民"。当年伍子胥忠心辅佐吴王夫差,后因谏言激怒了夫差而被残忍杀害。正因如此,伍氏有家训"不仕官,忠报国,心为民"。虽然后世子孙有人走上仕途,但"忠报国,心为民"的家训仍被不少后人铭记于心。中国人民解放军高级将领伍修权的祖籍就在此地,其亲笔手书的"功著千秋"匾额仍悬于伍氏祠堂内。

3. 具有地望(郡望)特点。例如,湖北省咸丰县唐崖镇大水坪村的严家,属于湖北西部土家族地域,这里山高路险,过去交通不便,巫术、陋习盛行,因此为了告诫后人,严家祠堂内有"首士戒规六条"等前述家训。要求"职业当勤""节俭当从"等。再如,湖北宜昌点军区五龙村五龙河街袁裕校家庭博物馆里,馆主袁裕校小心地擦拭着一张裱糊起来的袁氏祖训:"苦言能益,苦味能养,苦钱能久,苦工能恒。"袁家世代居于大山之中的湖北省兴山县丰邑坪村,第一代袁之仕,一生在"苦"字上下功夫,勤做苦挣。以"苦"字为要的祖训,在时光静默中见证了一个家庭百年的守正笃行,历四代而弥显珍贵。

三　实际效果

事例1:湖北鄂州282字熊氏家训的滋养,使鄂州市梁子湖区太和镇狮子口村的熊家坳湾村民敦厚、仁慈、纯朴,不只对族人,而且对全村人都早已深入骨髓。熊家坳湾乡风文明理事会会长熊良胜说,熊家坳湾自康熙十八年,一世祖熊世泰从梁子湖边熊思钦湾迁居到两座狮子山间的平地开基后，七世同居，百余人同财共食，孕育出以"敦厚、仁慈、勤劳、纯朴"为精髓的熊氏家训。

熊氏家训载入族谱、家谱，代代相传，家家户户以家训教育孩子。熊良胜称，自己年幼时相当顽皮，一次到隔壁湾子偷吃西瓜，父亲得知后，不仅以棍棒惩戒，还责令他到祠堂下跪，直到背会熊氏家训中"端品行"的所有内容方可起来。家训传承及长辈言行举止已潜移默化融入血液。在南京一所大学任教的熊高强说，游子在外，待人接物仍时常记着"不给家族丢脸"，家训中的"慎交游"对其影响最大，提醒他言行端正，交友慎重、真诚。2015年9月，鄂州市文联、作协组织采风活动，众人在熊家坳湾露营，当晚文娱活动现场，村民们给采风人员端茶送水，担心采风人员露营寒冷，又送来空调被，看到被子不够用，深夜派人到街上又购回十多床新被子。女作家徐丽玲禁不住高歌一曲《父老乡亲》，来表达感激之情。①

事例2："勤俭能创千秋业，耕读尚开富贵花"是湖北省武汉市黄陂区大余湾家训。"二十四，扫房子；二十五，磨豆腐"是春节传统习俗，而大余湾这个有着600多年历史的古村落祖祖辈辈传下的习俗则是："二十四，扫房子；二十五，听家训。"从大余湾走出了100多位专家，其中有近代著名教育家余家菊之子、台湾中央大学前校长余传韬，我国铁路专家余传典等。

事例3：湖北红安县吴氏后裔子孙中，历朝历代都有扭转乾坤的风云人物，特别是近现代涌现出一批改天换地的杰出人物。例如：武汉辛亥首义打响第一枪，推翻中国几千年封建皇权的总指挥就是湖北鄂州葛店吴家畈人吴光麟将军；我国首位担任大学校长，任期最长的女校长是武汉江夏人吴贻芳女士；解放初期，武汉市第一任市长，是湖北保康歇马镇百峰村石磬岭人吴德峰；被誉为"中国的保尔·柯察金"的总工程师，是武汉蔡甸人吴运铎先生，受到斯大林和毛主席的接见，被授予全国特等劳动模范；国务院副总理吴仪，是湖北黄梅濯港镇吴元八村人，其先祖是黄梅开山始祖吴七一公；还有湖北红安籍女将军，原来的第一军医大学校长吴晓恒；全国道德模范，湖北钟祥人吴天祥，等等，数不胜数。

---

① 海冰：《湖北鄂州282字熊氏家训：滋养子孙300余年》，http://hb.ifeng.com/a/20160216/4276181_0.shtml。

四 发扬光大

事例 1：董必武是湖北黄安（今红安）人，红安董氏以"朴诚"为家训，20 世纪 20 年代董必武在家乡创办私立武汉中学时，增加了"勇毅"二字，定为校训。可以说，董必武一生都在践行着"朴、诚、勇、毅"的家训，这也是他立德立身，对子女、家人言传身教的品格。

事例 2：从 2012 年开始，湖北省竹溪县连年开展"家规家训兴万家"活动，以家庭教育为突破口，通过立家规、传家训、评家风等方式，掀起重塑美好家风家训的热潮。

事例 3：2016 清明前夕，麻城市纪委监察局、市文明办向全市党员干部和群众发出开展"诵家规 学家训 正家风"活动的倡议，利用返乡祭祖、外出踏青等机会开展家规家训教育，以良好家风推动社风民风持续好转。

事例 4：新的家训在湖北安陆应运而生。"开门三不贪（不贪财，不贪色，不贪玩），出门三不赌（不赌吃，不赌气，不赌博）；进门三一样（侄儿侄女一样疼，媳妇姑娘一样待，内孙外孙一样带），关门三坚守（坚守道德底线，坚守孝悌当先，坚守良心在前）。"春节以来，安陆市接官乡农民幸大玉的这首家训与其他 20 首当地家训一道，在展示传播。2015 年 10 月起，安陆市开展为期两个月的"评优秀家训、讲家风故事"活动，吸引老百姓广泛参与。该市共收到各地报送的家训、家风故事 200 余条（篇），并评选出优秀作品 21 条（篇）。同时，利用春节外出务工人员返乡契机，将这些来自民间的格言、对联、诗词、警句，通过村级文化墙、当地网站、电视台等渠道集中展示宣传。有家有爱就和谐。近年来，安陆市将培育积极向上的家庭新风尚作为践行新时期社会主义核心价值观重要内容来抓，开展最美媳妇、最美家庭、最美军嫂、十佳孝子等各类评选，安陆市 383 个村都建有乡风文明文化墙，开辟乡规民约、村级好人宣传专栏。①

事例 5：2016 年家训征集活动在各地开展。湖北恩施州档案馆决定在全州范围内开展家谱、家训、家风征集活动。征集范围包括家谱等文献（族谱、宗谱、世谱、支谱、房谱等）；征集州内各姓氏不同时期的刻本、稿本、抄

---

① 梁晓莹：《安陆市评选优秀家训》，http://hbrb.cnhubei.com/html/hbrb/20160218/hbrb2844876.html。

本、活字本、铅印本、石印本、油印本、影印本、胶印本等，如系孤本，州档案馆复制后，原件退回。家训文献，重点征集名人家训、治家格言、楹联警句等，如系不可移动文物，可提供照片。家风文献，重点征集优良家风、世代传承的家教格言、训诫以及家教心得、家风故事等各类文献、图片、实物和音像资料，如系不可移动文物，可提供照片。征集办法采取接受捐赠或适当补偿性收购的办法。无偿捐赠的，由州档案馆发给收藏证书，原件永久收藏于州档案馆；需补偿性收购的，州档案馆将根据其价值，给予适当经济补偿。

宜昌市教育局与湖北日报传媒集团三峡晚报联合举办的"寻找身边的家风家训家规"主题征文大赛评选结果揭晓。本次活动历时半年，广泛发动中小学生在家长的共同参与下，挖掘提炼身边家风家训家规中的优良元素，倡导主流价值，培育文明风尚。宜昌全市 400 多所中小学参加了比赛，共收到参赛作品 9420 篇。在这些征文中，同学们积极响应号召开展社会实践活动，或随父母一起走向乡村祖屋，寻访祖辈生活的痕迹；或静坐在爷爷奶奶身边，倾听家族发展的历史；或阅读课外书籍，汲取知识的甘露；或用稚嫩的笔墨记录所见所思所感。[1]

总之，作为现代人，我们也仍需要从荆楚大地家训的历史传承中吸取中华悠久古老的智慧，夯实我们的心灵，在新的历史进程中激发心灵的、家庭道德的力量，去建设新时代，创造新生活。

---

[1] 宜昌市开展"寻找身边的家风家训家规"活动，http://hb.news.163.com/yichang/16/0728/11/BT2E6RG607111D71.html。

儒学评论

人伦养成

丁茶山的仁义礼智观

金彦钟

摘　要: 朝鲜儒者茶山丁若镛（1762~1836）先生认为"仁义礼智, 成于行事, 非在心之理", 这一主张与日本古学派学者伊藤仁斋偶合。本文对茶山提出这一主张的经过, 与伊藤仁斋的关系, 以及其思想史上的意义进行略述。茶山认为程朱学把四端看作是仁义礼智的发现是本末倒置, 而认为四端都内存于心, 通过行动表现出来才成为仁义礼智, 即仁义礼智是通过行为来实现的道德, 并非内存于人性自体的本性。且茶山要进一步提出"性嗜好说", 必然要重走伊藤仁斋在上个世纪所走过的否定"本然之性"的道路。但就与人性论相关的这两种立场而言, 并无证据表明伊藤仁斋对茶山有直接的影响, 而殊途同归的这一现象可谓是跨越时空的巧合。这也恰好反映了17、18世纪摆脱程朱学的思辨范畴、将重心转为具体现实的思想趋势。伊藤仁斋尽力于攻破朱子学, 而并无余力来重建新说。与此不同, 茶山在焦土之上, 筑成了坚实的实学思想的金字塔。这不得不说是茶山作为东亚三国实学集大成者的突出成就。

关键词: 茶山　丁若镛　伊藤仁斋　四端
作　者: 韩国高丽大学汉文系名誉教授。

朝鲜儒者丁若镛先生认为"仁义礼智, 成于行事, 非在心之理"。这一主张, 与日本古学派学者伊藤仁斋偶合。下文将对茶山提出这一主张的经过, 与伊藤仁斋的关系, 以及其思想史上的意义进行略述。

茶山丁若镛（1762~1836）与程朱性理学的作别通过其《自撰墓志铭》中的短短一句可以得到充分的证明。

恐惧诚慎，昭事上帝，则可以为人。虚尊太极，以理为天，即不可以为仁。

在这句话中，儒家经典中的"上帝"观念得以复活，而宋学中心思想的"太极"和"理"的观念则被不留余地地推翻。不仅如此，茶山对程朱学派所信奉的阴阳五行说、主静说、无欲说、本然之性说也加以否定。换言之，茶山撼动了支撑程朱学的性理学中的宇宙论、人性论等理论基础。

万物随着时间的推移必然会存在新陈代谢，从元仁宗皇庆二年以来，在东北亚三国被国家公认为学术正宗的程朱性理学的根基开始动摇。这一契机始于阳明学派和实学派等对程朱学的修正和反对的思潮兴起。

在当时存在很多对程朱学权威思想的批判势力。在形成期，仅就宋朝而言，就有陆氏兄弟的心学派，陈良、叶适的事功学派，明朝以王守仁为代表的心学派等，都对程朱学权威进行了集中批判。在这种批判中，"实学派"自然包含其中。在众多的实学派学者中，有一派认为主张"内圣为主"的程朱学无法适应变化的时代潮流，进而强调"外王"的价值，竭力批判程朱学。在这批学者中，有中国明朝的王廷相、吴廷翰，清朝的颜元、李塨、戴震，日本的幕府时代有古学派三祖之称的三鹿素行、伊藤仁斋、狄生徂徕和伊藤东涯、太宰春台及其后继者，韩国朝鲜时代的朴世堂、尹鑴、丁若镛等。这些学者有一个共同点：都是为了解答时代性的问题，越过性理学而直接试图在孔孟学中寻求答案。此外除了上述"外王为主"的主张之外，这些学者都具有重视气的倾向及修齐与治平并重的倾向。因此将这些学者称为实学者中的实学者也不为过。在东北亚三国的实学派思想家中茶山丁若镛尤为引人注目。这是因为，尽管其大部分的著述做学问的时间都是在非常艰苦的环境度过的，但是并不局限于朝鲜，而是着眼于中国、日本，在总结前人成果的基础上，融会贯通形成了一门新的学问。

虽然茶山可被称为百科全书派，在多个领域广有造诣，但是其公认在哲学界的成果最为卓著。而作为茶山哲学人性论中重要组成部分的"仁义礼智说"和"性嗜好说"与日本古学派学者伊藤仁斋（1627～1705）的学说多有共通之处，这一点尤为引人注目。首先从仁义礼智说说起。

仁义礼智是儒家代表性的伦理思想，对此具体的论议可视为从孟子开始。但是在孟子"心性论"中对仁义礼智的理解可谓是"见仁见智"。因此，孟子是把仁义礼智看作人们内存于心的本性，还是认为既是内存于心的本性又是实践于外的道德，抑或是内存于心的仅仅是恻隐、羞恶、辞让、是非，仁义礼智则是恻隐、羞恶、辞让、是非之心发动并通过具体行为而实现的道德，都十分难以断言。最终这已经超出训诂学的是非范畴，上升到了具有哲学价值的领域。

关于四端，孟子有如下论述：

> 恻隐之心，仁之端也；羞恶之心，义之端也；辞让之心，礼之端也；是非之心，智之端也。

而问题就是从"端"字本身产生的。"端"的本字为"耑"。在甲骨文中已经可见的这一文字是以地为中心的草的根和叶子模样的象形文字，因此在文字本身就包含有"本"和"末"两种含义。在汉代之前，一直没有训诂学的解释，直到赵岐（约 108～201），才将其解释为"端者，首也。人皆有仁义礼智之首，可引用之。"根据赵岐的解释，恻隐、羞恶、辞让、是非是仁义礼智的首，也就是根本，"引用之"即扩充到达仁义礼智的意思。北宋的孙奭（962～1033）进一步补充了赵岐的解释，使用了"端本"这一用语。端本即根本。

与此相反的见解发于程颐（1033～1107）。程颐在人性论中论道"性中只有仁义礼智四者而已"。与此同时朱熹（1130～1200）在《孟子集注·不忍人之心章》中注道"恻隐、羞恶、辞让、是非，情也。仁义礼智，性也。心，统情性者也。端，绪也。因情之发露，而性之本然者可得而见，犹有物在中而绪见于外也"。在这里"绪"是"丝端"，即"线尾"，并非线的开始部分。因此朱熹的支持者蔡元定（1135～1198）更明确地解释为"端，乃是尾"。也就是说在程朱学中是把仁义礼智看作内存于心的未发之性，而把恻隐、羞恶、辞让、是非则看为已发之情。

对此朱熹有如下论述：

> 当来得于天者只是个仁，所以为心之全体，却自仁中分四界子：一界子上是仁之仁，一界子是仁之义，一界子是仁之礼，一界子是仁之智。一个物事，四脚撑在里面，唯仁兼统之。心里只有此四物，万物万事皆自此出。

按照程朱的学说，仁义礼智是内存于心的理，而恻隐、羞恶、辞让、是非的"四端"则是仁义礼智的发现。茶山认为这是本末倒置，因此反驳如下：

> 孟子曰：仁义礼智根于心。仁义礼智，譬则花实，惟其根本在心也。恻隐羞恶之心发于内，而仁义成于外，辞让是非之心发于内，而礼智成于外。今之儒者认之为仁义礼智四颗，在人腹中如五脏，然而四端皆从此出，此则误矣。

在写给子嗣的《示两儿》的信中，更加简明地整理了以上的观点。

> 仁义礼智者，施诸行事而后，方有是名。恻隐羞恶是由内发出。谈理者，每把仁义礼智，认作四颗磊磊底物，藏在方寸中，非也。中之所有，只是恻隐羞恶的根本，唤作仁义礼智也不得。（昔讲于明礼坊，已闻此说。）

因此茶山认为，恻隐、羞恶、辞让、是非之心都是内存于心，而其通过行动表现出来才成为仁义礼智。即仁义礼智是通过行为来实现的道德，并非内存于人性自体的本性。茶山认为上述的论述说服力不足，因此又进行了反复强调：

> 仁义礼智之名，成于行事之后，故爱人而后谓之仁。爱人之先，仁之名未立也。善我而后谓之义，善我之先，义之名谓立也。宾主拜揖，而后礼之名立焉。事物辨明，而后智之名立焉。岂有仁义礼智四颗，磊磊落落，如桃仁杏仁，伏于人心之中者乎？……仁本在内之理，则何以谓之为仁？为者，作也。用力行事之谓为也，着手图功之谓为也。在心之理，何以着手用力乎？……余昔闻之师友。

这里所说的"师友"是朝鲜后期杰出的实学派学者鹿菴权哲身（1736～1801）。在上文中，记叙写于 1814 年，此时权哲身已去世 14 年，因此记为"余昔闻之师友"。茶山在之后所作的《鹿菴权哲身墓志铭》中写道：

> 其论四端，以端为首，如赵岐之说，而仁义礼智，为行事之名。

从出生年代上来看，在鹿菴之前 109 年，茶山之前 135 年，伊藤仁斋的

"仁义礼智说"与权、丁二位的学说如出一辙。其在《语孟字义》中说道：

> 人之有是四端，即性之所有，人人具足，不待外求。犹四体之具于其身。苟扩而充大之，即能成仁义礼智之德。……四端之心，是我生之所有，而仁义礼智，即其所扩充而成也。

> 仁义礼智四者，皆道德之名，而非性之名。道德者，以遍达于天下而言，非一人之所有也。性者，以专有于己而言，非天下之所该也。

> 伊川始以仁义礼智为性之名，以性为理。自此而学者皆以仁义礼智为理为性，而徒理会其义，不复用力于仁义礼智之德。至于其功夫受用，则别立持敬、主静、致良知等条目，而不复狗孔氏之法。此予之所以深辨痛论，繁词累言，聊罄愚衷，以不能自已者，实为此也，非好辩也。

由上可知，伊藤仁斋紧紧围绕开篇主旨，对程朱学的非实践性进行攻击。并且进一步认为自己的主张始于杨墨，将其自比尽力护卫孔学的孟子的"好辩"。

虽然论者的寡闻不免有所非议，但是在程朱学创立之后，数百年间没有从这一角度对该问题进行批判的先例。因此伊藤仁斋可谓是程朱学的仁义礼智说的创立以来的首位批判者。

伊藤仁斋的学说深受明中期学者吴廷翰（1490～1559）影响的事实已是广为人知。甚至大田锦城称其"唯其学，半出于吴廷翰《吉斋漫录》"。

实际上，就彻底反程朱学的立场而言，吴廷翰与伊藤仁斋的思想上的确有很多共同点。但是就仁义礼智说而言，却丝毫不见影响的痕迹。坚持"气一元论"的唯物主义哲学家吴廷翰认为"性，只是仁义礼智""性之为气，则仁义礼智之灵觉精纯者是已"。也就是仁义礼智是包含于人性的，仁义礼智即为"性"。吴廷翰把"性"看作"气"，虽与把"性"看作"理"的程朱所持立场不同，但是这与认为仁义礼智不是人性而是通过行动来体现的伊藤仁斋的仁义礼智观相距甚远。

此处虽无引用，但是参照《语孟字义》的《仁义礼智凡十四条》中第二条，伊藤仁斋的这一主张是在熟读《孟子·公孙丑篇》中"人皆有不忍人之心章"后自己体会得出的。而茶山以及其先声鹿菴权哲身丰富了孟子原文的意义，并且在古人赵岐的注里找到了证据。与此不同，伊藤仁斋并无言及赵岐的注。虽然彼此对问题的分析方法不同，但是结论却是相似的。

那么他们又是为何会提出仁义礼智非内存于心，而是通过行动予以实现这一主张的呢？这可以从下面伊藤仁斋及茶山的话里得到答案。伊藤仁斋认为，"……是以仁义礼智之德，终为虚器，而无复用力于仁者矣"。即仁义礼智如不是通过行动而实现的道德的话，那么恐怕无人再致力于仁义礼智。丁茶山主张"仁义礼智，知可以行事而成之，则人莫不免焉孳孳，冀成其德"。这意味着如果知道仁义礼智是通过行动而实现的话，那么无人不希望通过努力"成其德"。换言之，如果仁义礼智已经内存于心，那么将无人致力于其实现。这与伊藤仁斋的话如出一口。这足见他们的忧患意识以及同样作为时代先觉者的独具慧眼。

如上所述，茶山是受到鹿菴的启发从而反对程朱学关于仁义礼智的"在内心说"。即反对仁义礼智内存于心，而是主张内存于心的仅仅是恻隐、羞恶、辞让、是非这"四端"而已。这与伊藤仁斋的主张如出一辙，并且茶山更进一步提出"性嗜好说"，必然要重走伊藤仁斋在上个世纪所走过的否定"本然之性"的道路。但是就与人性论相关的这两种立场而言，并无证据表明伊藤仁斋对茶山有直接的影响，而殊途同归的这一现象可谓是跨越时空的巧合。这也恰好反映了17、18世纪摆脱程朱学的思辨范畴，将重心转为具体现实的思想趋势。伊藤仁斋尽力于攻破朱子学，而并无余力来重建新说。与此不同，茶山在焦土之上，筑成了坚实的实学思想的金字塔。这不得不说是茶山作为东亚三国实学集大成者的突出成就。

人道·人情·人类

——论五四非孝思潮对新孝道的建构

郭清香

摘　要：近代传统孝道受到了全面的批判，甚至掀起了一场非孝运动。五四新文化运动的干将们积极参与，其非孝的言论对当时以及以后的思想界影响巨大。这种影响常被肯定的是对传统孝道的批判意义，也常被诟病为破而不立、少有建设的不负责任。这一误解需要得到更正。非孝思想虽然攻击了传统的孝道，并在态度上倾向于彻底否定孝道，但持此立场的知识分子并没有放弃对"应当的"子对亲规范的建构，这实质上是一种新孝道的建构。新文化运动将人从特定的家庭乃至国家的羁绊之下解脱出来，成为自由自主的个人。由此，子对亲关系的规定也必然建立在新"人"的基础之上。新的孝道的主体直接被定位为人类之一员，亲子之间应当以人道、人情原则相对待，以自主的个体参与到亲子关系中，各担责任，平衡亲爱与博爱之间的关系。

关键词：非孝　人道　人情　人类

作　者：中国人民大学哲学院中华经典研究中心副教授。

孝是中国传统文化的核心。在近代，尤其是革故鼎新的五四时期，作为旧文化代表的"孝"必然面临巨大的冲击。五四新文化运动的干将们，以"新"文化为出发点，评点"孝"在历史上酿下的种种错误，断定中国传统孝道不适应新时代的要求，由此引发了思想界的一场"非孝"思潮。其中以陈独秀、胡适、鲁迅、吴虞的非孝思想最为有影响。

对于近代非孝和拥孝的研究，学界已有很多的成果。① 但在评价上，学者

---

① 关于五四前后非孝以及为孝做辩护的正反双方的观点和思想内容，学者们已经有了相当完整的分析和整理。如刘保刚的《试论近代中国的非孝与拥孝》和张付东的《论"五四"前后的"孝"与"非孝"——以文化史"大传统"的视域为主要考察》，对近代非孝与（转下页注）

们多肯定五四学人对传统孝道的批判意义，但同时叹息他们没有能够给出系统的理论建构，如郁有学认为："以陈独秀为代表的五四知识分子对孝道的批判，大部分属于行动层次和制度层次的问题，而对于孝道的理论层次，则少有涉及。"① 这一评价也很有代表性。甚至有人评价五四学人对孝文化的批判是"有破无立"。② 笔者认为，五四学人虽然没有对明确使用"孝"这个字来进行理论建构，但这并不意味着对"子应当如何对待亲"这一问题没有提供解决方案。非孝思想虽然攻击了传统的孝道，并在情感上倾向于彻底否定传统孝道，但持此立场的知识分子并没有放弃对"应当的"亲子关系的建构。之所以没有孝道的理论建构，一是因为他们所认定的"孝"已经有种种负面影响因而需要彻底否定，不需要也没必要继续以"孝"为名义进行理论建构；二是孝是他们进行"新"文化的一个方面而不是全部，因而没有足够的精力进行全面而详尽的建构。但在亲子关系应该如何处理，尤其是父母应当如何对待子女、子女应当如何对父母等"孝道"面临的核心问题上，持非孝立场的学者确实给出了他们基本的原则和理论构架。这是已有研究有所忽视的地方。尽管他们不喜欢"孝"这个名词，但问题仍然是子如何待亲，我们不妨将其称为"新孝道"。五四非孝思潮的基本出发点是新时代意义上的"人"，这个"新人"不再是特定家庭乃至特定国家的附属物，而是人类中的一员。相应的，亲子关系的重新确立也必然建立在这样一种"人"的基础上。当新的亲子关系的主体直接被定位为人类之一员，人道、人情和具有个体意识的人这些具有普遍意义的观念就成为批判旧孝道的武器，同时也成为建构新孝道的关键词。

一　人道

人道这一概念，有多重的含义，仅就能成其为普遍之"道"的层面而言，

(接上页注)拥孝双方思想的整理相当完备。从整体倾向上看，学者们也有了基本的共识：非孝思想从忠孝合一的制度建构、愚忠愚孝的行为表现、单向施压的伦理义务、压抑个性的奴隶道德全方位对传统孝观念进行了批判，其思想的背景是反对专制、张扬个性的民主、自由、平等，等等；而为孝做辩护的一方也承认孝道思想在实施过程中确实出现了这些问题，同样也在借用现代观点重新解释孝道，代表的有郁有学、肖群忠、王长坤、吕妙芬等人。这些研究对我们思考近代亲子关系的处理以及传统文化的传承有着非常重要的意义。

① 郁有学：《近代中国知识分子对传统孝道的批判与重建》，《东岳论丛》1996年第2期，第78页。

② 如刘向东：《有"破"无"立"："五四"学人对孝文化的批判》，《河南师范大学学报》（哲学社会科学版）2012年5月。

就有以下几种含义。第一，人道与天道相区分，表示人这一特殊的存在在宇宙之中应当遵循的道。中国传统的观念认为，人在天地之间具有特殊性，是天地人三才之一，人道当彰显天道。第二，人道是佛教六道之一，是天道、人道、修罗道、畜生道、饿鬼道、地狱道六道轮回中之一种。第三，人道是人在社会中与其他人相处所应当遵循的道理，即所谓"做人的道德"。第四，人道即为仁道，是一种较高的道德要求和修养境界。第五，人道为待人的最基本的要求，亦即"把人当人来对待"，其中的核心理念是生命意识。由于传统文化对道德的强调，人道常被提升到很高的境界，社会对个人提出很多过高的道德要求，以至于严重损害了人的基本生存质量和生命存在。针对这一偏差，五四学人更重视从珍惜生命的人道观点出发来批判传统孝道。

在近代的非孝话语体系中，对传统礼教和孝道文化的批判，最能激起人们情感的要数鲁迅的"吃人"。鲁迅借助狂人之口，展现传统礼教"吃人"的效果。虽然不免有些夸张，但确实批判得准而狠，在当时引起了很大的社会反响。鲁迅说："我翻开历史一查，这历史没有年代，歪歪斜斜的每页上都写着'仁义道德'几个字。我横竖睡不着，仔细看了半夜，才从字缝里看出字来，满本都写着两个字是'吃人'！"[①] 确实，道德在一定程度上是对人的某种本性和欲望的限制。例如从本性上讲，人饿了要吃饭，但并不能以饿为理由随便吃，道德为应该怎么吃设定了限制，这是合理的，也是必须的。可是，如果过分强调道德的要求，或者提过高的道德要求，就有可能走向道德的反面。例如，以道德的名义指责去高档餐厅吃山珍海味的人，就成了道德的绑架，走向道德的反面。儒学传统在实践上出现的问题，并不是近代才有的，也不是在近代才受到批判的，但像五四时这种批判之深度以及所引发的共鸣和反响却是前所未有的。这一方面应当归功于批判的生动与犀利，另一方面自然与新时代新观念在民众间的传播与接受密切相关。

当然，"吃人"并不真的就是把人当成食物给吃了。吴虞在看了鲁迅的狂人日记之后，写了《吃人与礼教》一文发表在第二年的《新青年》上，吴虞真的找出四则吃人肉的史料，得出"孔二先生的礼教讲到极点，就非杀人吃人不成功，真是惨酷极了"的结论。甚至说："就是现在的人，或者也有没做

---

① 鲁迅：《狂人日记》，《新青年》1918 年第 4 卷第 5 期，第 416 ~ 417 页。

过吃人的事；但他们想吃人，想咬你几口出气的心，总未必打扫得干干净净！"① 这显然有牵强之义，并不是鲁迅的本意，至少不是全部意思。但由"吃人"要表达出来的传统礼教在实行过程中对人的生命和生活的妨碍和伤害，这层意思确是非常明确的。而这些都是"大悖人道的事"②。

　　传统孝道是如何"吃人"，如何背离"人道"的？五四学人对传统孝道的批判有两个着眼点。

　　首先，着眼于"不孝有三，无后为大"的要求。传统孝道有"不孝有三，无后为大"的说法，认为没有儿子是做儿子的对父母最严重的不孝。这从"不孝有三，无后为大"的要求在实际生活中对个人造成的伤害可以清楚看出。

　　"有后"的要求对父母、子女，对男子、女子都会产生不人道的影响。通常人们大多关注"有后主义"对子女和女子一方的伤害，如对于子女会造成人格的压抑和奴性的品格等。对于女子，"有后主义"会把不能生育的女子踢出家门，不管貌美如花还是勤劳贤惠；为了有后，男子可以也是必须考虑纳妾生子，这就是吴虞所说："因为有后之必要，妻苟无子，即犯七出之条，而纳妾之制度，又因之而起。"③ 无论是妻还是妾，都担负着生子的重任，其生命的价值都限制在生子这一件事情上。如果不能生子，下场往往很悲惨。因为"后"只意味着男子，生了女儿并不算"有后"，女儿的价值因此而完全消解。更有甚者，各地有溺死女婴的事情发生："由于能为后不能为后的关系，而溺女之风气又因之而起。"④

　　其实，"有后主义"对父母和儿子的伤害也是非常巨大的，只是没有被人们所关注。胡适曾指出"有后主义"的弊端有六点，明确说自己主张"无后"⑤。这六点多是从做父母的一方说的："一、望嗣续之心切，故不以多妻为非。……父母欲早抱孙，故多早婚。三、惟其以无后为忧也，故子孙以多为贵，故生产无节。……四、其所望者不欲得女而欲得男，故女子之地位益卑。……五、父母之望子也，以为养老计也……故吾国中人以上之家，人至

----

① 吴虞：《吃人与礼教》，《新青年》1919 年第 6 卷第 6 期，第 580 页。
② 吴虞：《说孝》，《台湾民报》1924 年第 2 卷第 6 期，第 4 页。
③ 吴虞：《说孝》，《台湾民报》1924 年第 2 卷第 6 期，第 4 页。
④ 吴虞：《说孝》，《台湾民报》1924 年第 2 卷第 6 期，第 4 页。
⑤ 《我的儿子》开篇说："我实在不要儿子，儿子自己来了。'无后主义'的招牌，于今挂不起来了！"可见胡适主张"无后"确实是他在年轻时有过的真实想法，也是他广为告知的观点。

五十岁，即无志世事……六、父母养子而待养于子，养成一种牢不可拔之倚赖性。"① 可见，对父母，"有后主义"造成生产失节、负担加重，也造成过早地放弃自己、依赖儿女的懒惰性。对子女而言，"有后主义"给予了他们生命，但没有给予生命的自由和尊严。

"有后"主义对女子的伤害是毋庸置疑的，对男子的伤害，却为人忽视。因为直观地看，要求肯定了"父权"和"男权"，这都于男子有利。其实并非如此。为了"有后"这个目标，男子越早生子越好，这样就不能充分地长成身体、成熟心智，在其尚未长成时就被拴在了生孩子这一件事情上，让一个孩子承担起不能承担的责任。吴虞指出："孝非有后不可，所以生子不待成年，已有家有室。"② "男子娶妻，是一方面为父母娶的，一方面为子孙娶的"③，最终是为了子孙娶的，却始终不是为自己娶的，男子成了可怜的生育的工具。可见，在"有后为孝"的规定下，每个人实际上都受到伤害，只是有的人不觉伤害，有的人被伤害而不能免。

从人类群体生命繁衍的角度来讲，好像要求"有后"是合理的，因为"有后"意味着新生命的产生和人类群体生命的繁荣。但鲁迅分析说："人类因为无后，绝了将来的生命，虽然不幸，但若用不正当的方法手段，苟延生命而害及人群，便该比一人无后，尤其'不孝'。因为现在的社会，一夫一妻制最为合理；而多妻主义，实能使人群堕落。堕落近于退化，与继续生命的目的，恰恰完全相反。无后只是灭绝了自己，退化状态的有后，便会毁到他人。"④ 因为提倡"有后"，人们便认为"有后"是一至高的价值。各种为了"有后"而采取的相应手段，尽管恶但因为目的为善而得到容忍和肯定。岂不知，这样的"有后"延续的只是自己的后代，对人类整体来讲，会退化而使更多的生命受到伤害。因而，仅从生命的角度来讲，以"有后"为孝道的最高要求也是不人道的。

其次，为了孝养而伤及自己或子女的性命。这一着眼点的批判重点是流传广泛的各种孝亲故事，尤其是二十四孝图中所列的故事，其中最常被提到的是郭巨埋儿、卧冰求鲤和割股疗亲。五四学人批判这些故事的角度就是人

---

① 胡适著、曹伯言整理：《胡适日记全编》，安徽教育出版社，2001，第465~466页。
② 吴虞：《说孝》，《台湾民报》1924年第2卷第6期，第4页。
③ 吴虞：《说孝》，《台湾民报》1924年第2卷第6期，第4页。
④ 鲁迅：《我们现在怎样做父亲？》，《新青年》1919第6卷第6号，第562页。

道。吴虞说："由孝养之意义，推到极点，于是不但作出活埋其子，大悖人道的事，又有自割其身、以奉父母为孝的。"①

郭巨埋儿是二十四孝之一，讲的是汉人郭巨，因家贫无力抚养老母和儿子，遂舍儿养母。埋儿过程中，挖到黄金，遂解决了问题。孝感天地的模式，却是以杀害一个生命为前提的。亚伯拉罕献独子给上帝，是有着信仰原因的。郭巨埋儿则仅仅是因为贫不能养，本是件令人伤感的事情。传统儒家却以此作为孝亲的榜样，起到同"饿死事小"一样的非人道影响。好在人们的正常生活不必严格按照圣人的教训去做，也许一般人并不能达到圣人的境界，埋儿以养母的事情不敢说仅此一例，但毕竟不会很多。鲁迅以自己为例从另一个角度揭示了埋儿这一不人道的事例对孩子心智的负面影响。他讲到自己小时候知道了郭巨埋儿的故事："彼时我委实有点害怕：掘好深坑，不见黄金，连'摇咕咚'一同埋下去，盖上土，踏得实实的，又有什么法子可想呢。我想，事情虽然未必实现，但我从此总怕听到我的父母愁穷，怕看见我的白发的祖母，总觉得她是和我不两立，至少，也是一个和我的生命有些妨碍的人。"② 最亲近的人成了可能会夺取自己生命的人，这对一个小孩子来讲，是多么可怕的事情！

至于卧冰求鲤、割股疗亲这样的事情，不会立即危及生命，因而实行的人多起来。但这种行为对身体的伤害是极大的，虽不必然立即毙命，却有性命之虞，因而现实的危害也大起来。史书上屡有割股疗亲的记载，通常的结果是：儿子损害了身体健康而早亡，父亲也并未因此治好了病。实际上最终并没有幸福美好的结局，徒留下可怜的"孝心"写在纸面上。鲁迅在批评其中以性命做抵押的荒谬时，以小孩子"不明白这些"为借口，隐含的是所有成人都心里清楚的意思："必须不顾性命，这才孝感神明，会有出乎意料之外的奇迹，但那时我还小，实在不明白这些。"③ 哪里有什么孝感神明！有的只是不负责任地鼓励人拿生命去冒险罢了。

"吃人"控诉的思想根柢是对生命本然意义的肯定。"活着"这件事情本来就是有意义的，但这在重精神轻身体的儒家传统思想脉络中，是异数——过分强调"活着"，是对人高尚价值的自我放弃。但从人道的角度看，不能保

---

① 吴虞：《说孝》，《台湾民报》1924 年第 2 卷第 6 期，第 4 页。

② 鲁迅：《二十四孝图》，《莽原》1926 年第 1 卷第 10 期，第 420～421 页。

③ 鲁迅：《二十四孝图》，《莽原》1926 年第 1 卷第 10 期，第 417 页。

障生命的存活，才是不道德的。所以鲁迅强调："我现在心以为然的道理，极其简单。便是依据生物界的现象，一，要保存生命；二，要延续这生命；三，要发展这生命（就是进化）。"① 能够保存生命、延续生命、发展生命，才是道德的，其中最基本的一点，是保存生命。人毕竟是生物之一种，"单照常识判断，便知道既是生物，第一要紧的自然是生命。因为生物之所以为生物，全在有这生命，否则失了生物的意义"。② 重新重视生命本身的意义，是近代人道思想的重大发现，也是现代启蒙的重要内容。

二　人情

人情有人之常情和人伦亲情两重含义，对于亲子关系而言，人之常情又是根源于人伦亲情。人们出自直观的感觉和推测，常误以为五四学人对传统孝道的批判抛弃了家庭中亲子之家的深厚感情，打破了人们日常中"血浓于水"的观念。因为"父"作为旧文化的影像，被定位为传统、专制、守旧，而新文化要想走向现代、民主、进步，就必须反对旧文化的代表"父"。所以为了社会、国家、民族的进步，可以大刀阔斧地把传统孝道抛弃。这样的误解在很多人的言论中出现。拥护孝的章太炎在 1933 年仍然指责："一辈新进青年，亦往往非孝。岂知孝者人之天性。天性如此，即尽力压制，亦不能使其灭绝。"③ 章太炎认为非孝者要压抑人亲子之间相互亲爱的天性。而讨论最热闹的 1920 年前后，学人对"非孝"的误解更多。且不说对立面的有意的误解，一些中立者的看法也是如此。1921 年，《约翰声》杂志刊载了署名邹恩润的文章《非孝是什么意思》，作者说他既支持非孝又反对非孝，但他对非孝论者的批评竟然有与章太炎相似的误解。他认为近来"那些自命为新文化运动者（？）"④，对父母缺乏基本的"敬意"、"情谊"及"自然情爱"，这是他反对非孝的原因所在。⑤

之所以说这些都是误解，是因为从非孝论者的文章中，我们可以清楚地

---

① 鲁迅：《我们现在怎样做父亲？》，《新青年》1919 第 6 卷第 6 号，第 556 页。
② 鲁迅：《我们现在怎样做父亲？》，《新青年》1919 第 6 卷第 6 号，第 556 页。
③ 章太炎：《讲学大旨与孝经要义》，《国学论衡》1933 年第 2 期，第 5 页。
④ 问号是原文就有的，有两种可能：一，新文化运动者不是真正的那批运动者，只是不入流者自命的；二，新文化运动者提出的观点不负责任，担不起"新文化"的名声。
⑤ 邹恩润：《非孝是什么意思》，《约翰声》，1921，第 9 页。

看到，他们不但不否认血缘亲情和人之常情，反而以此作为批判传统孝道的又一个重要理由。在他们看来，建立在生命基础和生活积累上的情感，是处理亲子关系最重要的原则。而传统孝道不近人情、违反人的天性之处，必须进行批判否定。

父母和子女之间的亲情，应该是孝道最有说服力的理由。之所以子女要以一种有别于陌生人的方式善待自己的父母，最根本的原因在于父母与子女之间有着深厚的感情。这种深厚的感情出于自然而然的人性，是判断孝之合理性的标准，也是批判孝之虚伪性的武器。非孝论者认为传统孝道现实中产生诸多问题，往往是因为与人情相违背。鲁迅认为，传统的父子关系以及孝道在实施过程中出现了问题，就是因为违背了人情："就实际上说，中国旧理想的家族关系父子关系之类，其实早已崩溃。……历来都竭力表彰'五世同堂'，便足见实际上同居的为难；拼命的劝孝，也足见事实上孝子的缺少。而其原因，便全在一意提倡虚伪道德，蔑视了真的人情。"① 与人情相违背的要求，是虚伪的道德，是不道德的要求。胡适对三年之丧难以实施给出分析，认为原因就在于其不合情理。他认为丧期的长短可以不定，长的可以几年，短的可以三个月、三日，甚至可以不服丧。而长和短的标准就是父母与子女的感情："人情各不相同，父母的善恶各不相同，儿子的哀情和敬意也不相同"②，所以丧期可以"无数"，可以不定长短。也是基于人情，鲁迅曾对二十四孝之一的老莱子娱亲一则进行过解读。他看到有一个版本的老莱子故事是讲老莱子七十多岁，每天为了娱乐父母，穿上彩衣，扮成婴儿，"甚至又常取水上堂，诈跌仆地，作婴儿啼，以娱亲意"。鲁迅对"诈"字尤为不喜。后来又看到一个版本，说："老莱子……常衣斑斓之衣，为亲取饮，上堂脚跌，恐伤父母之心，僵仆为婴儿啼。"鲁迅给出的评论是："较之今说，似稍近于人情。"③ 孔融是有名的非孝论者，史料记载，孔融的观点是："父之于子，当有何亲？论其本意，实为情欲发耳。子之于母，亦复奚为，譬如寄物瓶中，出则离矣。"鲁迅肯定这种观点对儒家所提倡的孝道的批判意义，但也不赞成孔融的观点，因为"实于事理不合"。④

---

① 鲁迅：《我们现在怎样做父亲？》，《新青年》1919 第 6 卷第 6 号，第 561 页。
② 胡适：《我对于丧礼的改革》，《新青年》1919 年第 6 卷第 6 号，第 573 页。
③ 鲁迅：《二十四孝图》，《莽原》1926 年第 1 卷第 10 期，第 419 页。
④ 鲁迅：《我们现在怎样做父亲？》，《新青年》1919 第 6 卷第 6 号，第 560 页。

非孝论者对人情的重视不仅体现在理论上，还落实在生活中。不少人误以为非孝论者发表文章对传统孝道进行大张旗鼓的批判，而在现实生活中却做到对父母尤其是对母亲的孝，这是一种知与行的背离、理想与现实的矛盾，是无可奈何的权宜之计。应该承认，传统孝道对他们肯定是有所牵绊的，但如果一定要说他们是违背自己的心去勉强行之，恐怕也不合情理。应该看到，对人情的重视和肯定，使得非孝论者在文章中批判传统孝道违背人情，同时也在现实中对自己的父母和子女表达出深厚的感情，这二者并不冲突。这可以解释绝大部分非孝论者并不是逆子，即便在传统的意义上也堪称孝子；而与父亲打官司争财产、不给女儿教育经费的吴虞的行为也没有得到同道者的支持。非孝论者对待父母子女满怀深情的说法和做法，可以在另一个角度支持和补充对新的亲子关系的建构。

在陈独秀没有完成的自传中，说到母亲查氏："母亲的眼泪，比祖父的板子，着实有威权，一直到现在，我还是不怕打，不怕杀，只怕人对我哭，尤其妇人哭，母亲的眼泪，是叫我用功读书之强有力的命令。"[1] 怕母亲的眼泪显然不是出于对惩罚的恐惧，而是来自对母亲深厚感情之下的不忍。对待子女，陈独秀也是疼爱有加。胡适是奉母命而与江冬秀成婚的，母亲去世，他悲哀不已，以至于面容憔悴，须发皆乱。[2] 虽然与父亲没有足够亲密的接触，胡适仍认真为父亲做年谱，仔细地珍藏并整理父亲的著作并予以发表。[3] 对待儿子，胡适虽然没有关心备至，但也处处为儿子打算。他给大儿子的信中不厌其烦地叮嘱儿子应注意的各种生活细节；他为小儿子特设了一个储蓄户头，作为小儿子求学的费用。鲁迅也同胡适一样，出于对母亲的感情，不忍母亲失望，接受了朱安。对自己的儿子，鲁迅也充满了感情，他曾经写了一首诗来肯定父子间的亲情："无情未必真豪杰，怜子如何不丈夫。知否兴风狂啸者，回眸时看小於菟。"[4] "小於菟"指鲁迅的儿子海婴。陈独秀、胡适、鲁迅都遭受到传统旧式婚姻的逼迫，而使得这些思想激进的启蒙者吞下这枚苦果的是他们对父母子女的深厚感情。这样的情感体验使得他们极力地批评旧

---

[1] 陈独秀：《实庵自传》，《宇宙风》1938年第51期，第90页。
[2] 详见田炯锦《北大六年琐忆》，发表于《传记文学》1984年第1期。
[3] 胡适种种符合传统孝道的行为，详见陈华伟《胡适与孝文化》，《湖北工程学院学报》2014年1月。
[4] 《鲁迅全集》（第七卷），人民文学出版社，2005，第464页。

式礼教带给人的痛苦，试图以更加顺畅无痛苦的对待来建构新的亲子关系。可以想见的是，他们断不会给自己的子女强行包办婚姻。

从人情出发，非孝论者提出以爱代恩，特别批判了传统孝道强调儿女报恩的说法，试图建构爱的亲子关系。

传统孝道认为，父母有养育之恩，因而子女应该报恩而孝父母。而非孝论者认为，"报恩"是一种算计，有利害之心，父亲成了放高利贷的债主，亲子间成了买卖关系，这不是亲子间的正常感情。鲁迅说："例如一个村妇哺乳婴儿的时候，决不想到自己正在施恩；一个农夫娶妻的时候，也决不以为将要放债。只是有了子女，即天然相爱，愿他生存；更进一步的，便还要愿他比自己更好，就是进化。这离绝了交换关系利害关系的爱，便是人伦的索子，便是所谓'纲'。倘如旧说，抹煞了'爱'，一味说'恩'，又因此责望报偿，那便不但败坏了父子间的道德，而且也大反于做父母的实际的真情，播下乖剌的种子。"① 胡适认为父母对子女并无恩情可言，他们在生子时并没有征得子女的同意，往往也不是有意要给他这条生命，因此，"至于我的儿子将来怎样待我，那是他自己的事。我绝不期望他报答我的恩，因为我已宣言无恩于他"。② 因而他们强调做父母的不要将养育儿女看作恩情，更不要强调子女报恩。有人担心，否定子女对父母应当报恩，会不会造成寡恩风气，伤害了亲子深情，使得亲子关系冷漠？胡适回应说："我的意想以为'一个堂堂的人'决不至于做打爹骂娘的事，决不至于对他的父母毫无感情。"③ 这是对亲子感情的积极肯定，也是对亲子深情的巨大的信心。很自然地，爱成了亲子关系的核心，因为爱是亲子之间最自然而深厚的感情。鲁迅认为自然界"并不用'恩'，却给予生物以一种天性，我们称他为'爱'。动物界中除了生子数目太多——爱不周到的如鱼类之外，总是挚爱他的幼子；不但绝无利益心情，甚或至于牺牲了自己，让他的将来的生命，去上那发展的长途"。④ "因为父母生了子女，同时又有天性的爱，这爱又很深广很长久，不会即离。现在世界没有大同，相爱还有差等，子女对于父母，也便最爱，最关切，不会即

① 鲁迅：《我们现在怎样做父亲？》，《新青年》1919 第 6 卷第 6 号，第 557～558 页。
② 胡适：《通信：答汪长禄》，《每周评论》1919 年第 34 期第 4 版。
③ 胡适：《通信：答汪长禄》，《每周评论》1919 年第 34 期第 4 版。
④ 鲁迅：《我们现在怎样做父亲？》，《新青年》1919 第 6 卷第 6 号，第 557 页。

离。"① 非孝论者对亲子之间的爱非常有信心,认为这种爱是"天然相爱",是范围最广(凡有生命者皆有)、时间最为持久的爱,也是最为有力的爱。所以,"但若爱力尚且不能钩连,那便任凭什么'恩威,名分,天经,地义'之类,更是钩连不住"。②

1919 年 11 月《浙江新潮》第 2 期发表了一篇标题为《非"孝"》的文章,作者是浙江省第一师范的学生施存统③,引发了全国的关注。这是关注近代非孝运动不能跳过的重要时间。近 30 年后,1948 年作者写了一篇文章,详细解释自己写这篇文章的原因和经过,分四期发表在《展望》杂志上。作者解释自己非孝的用意,只是反对不平等的"孝道",主张"爱"的亲子关系。一篇引起轩然大波的"非孝"言论,归根结底,不过是作者想用亲子间相互的"爱"来取代旧有的孝道罢了。他说:"经我再三思索的结果认为'孝'是一种非自然的、单方的、不平等的道德,应该拿一种自然的、双方的、平等的新道德去代替它。这种新道德,我认为就是出于人类天性的'爱'。"④

三　人类

生命是人之为人的基础,人情是人之为人的滋养,从对人的基本生命的肯定,到对亲子间特殊情感的肯定,非孝论者要做的就是试图将人的价值从传统"家国"框架中摆脱出来,从传统"身—家—国—天下"的价值实现系统中脱离出来,真正以人类之一员的身份来探讨亲子关系的应当面貌。这个人类之一员,尽管仍然是某一个家庭的一员,也是某个国家的公民,但其人生的价值不再依附于家国,而直接与人类对接。

在传统的观念中,个人的价值必须通过他对家庭以及朝廷的贡献来实现,这就是"修身齐家治国平天下"的理路。近代启蒙思潮有感于旧式大家族对人的个性的束缚,呼吁将人从家庭中解放出来,由此个人的价值不需要与家紧密相连。近代之后,民族国家的意识高涨,取代了传统王朝的概念,这使得国有可能代替传统的家和朝廷而成为个人价值的立足点。但显然如果家的

① 鲁迅:《我们现在怎样做父亲?》,《新青年》1919 第 6 卷第 6 号,第 560 页。
② 鲁迅:《我们现在怎样做父亲?》,《新青年》1919 第 6 卷第 6 号,第 560 页。
③ 施存统后改名施复亮。
④ 施复亮:《我写"非孝"的原因和经过》,《展望》1948 年第 2 卷第 24 期,第 13 页。

合理性消失了，国的合理性要确立起来也非常难。况且在五四之际，求一"可爱之国而爱之"的反省也大大削弱了国的价值合理性。在这样的背景之下，超越于家与国的人类成为知识分子的必然选择。

把人视为人类之一员而不是家国的附属，这样对亲子关系的定位必然要对传统孝道中对人的个性的束缚提出批判。很多近代学者认为，传统孝道最大的罪恶在于对个性主体的抹杀和对个人自由的束缚。最著名的如胡适在《易卜生主义》一文中列举的孝道的四大弊端："一是自私自利；二是依赖性，奴隶性；三是假道德，装腔作戏；四是懦怯没有胆子。"[①] 父母要子女做什么，子女不敢不做，为人子者丧失了他的自主性，没有了自由的思想，自然谈不上自由的行动。李大钊从经济的角度分析伦理问题，认为中国孝的观念产生于中国农业社会的经济基础以及大家族制度之上，有一定的必然性和合理性，但两千多年造成了诸多问题。李大钊控诉："所谓纲常，所谓名教，所谓道德，所谓礼义，哪一样不是损卑下以奉尊长？哪一样不是牺牲被治者的个性以事治者？哪一样不是本着大家族制下子弟对于亲长的精神？……孔子所谓修身，不是使人完成他的个性，乃是使人牺牲他的个性。牺牲个性的第一步，就是尽'孝'。"[②] 上文提到在孝这一问题上持"中立"立场的邹恩润，对"非孝"的支持也是从这个角度出发的。他认为社会恶俗之所谓孝，"简直不把儿女当一个人看待"，生杀予夺，随便父母；把儿子的财产权利剥夺；把儿子思想汨没；婚姻大事，全权都在父母之手。"此外还有许多剥夺自由人格种种事情，不可胜数。总而言之，一味专制，不把儿子当作有人格。"[③]

传统孝道限制了人的个性，反过来新的亲子关系就要肯定人的个性，把个人作为人类之一员来看待。吴虞说从前孝的说法都错了，应该看到："同为人类，同做人事……大家都向'人'的路上走。"[④] 鲁迅提出"子女是即我非我的人，但既已分立，也便是人类中的人"。[⑤] 出于同样的立场，胡适对儿子说："我要你做一个堂堂的人，不要你做我的孝顺儿子。"[⑥] 那么，作为人类

---

① 胡适：《易卜生主义》，《新青年》1918 年第 4 卷第 6 号，第 491 页。
② 李大钊：《由经济上解释中国近代思想变动的原因》，《新青年》1920 年第 7 卷第 2 期，第 47～48 页。
③ 邹恩润：《非孝是什么意思》，《约翰声》1921 年第 32 卷第 1/2 期，第 8 页。
④ 吴虞：《说孝》，《台湾民报》1924 年第 2 卷第 6 期，第 4 页。
⑤ 鲁迅：《我们现在怎样做父亲？》，《新青年》1919 年第 6 卷第 6 号，第 559 页。
⑥ 胡适：《我的儿子》，《每周评论》1919 年第 33 期第 3 版。

之一员，应该如何处理亲子关系？一个"堂堂的人"，会如何对待亲子关系？

首先，这个人类之一员是独立自主的人。

"独立自主的人"意味着父母要自己成为真正的人，同时也要培养儿女成为真正的人。从自然的发展和人类的延续来看，儿女和父母一样，都是人类生命链锁中的一环，因而父母和子女一样，行为要符合人类进化的要求，成为真正的人。对五四前后的学者而言，他们作为儿子受到的对待是旧式的孝道，可能在被培育为"独立自主的人"这一点上为时已晚，但要自我培育、自我警醒。鲁迅强调："但要做解放子女的父母，也应预备一种能力。便是自己虽然已经带着过去的色采，却不失独立的本领和精神，有广博的趣味，高尚的娱乐。"① 胡适提出父母也应该成为真正的人，才配得到子女的敬爱。他说："假如我染着花柳毒，生下儿子又聋又瞎，终身残废，他应该爱敬我吗？又假如我把我的儿子应得的遗产都拿去赌输了，使他衣食不能完全，教育不能得着，他应该爱敬我吗？"②

处于新旧交接点的父母肩负重任，他们不仅要自己努力摆脱旧文化的影响，成为独立的人，而且还要努力将儿女培养成为独立自主的人。鲁迅谆谆告诫觉醒了的父母要"自己背着因袭的重担，肩住黑暗的闸门，放他们到宽阔光明的地方去；此后幸福的度日，合理的做人"③。在爱恋子女和让子女独立之间，做父母的应当放手让子女去飞："子女是即我非我的人，但既已分立，也便是人类中的人。因为即我，所以更应该尽教育的义务，交给他们自立的能力；因为非我，所以也应同时解放，全部为他们自己所有，成一个独立的人。"④

其次，这个人类之一员是有责任意识的人。

放手让子女去飞并不意味着父母不负责任，也并不意味着子女对父母不管不顾。非孝批判的只是在亲子双方关系中传统孝道过分强调子对亲的单向义务，他们认为：亲子双方互相负有责任，都应当担负起各自的义务。胡适跟儿子说："我不能不养你教你，那是我对人道的义务。"⑤ 鲁迅说得更为详

---

① 鲁迅：《我们现在怎样做父亲？》，《新青年》1919 第 6 卷第 6 号，第 560 页。
② 胡适：《通信：答汪长禄》，《每周评论》1919 年第 34 期第 4 版。
③ 鲁迅：《我们现在怎样做父亲？》，《新青年》1919 第 6 卷第 6 号，第 555 页。
④ 鲁迅：《我们现在怎样做父亲？》，《新青年》1919 第 6 卷第 6 号，第 559 页。
⑤ 胡适：《我的儿子》，《每周评论》1919 年第 33 期第 3 版。

细，他认为父母对子女的责任，包括"健全的产生，尽力的教育，完全的解放"①。首先父母"没有将什么精神上体质上的缺点交给子女"，保证他们身体和心理的健康。"但父母的责任还没有完，因为生命虽然继续了，却是停顿不得，所以还须教这新生命去发展。"②鲁迅将人类与动物界类比，认为："凡动物较高等的，对于幼雏，除了养育保护以外，往往还教他们生存上必需的本领。例如飞禽便教飞翔，鸷兽便教搏击。人类更高几等，便也有愿意子孙更进一层的天性。"③因而，在健康成长的基础上，父母还有责任为子女提供发展的基础，理解、指导、解放他们，教给他们自立的能力，让他们成为独立的人。

合理的亲子关系应该是义务对等的：父母对子女承担抚养教育的责任，子女对父母也当承担相应的责任。非孝论者虽然论述的重点在于强调新的父亲形象如何区别于旧的父亲，但并没有彻底地取消子女对父母的应有责任。即便是从自身行为上非孝最彻底的吴虞，也称自己"不敢像孔融说'父子之于子当有何亲？论其本意，实为情欲发耳。子之于母，亦复奚为？譬如寄物瓶中，出则离矣'的话"，接着声明："我的意思，以为父子母子，不必有尊卑的观念，却当有互相扶助的责任。"④

最后，这个人类之一员是有博爱精神的人。

作为人类的一员，对父母的爱是出自天性，但这还远远不够。因为现实中人们常常被这个强大的亲情拘束，反倒忘了自己是人类的一员，陷入了私情私爱。因而需要人从亲子之爱出发，走向普世的博爱。陈独秀说："我们不满意于旧道德，是因为孝弟底范围太狭了。说什么爱有等差，施及亲始，未免太猾头了。就是达到他们人人亲其亲长其长的理想世界，那时社会的纷争恐怕更加利害；所以现代道德底理想，是要把家庭的孝弟扩充到全社会的友爱。"⑤当然，走向博爱并不是要放弃对父母的爱，放弃对子女的爱。陈独秀特别警惕这一点，他指出："现在有一班青年却误解了这个意思，他并没有将爱情扩充到社会上，他却打着新思想新家庭的旗帜，抛弃了他的慈爱的、可

---

① 鲁迅：《我们现在怎样做父亲？》，《新青年》1919 第 6 卷第 6 号，第 560 页。
② 鲁迅：《我们现在怎样做父亲？》，《新青年》1919 第 6 卷第 6 号，第 559 页。
③ 鲁迅：《我们现在怎样做父亲？》，《新青年》1919 第 6 卷第 6 号，第 559 页。
④ 吴虞：《说孝》，《台湾民报》1924 年第 2 卷第 6 期，第 4 页。
⑤ 陈独秀：《新文化运动是什么？》，《新青年》1920 年第 7 卷第 5 期，第 3 页。

怜的老母；这种人岂不是误解了新文化运动的意思？因为新文化运动是主张教人把爱情扩充，不主张教人把爱情缩小。"①

博爱并不是为了所谓广博的爱去牺牲对家庭的爱、对于自己的爱。如果"博爱"要求牺牲对家庭的爱，就违反了人情；如果"博爱"要求牺牲对自己的爱，就违背了人道。因而博爱应当是包含了人类所有的爱在内，又有着平衡取舍。但总体的目标是朝向人类更好、更"进步"，也更道德的未来。

---

① 陈独秀：《新文化运动是什么？》，《新青年》1920年第7卷第5期，第3页。

孔子之德与庄子之德

——两种不同的政治价值选择

郎　宁

摘　要： 儒家孔子之德以仁为中心，此在儒家虽是根植于人心、依从于人情，然对于社会大众而言其实质亦是约束人、使人承担一定社会责任与义务的规矩绳墨，因此儒家道德之归旨在于外在的社会与政治，而非人本身。道家老庄之"德"是得之于道者，其是大道于人的现实下贯与落实，因此人之德性亦如大道之性是自然无为的，在庄子，德之实质落脚于心灵之虚静，最终指向则在于人本身。

关键词： 仁　道　德　政治

作　者： 哲学博士，潍坊医学院讲师。

以孔子为代表的儒家思想其所面向与所要解决的是如何为礼坏乐崩的社会提供一种政治生活的规则与对人的规约，因此，其所主张的更多侧重于社会人应如何做以适应社会的问题，因此孔子之"德"在于通过对社会之人的再造就以满足其建构理想社会的需要。自老子开始，其对于"德"的阐释已然不同于儒家，其认为"上德不德是以有德，下德不失德是以无德"，即其所谓的"德"并非是一种刻意的作为，即德既非刻意也非作为。老子认为"孔德之容，唯道是从"，即德亦如道，是一种自然而然而内在于人的。庄子进一步继承发展了老子的思想，其对于"德"的诠释进一步落实于个人，即德作为大道在人身上的落实，合德的也即是合道的。即"德"并非是一种道德属性的外在规约，而是一种属人之性的内在显现。儒道二者对于"德"的不同诠释，也决定了二者对于现实政治生活的不同态度：正是因为孔子对于人的合德的要求，因而这种要求相对于政治必然是积极的；然庄子对于个体之人安命适性的张扬，使得其对于外在之政治选择必然是一种退守的向路。然儒道二者学术性格之差别，亦流淌于中国传统士人的血液中，且二者对于家、国、天下之热忱与希冀亦对中国千年的政治社会产生着重要的影响。

一 孔子之德：为仁与克己

先秦时期，由于社会纷乱、政治更迭，生产关系亦处于不断变化之中，因此社会阶层亦面对需要重新定位的问题。因此，对于个人的价值判断亦不能再以传统的政治地位作为定位依据，因而君与臣、上与下的政治属性的对立亦逐渐转变为君子与小人的道德属性的分立，即道德的划分逐渐取代地位的等级划分而日益成为人之为人的评判标准，由此先秦时期特别是儒家学者所讨论的主题也由民的问题转移到了人的问题，由此希冀通过名与实的归位而矫正错节的政治关系。

以儒家的孔子为代表，由于礼崩乐坏的社会现实，使得孔子裹挟"克己复礼"之志而辗转奔走于各国之间的同时，亦开始了对于社会的大多数人的思考。由于政治关系的不确定性，因此对于与君相对的民的约束已然不能解决无道的社会现实，因而孔子试图从更为根本的角度、从将君民融于一体的人的立场来作为问题的出发点，以期达到重构社会关系的目的而回复到"君君、臣臣、父父、子子"的政治秩序。由于民是相对于君而言的，因而对于民的讨论必须局限于政治秩序的范围内，而人是相对于禽兽的概念，且涵盖了君与臣、上与下的一切等级秩序，因此对于人的讨论也因无道的社会时代背景而变得更为迫切与必需。具体到《论语》中孔子与学生的对话，人的问题在此亦进而转化为君子与小人的关系问题，在此，君子与小人的政治意义被无限下放与弱化，而成为一个道德品质上的意义与标准的分界。对于君子与小人，在《论语》中有：

> 君子固穷，小人穷斯滥矣。（《卫灵公》）
>
> 君子和而不同，小人同而不和。（《子路》）
>
> 君子哉伯玉！邦有道则仕，邦无道则可卷而怀之。（《卫灵公》）
>
> 君子成人之美，不成人之恶，小人反是。（《颜渊》）
>
> 人不知而不愠，不亦君子乎？（《学而》）

即在孔子，君子与小人的分立已然是道德品质的分界，而非上层阶级与下层阶级的等级对立。而君子与小人分立之根本在孔子，就在于二者道德品质的差距问题，此也即是"仁"的问题。在儒家孔子的仁学体系中，孔子呼吁人人都要有士君子之行，以君子的规范要求自身，此即：

> 为政在人，取人以身，修身以道，修道以仁。（《中庸》）

即在儒家之孔子，相对于外在之等级地位，内在之道德品质更为重要，而可成为判断人之为人的价值标准，因此，人之所以为人而称得上君子之关键在德，德之关键则在仁。

在孔子的仁学体系中，仁的出发点实为匡正礼坏乐崩的统治秩序，其落脚点在于为社会大众承担社会责任、履行社会义务、扮演自身社会角色提供一套行之有效的理论依据，以正名的方式使君臣礼法各归其位，以维护上层建筑、君主统治。具体到仁德的内涵，孔子以亲亲孝悌之德为起点，以克己为外延，以回复周礼为终点，以此建构起其仁学体系。

孔子以亲亲之情、孝悌之德作为仁德的源发点，即"孝悌，仁之本也"，也即子之爱亲在孔子是人之为人所本然具有情感的自然流露，因此仁之关键也就在于顺己自然之情，即"仁者，爱人"。李泽厚在此将孔子之亲亲之情归结为其仁学结构的心理原则，认为：

> 孔子并没有把人的情感心理引导向外在的崇拜对象或神秘境界，而是把它消溶满足在以亲子关系为核心的人与人的世间关系之中，……这样一种现实的伦理——心理模式，正是仁学思想和儒学文化的关键所在。[1]

孔子对宰我问"三年之丧"的回答，亦可以看出孔子将这种亲亲之情内化为人之心理原则的路向：

> 宰我问："三年之丧，期已久矣。君子三年不为礼，礼必坏；三年不为乐，乐必崩。久谷既没，新谷既升，钻燧改火，期可已矣。"子曰："食夫稻，衣夫锦，于女安乎？"曰："安。"
>
> "女安，则为之！……"（《阳货》）

---

① 李泽厚：《中国古代思想史》，三联书店，2008，第136页。

三年之丧作为儒家孝亲之传统礼制，在孔子这里，将其与人之内在心理状态，即"安"与"不安"相连接，由此而将外在的礼制规约内化为人之内在心灵与情感的必需。且在孔子看来，此亲亲仁爱之情的关键并不仅局限于己之一身，而是要本着忠恕之道的原则，"己欲立而立人，己欲达而达人"。即孔子将此亲亲之情进一步展开外延，而达到推己及人的目的。在此过程中，由于人本身所沾染的社会上的恶、欲的因素，因此，我们亦要"克己"，如此方能"复礼"，孔子有言："克己复礼为仁。一日克己复礼，天下归仁焉。"（《颜渊》）朱子认为：

> 克是克去己私。己私既克，天理自复，譬如尘垢既去，则镜自明；瓦砾既扫，则室自清。
> 克己复礼，间不容发，无私便是仁。
> 天理人欲，相为消长，克得人欲，乃能复礼。①

王阳明亦有言：

> 去山中贼易，去心中贼难。②

因此，在孔子，为仁之关键不仅在于自身感情之本然外流，更在于对一己私欲之克除，如此方能回复周礼。因此孔子之德在于仁，而仁之所源发虽本自人之真情实感，但是其价值指向则在于"礼"，此是根本的社会性指向，也即"礼"方是孔子仁德之终点与目的。冯友兰认为：

> 在古代思想中，特别是儒家的思想中，所谓"礼"的意义，相当广泛。《左传》引"君子"的话说："礼，经国家，定社稷，序民人，利后嗣者也。"（隐公十一年）这个"君子"，指的就是孔丘。照这个意思说，"礼"包括社会组织，政治体制，社会秩序等上层建筑。③

因此，有了礼，方能达到孔子正名的目的，从而亦可以匡正不正的政治秩序、匡扶日益下坠的君主权威，如此无道的社会亦会变为有道的世间：

---

① 黎靖德：《朱子语类》，中华书局，1986，第342页。
② 王阳明：《传习录》，中州古籍出版社，2012，第67页。
③ 冯友兰：《中国哲学史新编》（上卷），人民出版社，2011，第86页。

道之以政，齐之以刑，民免而无耻；道之以德，齐之以礼，有耻且格。（《为政》）

否则"名不正，则言不顺"，人间世自然混乱，百姓自然无所适从。

以孔子之仁学为代表的儒家思想，其所面对的是礼坏乐崩的社会现实，其所要解决的更多是社会个体如何承担起自身责任、作为君主如何使民富国强的问题，因而儒家之德虽然多是内倾向的规约、强调的多是作为个体人所应具备的德性与品质，然而其目的仍然是向外的，即儒家给人赋予的天然的德性其所真正要服务的则是外在的政治世界：子曰："为政以德，譬如北辰居其所而众星共之。"（《为政》）因此，儒家之德实是为政治服务的，所谓孝悌之德、亲亲之情、克己之方，其所要规定的是整个社会群体的角色意识，其所要维护的是社会的纲常秩序，其所要服务的则是在上可治国平天下之君主。究其根本，孔子之德终究落实于现实的家国天下，这也就是孔子周游列国、孟子徘徊于齐梁之间的原因了。

二　庄子之德：安命与虚心

对于老庄道家之德，我们须从"德"之本义切入："德"之甲骨文从直，金文从心从直，因此从字形来讲，"德"也即关涉人之心、人之行，《说文》解"德"为"德，升也"，因此，也即有遵循本心本性之自然而行之意。具体到"道"与"德"之关系，《老子》三十八章，有"上德不德，是以有德。下德不失德，是以无德。上德无为而无以为，下德为之而有以为"，在老子看来，道之本性即自然无为，因而上德不以德为德，此即是合道之德，此亦即是道"为而不恃，生而不有"之性；《老子》亦有"常德不离，复归于婴儿"，"含德之厚，比于赤子"，道生万物，因而对于尚处混沌之中的婴儿与赤子，其亦合于大道之自然而没有人为的矫饰，如此之常德亦是人之天然本性、亦即是道之在人身上的具体展现。王弼于《老子》三十八章之注，有"德者，得也，常得而无丧，利而不害，故以德为名焉，何以得德，由乎道也"；其于五十一章，注有"道者，物之所由也；德者，物之所得也，由之乃得"[1]。《管子》

---

[1]　王弼：《老子道德经注》，中华书局，2011，第 134 页。

中有"德者，道之舍。物得以生，生知得以知道之精，故德者，得也；得也者，其谓所得以然也，以无为之谓道，舍之之谓德，故道之与德无间，故言之者不别也，间之理者，谓其所以舍也。"《文子·上礼》中，有"循性而行谓之道，得其天性谓之德。"因此综上而言，道家老庄之"德"即所谓得之于道者，其也即是人之所得于道的自然本性，其是道在人间的现实下贯与落实。人之含德，亦即顺人之性、顺物之情，而非以好恶内伤其身。因此，在庄子，德之最终指向在于内在之人，其实质落脚于心灵之虚静。

在阶级地位与道德品质之间，孔子重视以道德品质来作为区分君子与小人的评判标准，与此相似，在庄子，就德与形而言，其亦认为相较于形体的完全，人之道德的内充方是人之为人的根本。在《德充符》中，庄子就以形体残缺之人的道德内充来彰显人之为人的关键，在此极端的反差中展现出于此无道的人间世中，对于人而言，最为迫切与关键的并不在于秩序与伦常，而在于人之切己的生命，因此在德与形之间的张力中，作为有着个体生命自觉的人似乎亦可在无可奈何中开辟出属于自己的一扇天窗，此即安命而适性。

对于个体之人而言，身处无道的人间世，外在形体的保全与否并不在我们所能及的范围之内，且其亦是我们所不能选择的命，然而对于心灵的持守则是我们可以作为的，因此安命亦是德。诚如兀者申徒嘉所言：

> 自状其过以不当亡者众；不状其过以不当存者寡。知不可奈何而安之若命，唯有德者能之。游于羿之彀中。中央者，中地也；然而不中者，命也。

对于孔子与庄子而言，其所面对的是同一个世间，因此二者亦面临着相同的社会问题，此即在无道的人间世中，政治秩序混乱而民如草芥。然而孔子与庄子在解决问题的方式上却为我们展现了两种不同的思想路径，此即在孔子，欲回复周礼以维护上层统治秩序，就必须人人以士君子之行要求自己，克己复礼为仁，知其不可而为之；在庄子，欲安稳人心、安顿精神，以使人真正过一种属人的生活，就必须虚心充德，知其不可奈何而安之若命。在孔子与庄子，此也即是"为"与"安"的分立："安"所体现的并不是不为，而是一种在头脑透彻的基础上的对于客观外在条件的理智分析。在无道的人间世，"为"与"不为"对于人本身而言都是一种戕害，人道之患与阴阳之患并存；且"为"与"不为"无论是在孔子还是在老子，最终价值指向都是在于外在的统治与君主，对于人本身而言并不能起到真正的解放与引导的作用，其目的仅在与将无道之世变为有道人间，并不知"来世不可待，往世不可追""方今之时，仅免刑焉"的社会现实。庄子正是透彻于此人间世的无奈与人身处其中的艰难之境，因此方有"知其不可奈何而安之若命"的人生感叹，对于我们人之所无力作为与无法干涉改变之事，我们所能做的就是保守我们内心的安宁与虚静，而安时处顺于无奈之命运。

对于个体的人而言，其本身并无统治之权，亦没有干政之资，因此"安"相对于"为"与"不为"而言在实质上是一种更难达到的境界，这是一种对现实无奈的清醒认知，更是一种对于现实生活的超越与放达。如此，人安于命运，方能不动心于外境，方能保守心灵之安宁、精神之自由，人才能真正成为人本身。因此，在庄子，内充之德在实质上亦是对命运的清楚认知，即安时处顺于无可奈何之命，"不论处逆处顺，不论遭遇何事，均能泰然处之。既不怨天，亦不尤人；既不抗拒，亦不逃避；既不喜，亦不忧"[1]。此亦是对大道的体认而达到的德之极致处：

> 不就利，不违害，不喜求，不缘道。（《齐物论》）
>
> 不乐寿，不哀天，不荣通，不丑穷。（《天地》）
>
> 死生亦大矣，而不得与之变；虽天地覆坠，亦将不与之遗；审乎无假而不与物迁，命物之化而守其宗也。（《德充符》）

相比于孔子以仁作为儒家德之内容，在庄子，其内充之德不仅在于安命之心，更在于体道而适性。在老庄之道家系统中，德与性是一体两面的，德与道二者亦是一种不离的状态，此即是"常"，也即是自然而原初的状态，道即是德之体，德即是道之用。

因此，在庄子《德充符》中，人之所内充之德其实质亦是大道在人身上的体现，所体现的也即是人得之于道的本然自然之性。在庄子，人之本性亦如大道之性是自然、自在而自由的，在《庚桑楚》有：

> 道者，德之钦也；生者，德之光也；性者，生之质也。性之动谓之为，为之伪谓之失。

---

① 罗安宪：《道家天命论的精神追求》，《中国人民大学学报》2007 年第 3 期。

也即，人之性是自生而有的、是得道而有之德，此是顺人之天然之自然，而非有人为的矫饰，万物包括人在内都是一种"莫之为而常自然"的状态：

> 缮性于俗学，以求复其初；滑欲于俗思，以求致其明：谓之蔽蒙之民。古之治道者，以恬养知。……夫德，和也；道，理也。德无不容，仁也；道无不理，义也；义明而物亲，忠也；中纯实而反乎情，乐也；信行容体而顺乎文，礼也。礼乐遍行，则天下乱矣。彼正而蒙己德，德则不冒。冒则物必失其性也。古之人，在混芒之中，与一世而得淡漠焉。……当是时也，莫之为而常自然。（《缮性》）

因此，在庄子看来，内充之德即是得之于大道而顺己之天然本性而看待、对待外在的人与事，此即亦是人之为人的内在修为，亦是一种体道的生活态度。因而由此内充之德，对于外在形体之残缺亦会有"德有所长而形有所忘"之感，此是对于心灵的真正解放，亦是成和之修。庄子意在通过《德充符》中对于德与形的分立，而使人真正放弃那些出于人伪的情意。

因此，在庄子，其于《德充符》之中在倡导"德有所长而形有所忘"之外，更在于使人通过对本于大道之德的再发现，而认识到本有之天然自性，如此实德内充、安时处顺。在庄子，德与形之间终究是一种对立着的和同，其根本落脚处仍在于人对于生命的态度，此即安命而适性。即在庄子，内充之德即是安顺命运之形而坚守本然之性。相比于儒家之孔子所希冀的有道之世，庄子则在无可奈何的人间世于一己之德、形间坚守着心灵的大道。此即：

> 德充符者，言德充于内，自然征验于外，非形所能为损益，非智所能我隐现。[①]
>
> 虚者，心斋也。

在庄子，含德而内充之关键在于个体生命的保全与心灵精神的自由，因而虚心亦应是庄子之德的题中应有之义。

在《庄子·人间世》中，本之于"治国去之，乱国就之"的儒家积极治世入世之决心，颜回请行之卫，然就其所要面对的危险境地，庄子借仲尼之口深入分析了其请行之卫的可能性以及其劝诫卫君之可能结果，进而提出了

---

① 方勇、陆永品：《庄子诠评》，巴蜀书社，2007，第 234 页。

其于君臣关系中的自处之方，即"虚者，心斋"：

> 回曰："敢问心斋。"仲尼曰："若一志，无听之以耳而听之以心；无听之以心而听之以气。听止于耳，心止于符。气也者，虚而待物者也。唯道集虚。虚者，心斋也。"

所谓"心斋"，即专一你的心志，对于外在事物，不要用你的耳朵去听，也不要用你的心去听，而要听之以气。耳朵只能限于听闻声音而已，心的思虑亦只能使人去寻找与之相符的外物，而所谓的气，由于其本身的虚空的特性而可容纳万物。因此，如若以虚灵不昧之心去看待对待外物，则作为个体之人亦不会迷失自我而使自己陷于危境。

庄子仅以一"虚"字言"心斋"，即说明心斋之所以不同于耳目、祭祀之斋的关键就在于其"虚"的特点。"虚"之本义为丘，《说文》中，有"虚，大丘也。昆仑丘谓之昆仑虚。"作为形容词的"虚"则与"实"相对，意即空虚之意；《尔雅》中，有"虚，空也。"在老庄道家体系中，《老子》有：

> 致虚极，守静笃；万物并作，吾以观复。夫物芸芸，各复归其根，归根曰静，静曰复命。复命曰常，知常曰明。不知常，妄作凶。知常容，容乃公，公乃全，全乃天，天乃道，道乃久，没身不殆。

王弼在解《老子》中，有：

> 凡有起于虚，动起于静，故万物虽并动作，卒复归虚静，是物之极笃。①

即在老子，致虚守静不仅是观道体道之方式，虚静其本身亦就是道。即虚静是道体亦是体道之方。庄子进一步发展了老子的虚静之说，在《知北游》中，有：

> 孔子问于老聃曰："今日晏闲，敢问至道。"老聃曰："汝齐戒，疏瀹而心，澡雪而精神，掊击而知。……"

此即说明，至道之方，在庄子，亦需如以雪洗身，使得神志精神得以清

---

① 王弼：《老子道德经注》，中华书局，2011，第78页。

醒，此即是清除意念中的杂而不纯的部分，使得心灵精神得以虚静安宁，此亦是含德之厚。

在《人间世》中，庄子所言之"心斋"是一种心灵的虚静状态，此是一种与道合一的境界。然处在人间世之特定的政治环境与政治关系中，"心斋"在此之意涵亦不单纯是就体道之境界而言，其于人间世之中的我们来说，更是一种保身之策、全生之道，亦是一种处世应世之智慧。保持心灵之虚静不动，方能以客观而理性之视角观察这个世界与这个世界中的关系，方能明彻进退之时、应变之机。也即在现实而又复杂多变的政治环境中，如何能够随机应变而又能游刃有余，方是处于人间世中之人的生存之道。因此，对于心斋，庄子除以观道体道之意义引出此之外，亦以政治生存之意义为其附上了浓重的现实色彩。宣颖亦言：

> 盖上古之世，尝少事矣，其人少也；中古之世，尝有事矣，其人多也；叔季之世，尝多事矣，其人纷不可纪也。今使一人处于寥廓之宇，优游自得，与太古何异。惟群萃杂处，而机变丛生。即是以观，可以知阅世之故矣。①

庄子之德紧密连接于道，德之于人亦是道体在人身上的显现与落实，因此庄子之德的内涵即是体道之后的安命与虚静，如此方能保全个体之人的生命完全与精神自由。然庄子对于人之德性的诠释亦在根本上植根于现实的无道世间，因而庄子方有"知其不可奈何而安之若命"的政治价值选择，然此在庄子，其选择并非是一种消极的逃避，而是一种积极的退守，其对于家、国、天下的抱负亦在这种退守中指向于人本身：

> 天下有道，圣人成焉；天下无道，圣人生焉；方今之时，仅免刑焉！（《人间世》）

三 两种不同的政治价值选择

道家庄子所认同的"德"是一种体道之后的安命与虚心，其与儒家孔子

---

① 宣颖撰、曹础基校点：《南华经解》，广西人民出版社，2008，第29页。

所倡导的为仁与克己之德相去甚远，这也表明二者思想立足点的差异：孔子修德在于为其"知其不可而为之"的修身齐家治国平天下的政治抱负；而庄子关注的则是个体切己生命的安顿与精神的自由，面对外在不可预知的政治变幻，庄子做出了"知其不可奈何而安之若命"判断与选择。此也即是由二者不同的学术径路、思想指向而导致的对于外在家、国、天下的不同政治价值选择——为与安。

儒家所高扬的德性修养、其所要求于世人的行为规范、其所标榜的君子形象，都是一种附加于人身的，或者说是儒家在人身上"再发现"的东西，孔子为了维护礼、维护社会秩序，将这种外在附加于人身的、合于礼的德行内化为人内在的心理机制，也即人内心情感本身所需要的东西，即标明仁义礼智就是人之所以为人者。儒家之德在孔子处是从孝悌之情出发，而在孟子处有了更确切的论述，[①] 从而将这种德的先天性进一步完整而理论化。而孔子重建儒家之德的主要原因亦在于通过人人合德的君子之行而重构礼的秩序以维护君主的统治、政治的安定。孔子也将这种合于礼的德性贯穿到人的日常之中，在《论语·颜渊》中，有："颜渊问仁，子曰：'克己复礼为仁。一日克己复礼，天下归仁焉。为仁由己，而由人乎哉？'颜渊曰：'请问其目。'子曰：'非礼勿视，非礼勿听，非礼勿言，非礼勿动。'"因此，在孔子，仁德不仅是合于礼的，且合于礼的规范本身亦是一种仁德的表现，并且，合于礼而行事亦应贯穿到人的政治生活之中，且在一生致力维护周礼的孔子眼中，理想的政治社会就是一个合于礼的社会，就是一个以德为政的社会，"为政以德，譬如北辰，居其所而众星拱之"（《为政》）。

因此，在孔子，为了达到这种"众星拱之"政治效果、为了实现"君君、臣臣、父父、子子"的政治秩序，其所要宣扬与挺立的就是这种积极外扩的"为"——"知其不可而为之"。不能否认，孔子的这种积极有为的态度对于个体人格的张扬、个体价值的确立都有着积极的意义，对于后世儒家学者亦有良好的行为精神的导向作用。然而，这种近乎完美的德性标准、这种井然的生活秩序、这种君子的行为示范，其所服务的对象却是在上的君主、使得国家得以运行的国家机器，即以孔孟思想为代表的儒家对于社会、对于政治

---

① 《孟子·告子上》，"恻隐之心，人皆有之；羞恶之心，人皆有之；恭敬之心，人皆有之；是非之心，人皆有之。恻隐之心，仁也；羞恶之心，义也；恭敬之心，礼也；是非之心，智也。仁义礼智非由外铄我也，我固有之也。"

的态度是一种积极外扩性的趋向，即使孔子"再逐于鲁，削迹于卫，伐树于宋，穷于商周，围于陈蔡"（《让王》）、受到种种磨难，其仍然要向各国国君推行周公之礼、尧舜之道，其知其不可而为之的积极入世态度亦为其后世儒家学者奠定了高昂的进取基调。

然反观庄子，其对于政治的态度不仅不及儒家学者般热切，反而抱持"曳尾于涂中"的退守姿态。庄子也曾做过漆园吏，不能不想到其或许也有对国家对社会的关切，或许也有为帝王师的梦想，然而，如今我们看到的庄子却是冷眼静观的庄子、视宰相之位如腐鼠的庄子。在"天下有道，走马以粪；天下无道，戎马生于郊"的无道乱世，很多有志之人只能隐居山林，静待时局变化，然而这种"隐"在道家看来只能算是独善其身的"小隐"，是一种形体上的隐迹于世，在庄子则未如"陆沉"①。在庄子，天下有两个东西是人所无法逃避的，一是人一出生就会面对的亲缘关系，即父与子，这是命；二是人所处的社会政治环境，这也是人在世上的一个无所逃避的现实，即君与臣，这是义。因此既然这二者是人无所逃避于天地之间的，那么那些隐于山林的、试图与世隔离的人也就失去了其行动的意义。既然形体的隐不能解决人所希望远离的嘈杂，那么，对于形体，庄子认为我们只能采取"随顺"的态度，即"形莫若就"，庄子提出了一个解决问题的另一种方法，这种方法在于我们心灵的平和，即"心莫若和"，是一种心灵的归隐，庄子称之为"陆沉"。如此，在庄子看来，此种随顺的态度、心灵的平和即是一种"德"，它是一种心灵的虚空状态，又是一种体道而随顺的达观。庄子无意于以方内、方外两种不同的对待原则行两种不同之生存方式，此亦无助于人之生命本身，其对于人之心灵精神在根本上亦是一种劳与伤。因此，庄子之所以为庄子，亦是深刻体察到儒家之积极入世对于人本身的戕害，于《人间世》篇中，庄子亦是在与儒家思想的反差中暗藏其真实本旨，即生命在何种情况、何种境遇下都应该是优先而首要的，不论生命之高低贵贱。因此，庄子在危险的政治环境中亦以心斋对之，如此虚心安命，则无道的人间世亦不能奈我何。诚如郭象所言：

---

① 《庄子·则阳》："孔子之楚，舍于蚁丘之浆。其邻有夫妻臣妾登极者，子路曰：'是稷稷何为者邪？'仲尼曰：'是圣人仆也。是自埋于民，自藏于畔。其声销，其志无穷，其口虽言，其心未尝言，方且与世违而心不屑与之俱。是陆沉者也，是其市南宜僚邪？'"

与人群者，不得离人。然人间之变故，世世异宜，唯无心而不自用者，为能随变所适而不荷其累也。①

在庄子看来，政治上的退守实质是在其清醒认知外在环境下的一种无奈选择，既然环境是无法改变的，那么我们所能做的就是改变我们自己，以远离政治的伤害与刑戮，因此，处于无道而不可测的政治环境中，保身全生成为我们的首要选择。因此我们要体道而安命，如此方能虚心而逍遥。在庄子看来，如此的"知其不可奈何而安之若命"的政治选择亦是合德而合道的。并且这不仅是一种对于政治的姿态，更是庄子对于生活的态度，因为只有安命而虚心方能使我们静观外物的变化而不为所动、游于物而不被外物所役使。我们不能由此而责难庄子的这种不动心、"陆沉"、退守是一种消极的不作为，因为考虑到时代的背景，庄子的这种出于"德"的选择——"知其不可奈何而安之若命"亦是无奈的必然。庄子之思想本旨是一贯而统一的，其理论思想之根本落脚点仍在于人之生命的保全、心灵的安宁与精神的自由。

以孔孟为代表的儒家思想和以老庄为代表的道家思想是中华民族性格的主要构成要素，儒家仁义礼智信的德行使得我们本身有了遗传于先祖知其不可而为之的积极的生命血液，这更是一代又一代中国脊梁的性格象征；然而在我们奔腾不息的血液中又不失对于外界环境进行冷静思考与抽离分析的思维特质，历史上自由出入于庙堂与山林之中的也大有人在，这不能不说是庄子思想的遗风。儒道二家对于"德"的不同认知与把握不仅展现了中国性格的两面性，而且这两种对于"德"的态度也使得二者对于政治生活有了全然不同的面向，而这种面向也流淌于中国传统士人的血液中，对中国千年的政治社会发挥着深刻的影响。

① 郭象注、成玄英疏：《庄子注疏》，中华书局，2012，第60页。

论《尚书》之"习与性成"思想

李记芬

摘 要：《尚书》提出"习与性成"，指出人重复不已地习行不义之事，将会形成不义的人性。言习，最终是为了言性。习进一步演变为习惯、习俗意义时，相应地，也展现了性字意义的复杂演变。性出于生字，而在此基础上又发展出生命欲望的意义。正是在对人的欲望变化的所以然的追问中，也进一步发展出了对性字的新义——本性的思考。不义的人性需要变化更新，而具体方法就是"节性"，如此便开创了儒家以礼义节性的修养工夫路向。

关键词：习 性成 迁 礼义 节性

作 者：中国人民大学哲学院讲师。

《尚书·太甲上》提出"习与性成"（以下凡引《尚书》，皆只注篇名），认为人习行不义会使人性形成为不义，从而开创了先秦儒家从习的角度来解释性的理论路径。对于"习"字意义的进一步探索，不仅可以为理解其时"性"含义的复杂演变状况提供一个新的思路，还可帮助人们进一步深入了解先秦儒家人性问题的发展脉络。

一 习与性成的含义

"习"，按《说文解字》，"数飞也。从羽从白。凡习之属皆从习。"也就是说，习最初是指鸟类不断练习飞翔，其中重在强调动作的重复性和长期性。当从重复性、长期性上去强调"习"时，《太甲上》明确提出"习与性成"，强调习能使人性发生变化。

"习"字，在《尚书》中共出现了四次，其中两次与卜筮有关，强调卜筮这一行为动作的重复性。《大禹谟》"卜不习吉"，按孔安国传，"习，因也"，"卜不因吉"。孔颖达疏为：

> 卜法，不得因前之吉更复卜之，不须复卜也。《表记》云："卜筮不
> 相袭。"郑云："袭，因也。"然则"习"与"袭"同。重衣谓之袭。习
> 是后因前，故为因也。……卜法不得因吉，无所复枚卜也。①

习，就是因循、沿袭，强调重复之意。具体是指卜筮中，后卜因循先卜。
"卜不因吉"，即是在卜筮中，不能前面已得吉卦的时候，后面还沿袭先前之卜
重复再卜。此外，《金縢》"乃卜三龟，一习吉"中的"习"也是指"重"，②
强调卜筮中的先卜与后卜行为的重复性。以习为因循、重复的意思，在《周
易》中也有体现。比如《周易·坎卦》"习坎"中，按《象传》，"习坎，重险
也。"即是以习为重，强调险阻的重复出现。习在《尚书》是因、袭、重的意
思，进一步也可泛指生活中的其他行为动作。也就是说，习，实质上也就是行。

以习为习行，强调行为动作的重复性，还可进一步引申出对行为动作长
期性的强调，即习行不已。如《太甲上》指出："兹乃不义，习与性成。"按
孔安国传，这句话是说："习行不义，将成其性。"也就是说，孔安国认为此
处是在强调习对于性的影响。更进一步地，孔颖达则认为此处是在强调习对
于性的生成的影响。比如，孔颖达疏解道：

> 此嗣王（按，太甲）所行乃是不义之事。习行此事，乃与性成。言
> 为之不已，将以不义为性也。③

即，伊尹认为太甲现在做的事情都是不义的。习行这些不义之事，会使
性生成。这里，"习行"不仅仅是指动作行为的重复性和长期性，更重要的还
是强调对性的生成的影响。即太甲重复不已地习行不义之事，会使不义的性
生成。所以，南宋蔡沉《书集传》将"习与性成"直接注释为："伊尹指太
甲所为，乃不义之事，习恶而性成者也。"④ 依照蔡沉，"习与性成"，意思就
是"习恶而性成"。意思是说，日常生活中人的习恶这一行为习惯常常导致人
的恶性的生成，即习恶而恶性成。

---

① 孔安国、孔颖达：《尚书正义》，上海古籍出版社，2007，第 135 页。
② 孔安国、孔颖达：《尚书正义》，第 498 页。
③ 孔安国、孔颖达：《尚书正义》，第 312 页。
④ 王春林：《〈书集传〉研究与校注》，人民出版社，2012，第 260 页。

以"习"来解释"性"的生成，进一步还会引出另外一个重要的问题，那就是习在性的生成中的具体作用是如何的。也就是说性的生成中，习的作用到底是有多大的问题。明清之际的王夫之将"习与性成"进一步阐发为"习与性成者，习成而性与成也"①。意思是说，"性"随着前者"习成"，即行为习惯的形成而生成。如此便可以看出，习与性之间的关系在王夫之这里变得更为紧密：如果人常常做不义的事情，进而慢慢形成作恶的行为习惯，那么相应地，也会伴随着人的恶的性慢慢生成。也就是说，人的行为习惯不仅影响性的生成，而且还对于性的生成起着主导性作用。如此，根据《尚书》对习的主导性作用的突出，进而便可以更好地理解儒家以性的最终生成和成形，不仅是取决于天所赋予人的，更是取决于人所积极努力的思想路向了。

习行不义会导致人的不义之性的形成，而更进一步在国家治理上的表现就是君主不任贤。《尚书》最后一处习字出现在《立政》，其中以"逸德"来阐释君主习行不义的后果："（按，纣）乃惟庶习逸德之人，同于厥政。""逸德"，按孔颖达疏，就是以恶为德。②"逸德之人"，是说纣在选择臣下、官吏时常常选择的那些恶人。"习逸德之人"，就是指纣长期与恶人相处，所以习行的都是不义之事，从而形成不义的人性。依据此种人性，纣在政事治理上推行的也便都是不义的事，从而给国家带来祸乱。如此，《尚书》便描绘了一条从习成到性成，再从性成到同于其政的承接关系链条，其中习不论是对修身、养性还是治国，都有着根源性的重要影响作用。

二 性有迁变为恶

在先秦，性字是一个意义十分丰富的概念，且有一个演变发展过程。"性"，本出于"生"字，其本义与人生命中蕴含的本能欲望密切相关。徐复观对此的解释是：

> "性"之原义，应指人生而即有之欲望、能力等而言，有如今日所说之"本能"。……其所以从生者，既系标声，同时亦即标义；此种欲望等等作用，乃生而即有，且具备于人的生命之中；在生命之中，人自觉有

---

① 王夫之：《尚书引义》，中华书局，1962，第54页。
② 孔安国、孔颖达：《尚书正义》，第688~689页。

此种作用，非由后起，于是即称此生而即有的作用为性；所以"性"字应为形声兼会意字。此当为"性"字之本义。①

性字从生，是说性字在古代出于"生"字，从而其本义与人的出生和出生以后的生命密切相关。此种密切相关表现在，人的本能欲望，首先是人生而即有、具备于人的生命之中的。这种"生而即有"，是与人为后起的意义相对来说的。如此，由"生"字进一步演化而来的"性"字，主要强调的便是人生命之中蕴含的欲望能力等，这就是性字的本义。性字由生字孳乳而来，所以在先秦，很多时候性可与生字互用。

性与生字的互用在《尚书》中有所体现。比如，《旅獒》有"犬马非其土性不畜"，按孔安国传，意思是"非此土所生不畜，以不习其用"。② 可以看出，此处的"性"是与"生"互用的，指向的是人生来就有、就如此的东西。《旅獒》此处整句话意思是说，如果不是本土所生的狗和马，就不应该去饲养，原因是不同地方生长起来的狗和马，其生存和畜养习惯也是不同的。换言之，不论是对人还是对动物，他们生活和生存习惯的形成，都是与其出生和其出生后的生命密切相关的。

顺应人的生命需要而形成的习惯，也就是俗。在古代，习就是俗。如《说文解字》所说："俗，习也。"而按《周官·大司徒》："俗，谓土地所生，习也。"也就是说，俗就是指人们在某地出生以来自然生成和养成的比较流行的行为习惯。这一习惯、习俗，始于人的出生，成于人的生命的延续需要。对于生命的延续，当从生理现象的最低需求层面去讲时，习俗的形成中便同时也伴随人的生命中所蕴含的欲望的基本满足。

然而，《尚书》不仅看到了人的生命欲望对于习俗形成的推动作用，还看到了习俗对欲望的进一步发展可能带来的影响，即习俗可以变化人的欲望。比如，《君陈》写道："惟民生厚，因物有迁。"按孔颖达疏，这句话是说：

> 惟民初生自然之性，皆敦厚矣，因见所习之物本性乃有迁变为恶，皆由习效使然。③

① 徐复观：《中国人性论史（先秦篇）》，九州出版社，2014，第6~7页。
② 孔安国、孔颖达：《尚书正义》，第489页。
③ 孔安国、孔颖达：《尚书正义》，第717页。

在孔颖达看来,《尚书》此处的生与性应当是互用的。只不过,根据上下文判断,"生"在此应该并非作"出生"或"生命"解释,因为"生"与"厚"相连有其牵强之处。"厚",按孔颖达注疏为"敦厚",即诚朴、宽厚的意思。人的生命可以表现为五官百体,怎么形容其为诚朴、宽厚?联系上下文,此处的"生"更多的应该是在人出生以后生命中自然而有的官能欲望层面解释。也就是说,《尚书》认为,人生而有官能欲望,且此种官能欲望是天生自然而非后天人为。当从自然之性的层面去推进对生字的理解时,生字也与物字相对应起来:人生而有自然欲望与官能,其外在投射便是获取自然万物。一方面,人获取外物以满足自然欲望,伴随着这种行为的长期重复性展开,便会形成一定的生活习惯、社会风俗,即孔颖达所疏的"所习之物"。另一方面,人生而处于一定的社会、遵循其特定的社会习俗,如此,人所见、所处、所习的社会习俗,即孔颖达"因见所习之物",便会对人为了满足自身自然欲望而有的行为产生影响。正是在对人的行为的持续影响中,即习行中,人性也会发生变化,这就是孔颖达所说"本性乃有迁变为恶","皆由习效使然"。"因物有迁"的说法,表明《尚书》对人的生命这一现象的动态变化的深层追问。此种变迁,按原文,应当是相对于前面"生"的"厚"而言,即人生而有的自然之性由于习俗的引诱就会远离敦厚变为浇薄。[①]

习俗之所以能引诱人的自然之性发生变迁,可从习俗的本义与性的本义关系中得到解释。习俗的本义与人的生命的产生和发展密切相关,而生命的维持和发展首先便是与满足人生命中蕴含的欲望息息相关。但是,对于欲望的满足往往容易没有节制。人人生来就有满足自己欲望的需要,只不过当人们对于欲望的满足超过一定数量和程度时,便会使性发生质的改变。对于此种"迁",《礼记·乐记》更进一步形容为"化",即"夫物之感人无穷,而人之好恶无节,则是物至而人化物也。人化物也者,灭天理而穷人欲者也"。依照孔颖达疏,即是说人感于外物而有所动并化之于物。人追逐外物、放纵情欲而最终形成穷极嗜欲、贪欲的行为习惯。[②] 也正是在这个意义上,荀子写道:"今人之性,生而离其朴,离其资,必失而丧之。用此观之,然则人之性恶明矣。"(《荀子·性恶》)综合以上观点,便可以理解后来孔颖达将《尚

---

① 王春林:《〈书集传〉研究与校注》,第355页。蔡沉注《书集传》写道:"言斯民之生,其性本厚,而所以浇薄者,以诱于习俗,而为物所迁耳。"

② 郑玄、孔颖达:《礼记正义(中)》,北京大学出版社,1999,第1084页。

书》"因物有迁"直接注疏为"有迁变为恶"的做法了。

所以，"因物有迁"的追问表明，《尚书》不仅有对人的自然之性现象层面的观察，还应当暗含有对这一现象变动的所以然的追问。而在这一追问中也便进一步产生了对性从人的本性、本质层面认识的需要。如果人的习惯或习俗只是追求物欲的满足并且没有节制，那么最终就会导致人的恶的本性的形成。这与《太甲上》中所说的人习行不义之事就将会以不义为性的认识是一致的。"习与性成"思想中，言习最终是为了言性，即人的本性、本质，这表现了《尚书》在其时对于性字本义的新的应用。

可以说，《尚书》将性从生、欲望和本性等层面不断推进的同时，也将习与性两者之间的关系丰富化：当从人的生命和人生而有的欲望的层面去说性时，可以说是"性而习成"，强调的是习俗的形成是以人生而有的欲望为基础的；但是当从习俗的形成中进一步反观人的欲望的发展时，便是"习成而性与成"，其中体现的便是对于人的本性的思考。即，习俗会使人的本性迁变为恶。

三　以礼义节性

按《尚书》，在一个社会中，习俗可以使人的本性变为恶，而与之相伴随的便也会是社会的混乱。既然如此，反过来说，对于混乱社会的治理也便可以首先是使人性由恶变为善。既然人性有由敦厚变为浅薄、变为恶的可能，那这意味着人性也有从浅薄和恶变为敦厚与善的可能，正如蔡沉所说："然厚者既可迁而薄，则薄者岂不可反而厚乎？"①

《尚书》认为人有迁变为善的可能。比如《胤征》提出："旧染污俗，咸与惟新。"按孔颖达疏："久染污秽之俗，本无恶心，皆与惟得更新，一无所问。"②"旧染污俗"，即"旧染污习"。"咸"，意思是皆、都。也就是说，这里强调在社会治理中，对于之前那些旧染污习的人，要认识到他们本来不是恶的，因而在对他们的管理中，不要再对他们进行问罪，而是给予赦免并使他们自身能得以更新。

联系"习与性成"说，可以更好地理解《胤征》此处提出的这种管理方

① 王春林：《〈书集传〉研究与校注》，第355页。
② 孔安国、孔颖达：《尚书正义》，第276页。

式：人长久随染污秽的风俗，会习行不义之事不止；在这种情况下，即使人性原本不是不义的，也会变为不义的。对于这些性本是善、是义的人来说，他们的不义之性形成的主要原因是其所处的社会习俗而非他们自身本性。如此一来，在社会治理中，一方面对这些人的不义行为要有所宽赦，另一方面也希望他们能够由恶变为善。

正是在这个意义上，《太甲上》在"习与性成"之前，还写道："王未克变。"孔颖达对此的疏解是：

> 太甲终为人主，非是全不可移，但体性轻脱，与物推迁，虽有心向善，而为之不固。伊尹至忠，所以进言不已。是伊尹知其可移，故诲之不止，冀其终从己也。①

在这里，《尚书》原文并没有直接探讨人性善恶问题。其实，先秦时候，人的本性动静、善恶的问题是直到《礼记》、孟子、告子和荀子等那里才进一步得以深入探讨的问题。正是承继《礼记 乐记》"人生而静，天之性也"、《孟子》"性善"的观点，孔颖达在此处的疏解才提出，"变"是指人初生时，性本是静而后才变为"轻脱""推迁"，本是有心向善而后才有变为恶一说的。虽然太甲现在有做不义的事，但他实质上并不是恶的，本来是有心向善、可以成为善的。② "体性"中，"体"就是指人的身体，而"性"就是指人的身体所自然有的欲望，即人自然对于外物有所求、有所应。"体性轻脱"，就是说太甲对于外物的欲求是有迷惑、不能固定把握的，比如容易被习俗等引诱。正是因为如此，才致使太甲现在会做这些不义之事、有这不义之性的生成。③ 只不过，对于这不义之性，伊尹认为是可以进一步变化更新为善的。人的欲望自身并不是生来固定不变的，而对于其中善方向的发展更是需要"为

---

① 孔安国、孔颖达：《尚书正义》，第 312 页。
② 孔颖达以"太甲终为人主"来解释太甲有善性，体现了孔颖达以太甲作为君主，其禀赋气质中应该有善质，只是善不能自成、存在一些瑕疵的观点。关于此种"凡人皆有善性"的观点也可参看孔颖达对《洪范》篇"惟时厥庶民于汝极，锡汝保极"的注疏（《尚书正义》，第460 页）。
③ 在孔颖达看来，虽然太甲自然而有的情欲是向善的，只不过其情欲最终为善还是为恶，仍是与所感事物的善恶直接关联的。此种观点，也可见孔颖达在注疏《礼记·乐记》"物至而人化物也"时所提出的观点："外物来至，而人化之于物，物善则人善，物恶则人恶，是'人化物'也。"（《礼记正义》，第1084 页）

之固"的人为修养工夫。即，可以通过人为努力工夫，使人的欲望发展向善，也就是使人性最终固定成形为善。

既然人性可以变化更新为善，那么首要方法便是从性自身上做功夫。对于具体如何积极努力以使人性更新为善，《召诰》提出了"节性"的观点："节性惟日其迈。"① 根据上下文，此处的"性"当是指人的本能欲望的意思，节性就是节欲。② 意思是说，通过节欲，人在日日的习行中便会渐渐远离恶，从而最终会使人性变化为善。以"性"为人的本能欲望，体现了"性"字在《尚书》中复杂演变的一面。一方面要理解，在古代，"性"字本由"生"字孳乳而来，所以对于性字的理解应当与生命密切联系起来。然而，从另一方面来说，也应当注意由生字孳乳而来的性字的意义与生字本义的区别不应当混淆。也就是如徐复观所说，应当重视性字出现的独立意义。③ 性字出现的独立意义可从心字上得以很好地体现。性字不仅出于生字，按许慎《说文解字》，性字还"从心"。而徐复观对此的解释是：

其所以从心者，"心"字出现甚早，古人多从知觉感觉来说心；人的欲望、能力，多通过知觉感觉而始见，所以"性"字便从心。④

性字的本义是人生而有的本能欲望，但随之而来的问题则是，这种欲望是否能为人所知。性从心，是说人生而有的这种本能欲望是能够被人自觉知道的，而之所以能知道是因为人心对人的本能欲望自然能有所感知。也就是说，当从心、从感知的角度去讲性字意义时，则使得性的问题得以更进一步深入展开：其中不仅有人自然能感知欲望的问题，更进一步的还是人如何能对这些欲望进行思的问题，即心对欲望的进一步发展的思考。

这一思考的最好体现，便是对习成与性成关系的追问。如果说对于性从人生而有的欲望、嗜好的角度出发去理解还仅仅是人们对生活中的现象的观

---

① 孔安国、孔颖达：《尚书正义》，第 585 页。
② 对于此"节性"，傅斯年在《性命古训辩证》中指出应该改作"节生"（傅斯年：《性命古训辩证》，上海古籍出版社，2012，第 2 页）。而徐复观则认为若把节性改作节生，意义较为牵强。参见徐复观：《中国人性论史》（先秦篇），九州出版社，2014，第 7~9 页。相关讨论也可见，刘俊：《傅斯年、徐复观论"生"与"性"之关系及其思想史意义》，《中国哲学史》2015 年第 4 期，第 115~120 页。
③ 徐复观：《中国人性论史（先秦篇）》，第 6~7 页。
④ 徐复观：《中国人性论史（先秦篇）》，第 6~7 页。

察，那么当人们进一步对这种现象之间的变化的所以然有所考虑时，便出现了性的新意义——"本性"。只不过，在《尚书》看来，对此种本性意义的理解，仍旧与人们对人生而有的欲望的重新审视和考虑密切相关。当从人生而有的欲望的角度去讲人的本性的时，人的本性的变化更新也便就是从欲望上入手，即节制欲望。

正是基于对节欲的审视和考量，孔颖达在疏解《召诰》时，进一步提出了具体的节欲方法，即是通过礼义节制人的欲望：

> 人各有性，嗜好不同，各咨所欲，必或反道，故以礼义时节其性命，示之限分，令不失中，皆得中道，则各奉王化，故王之道化"惟日其行"，言日日当行之，日益远也。①

对于"节性"中的"性"，孔颖达认为主要是指人生而有的欲望。从生而有来说，也可称为天命于人的欲望，即性命。节性，也就是节制人生而有的欲望。人生而有嗜好、欲望等，且人的嗜欲各有不同。如果每人都去放纵自己的不同欲望、满足自己不同的需求，那么必定会违反正道而使社会走向混乱。基于对欲望的这一认识和考量，孔颖达承继《礼记·乐记》"是故先王之制礼乐，人为之节"的思想，进一步指出，"节性"具体就是说以礼义告示人的嗜好、欲望等应该有所限制、各有分界。通过不断地习行礼义，便可以使性远离"反道"而达到有所节的状态。此种节性意义上的习行，其行为指向的内容不再是污秽风俗，而是礼义，从而人性变化、更新的方向即是可以将人性从向下的力量变为向上的力量。孔颖达以礼义节性的观点是与其人性向善思想相对应的：正是因为人性本是向善的，所以才有可能通过礼义的节制，将人的欲望的发展最终导向善，即是使人性固定为善。

虽然以礼义节性并非是《尚书》原文中提到的观点，但本文认为孔颖达的疏解应当是符合《尚书》思路的。比如，伊尹在《太甲上》篇告诫太甲"兹乃不义，习与性成"后，进而对太甲提出了建设性的意见："予弗狎于弗顺，营于桐宫，密迩先王，其训，无俾世迷。"按孔安国注，"经营桐墓立宫，令太甲居之近先王，则训于义，无成其过，不使世人迷惑怪之。"对此，孔颖达疏解为：

---

① 孔安国、孔颖达：《尚书正义》，第 585 页。

习为不义，近于不顺，则当日日益恶，必至灭亡，故伊尹言己不得使王近于不顺，故经营桐墓，立宫墓傍，令太甲居之，不使复知朝政。身见废退，必当改悔为善也。[1]

伊尹认为使太甲将性恶改为善的方法，首要的就是对太甲习近的人与事做出改变。比如，使太甲居住在桐墓旁，靠近成汤先王，日日思先王的义行、义言、义事；不再让太甲治理朝政，如此可使太甲不再做恶事、远离那些奸佞之人。如果说后者是强调远离旧染习俗以改恶的话，那么前者则是在强调亲近先王以滋养善性、使善性形成。以先王的言行代替旧的习俗对自己行为的指导，从更广泛的社会治理意义上来说，就是要求更新社会习俗，以先王的礼义之道来对人的行为做出指导，也就是孔颖达所说的以礼义节性。

综上，《尚书》"习与性成"说表明习对于性的生成和塑造起着主导性作用。"习"可以使人性发生变化、更新，而人性变化更新的方向取决于习行的内容：如果习行的内容是污秽风俗，那么此种习行中形成的人性就是不义的；与之相反，如果习行的内容是礼义中道，那么此种习行中形成的人性就是义的。前者以习染解释习行，指出"习与性成"意即"习不义所以性成不义"；而后者接着以节性解释习行，又指出"习义所以性成义"。人性的最终形成状态与习行密切相关。

四　结语

《尚书》提出"习以性成"的观点，认为习即习行，并进一步以习的形成解释了人性如何变迁为恶。通过习字由习行到习俗意义的发展演变，展现了《尚书》中性字意义的演变，即由"生"字本义孳乳出人生命中欲望的意义，而从对生命欲望变化的所以然的追问中，《尚书》也进一步发展出了对性字的新义——本性、本质的思考。《尚书》此种对"性"字意涵的多重使用和思考，随后也在《礼记》《孟子》和《荀子》等儒家著作中有所继承和发展。比如，告子提出"生之谓性"（《孟子·告子上》），而荀子指出"生之所以然者谓之性"（《荀子·正名》）。一方面，《尚书》"因物有迁"的思想，

---

[1]　孔安国、孔颖达：《尚书正义》，第312页。

揭示了人性并非人生来固有不变而是可以变化的，从而为后来儒家人性论的进一步发展提供了理论准备。比如，循着《尚书》思路，《礼记》进一步从动静变化的角度将习如何使人性从静的本然状态变化为穷极逐物的状态进行了解释，而宋明理学家则更是从体用动静的理论高度用习解释了人性本善又如何为恶的问题。

另一方面，也正是通过习的形成和发展，《尚书》进一步提出了对人性如何由恶变化更新为善的思考。《尚书》首先提出"节性"的主张，从而奠定了儒家从习俗和人生来而有的欲望上入手进行性命理论探讨的基本构架。比如，循着《尚书》思路，荀子进一步提出"注错习俗以化性"思想，从而发展出了以礼义节性的儒家修养工夫思想，并在后来为孔颖达、阮元等进一步继承和发展。

总之，对《尚书》"习以性成"思想的探讨，不仅可以展现人性思想在先秦流行发展的复杂演变状况，也同时表明了对《尚书》中人性思想进一步探讨的必要性，这对丰富和发展儒家人性论史是十分重要的。

图书在版编目（CIP）数据

儒学评论. 第十二辑／罗安宪主编. -- 北京：社
会科学文献出版社，2018.12
　ISBN 978 - 7 - 5201 - 3841 - 3

　Ⅰ.①儒…　Ⅱ.①罗…　Ⅲ.①儒家 - 文集　Ⅳ.
①B222.05 - 53

中国版本图书馆 CIP 数据核字（2018）第 257227 号

儒学评论（第十二辑）

编　　者／中国人民大学孔子研究院
主　　编／罗安宪

出 版 人／谢寿光
项目统筹／袁清湘　张馨月
责任编辑／张馨月　赵怀英

出　　版／社会科学文献出版社·独立编辑工作室（010）59367202
　　　　　　地址：北京市北三环中路甲 29 号院华龙大厦　邮编：100029
　　　　　　网址：www. ssap. com. cn
发　　行／市场营销中心（010）59367081　59367083
印　　装／三河市龙林印务有限公司

规　　格／开　本：787mm × 1092mm　1/16
　　　　　　印　张：19　字　数：312 千字
版　　次／2018 年 12 月第 1 版　2018 年 12 月第 1 次印刷
书　　号／ISBN 978 - 7 - 5201 - 3841 - 3
定　　价／89.00 元